ALQUIMIA INTEGRAL

Christie Ferreira e Patricia Calazans

Alquimia Integral

O Jogo das 9 Dimensões da Consciência, que une Eneagrama + Constelações Sistêmicas + Níveis de Consciência em uma jornada para evolução da vida, das relações e dos negócios

© 2024 - Christie Ferreira e Patricia Calazans
Direitos em língua portuguesa para o Brasil:
Matrix Editora
www.matrixeditora.com.br
/MatrixEditora | @matrixeditora | /matrixeditora

Diretor editorial
Paulo Tadeu

Capa
Danieli Campos

Projeto gráfico e diagramação
Marcelo Correia da Silva

Revisão
Adriana Wrege
Cristiane Fogaça

CIP-BRASIL - CATALOGAÇÃO NA PUBLICAÇÃO
SINDICATO NACIONAL DOS EDITORES DE LIVROS, RJ

Ferreira, Christie
Alquimia integral / Christie Ferreira, Patricia Calazans. - 1. ed. - São Paulo: Matrix, 2024.

328 p.; 23 cm.

ISBN 978-65-5616-471-7

1. Autoconsciência. 2. Alquimia. 3. Técnicas de autoajuda. I. Calazans, Patricia. II. Título.
24-92199   CDD: 153.8
                                         CDU: 159.923.2

Meri Gleice Rodrigues de Souza - Bibliotecária - CRB-7/6439

SUMÁRIO

ÍNDICE DAS CASAS DO JOGO 7
AGRADECIMENTOS 11
INTRODUÇÃO 13
É SEGURO E POTENTE SER VOCÊ! 15
TODO SER HUMANO PODE EVOLUIR! 17
DOIS LOBOS YIN E YANG 20
AS QUATRO BASES TEÓRICAS DO JOGO 22
    SOBRE O ENEAGRAMA 22
    SOBRE A VISÃO SISTÊMICA 30
    SOBRE OS NÍVEIS DE CONSCIÊNCIA 35
    SOBRE A ALQUIMIA 48
A ALQUIMIA INTEGRAL E OS DESAFIOS COLETIVOS 57
O JOGO DAS NOVE DIMENSÕES – TORNE-SE UM ALQUIMISTA INTEGRAL 66
INÍCIO DO JOGO - O CHAMADO DO ALQUIMISTA INTEGRAL 78
    FASE 1 – NIGREDO – O CORVO NA NOITE ESCURA DO DESERTO 81
        1ª DIMENSÃO DA SOBREVIVÊNCIA 85
        2ª DIMENSÃO DA SEGURANÇA 107
        3ª DIMENSÃO DO PODER 125

FASE 2 – ALBEDO 145
    4ª DIMENSÃO DA ORDEM 149
    5ª DIMENSÃO DO RESULTADO 171
    6ª DIMENSÃO DAS PESSOAS 191
FASE 3 – CITREDO 209
    7ª DIMENSÃO DO CRESCIMENTO 213
    8ª DIMENSÃO DA CONTRIBUIÇÃO 231
FASE 4 – RUBEDO 251
    9ª DIMENSÃO DA SINGULARIDADE 255

OS DRAGÕES DOS NOVE RAIOS 274

AS SERPENTES DAS NOVE DIMENSÕES 296

OS ELIXIRES DA LONGEVIDADE 308

FIM DO JOGO – LAMPARINA INTERIOR:
APRENDIZADOS DO ALQUIMISTA INTEGRAL 316

RECOMENDAÇÕES 321

REFERÊNCIAS BIBLIOGRÁFICAS 324

ÍNDICE DAS CASAS DO JOGO

CASA 1 – IRA	89
CASA 2 – SOBERBA	90
CASA 3 – MENTIRA	92
CASA 4 – INVEJA	94
CASA 5 – AVAREZA	96
CASA 6 – MEDO PARALISANTE	98
CASA 7 – GULA	99
CASA 8 – LUXÚRIA	101
CASA 9 – PREGUIÇA	103
CASA 10 – INJUSTIÇA	111
CASA 11 – HUMILHAÇÃO	113
CASA 12 – REJEIÇÃO	114
CASA 13 – ABANDONO	116
CASA 14 – VAZIO INTERIOR	117
CASA 15 – DESAMPARO	118
CASA 16 – SOFRIMENTO	119
CASA 17 – TRAIÇÃO	121
CASA 18 – DESVALOR	122
CASA 19 – REATIVIDADE	131
CASA 20 – REPRESSÃO	132
CASA 21 – IDENTIFICAÇÃO	133
CASA 22 – INTROJEÇÃO	135
CASA 23 – ISOLAMENTO	136
CASA 24 – PROJEÇÃO	138
CASA 25 – RACIONALIZAÇÃO	139
CASA 26 – NEGAÇÃO	140
CASA 27 – NARCOTIZAÇÃO	142
CASA 28 – INSISTÊNCIA	155

CASA 29 – DISPONIBILIDADE EXCESSIVA	**156**
CASA 30 – HIPER-REALIZAÇÃO	**157**
CASA 31 – VITIMIZAÇÃO	**159**
CASA 32 – HIPER-RACIONALIZAÇÃO	**160**
CASA 33 – HIPERVIGILÂNCIA	**162**
CASA 34 – INQUIETAÇÃO	**163**
CASA 35 – CONFIRMAÇÃO OBSESSIVA	**165**
CASA 36 – ESQUIVA	**167**
CASA 37 – PERFECCIONISMO	**177**
CASA 38 – PRESTATIVIDADE	**178**
CASA 39 – PERFORMANCE	**180**
CASA 40 – PASSIONALIDADE	**181**
CASA 41 – PRIVACIDADE	**183**
CASA 42 – PRECAUÇÃO	**184**
CASA 43 – PRAZER	**186**
CASA 44 – PODERIO	**187**
CASA 45 – PASSIVIDADE	**188**
CASA 46 – ORGANIZAÇÃO PROATIVA	**197**
CASA 47 – GENTILEZA GENUÍNA	**198**
CASA 48 – AMBIÇÃO REALIZADORA	**199**
CASA 49 – POSICIONAMENTO DIFERENCIADO	**200**
CASA 50 – ESTRATÉGIA SUSTENTÁVEL	**201**
CASA 51 – SEGURANÇA PSICOLÓGICA	**203**
CASA 52 – APRENDIZAGEM DINÂMICA	**204**
CASA 53 – AUTORIDADE IMPACTANTE	**205**
CASA 54 – MEDIAÇÃO INTEGRATIVA	**206**
CASA 55 – RESPONSABILIDADE SISTÊMICA	**219**
CASA 56 – ALTRUÍSMO INCLUSIVO	**220**

CASA 57 – FLEXIBILIDADE ESTIMULANTE	221
CASA 58 – CRIATIVIDADE INSPIRADORA	222
CASA 59 – PERSPECTIVA VISIONÁRIA	224
CASA 60 – CONFIANÇA INTELIGENTE	225
CASA 61 – SIMPLICIDADE GENIAL	226
CASA 62 – LIDERANÇA TRANSPARENTE	227
CASA 63 – DEMOCRACIA PROFUNDA	228
CASA 64 – SERENIDADE	237
CASA 65 – HUMILDADE	238
CASA 66 – AUTENTICIDADE	239
CASA 67 – EQUANIMIDADE	241
CASA 68 – PROSPERIDADE SISTÊMICA	242
CASA 69 – CORAGEM PSICOLÓGICA	243
CASA 70 – PRESENÇA PLENA	245
CASA 71 – PUREZA VULNERÁVEL	246
CASA 72 – ENGAJAMENTO REGENERATIVO	248
CASA 73 – ACEITAÇÃO DIVINA	261
CASA 74 – PROVIDÊNCIA DIVINA	262
CASA 75 – ESPERANÇA DIVINA	263
CASA 76 – BELEZA DIVINA	265
CASA 77 – ABUNDÂNCIA DIVINA	267
CASA 78 – FÉ DIVINA	268
CASA 79 – INTUIÇÃO DIVINA	269
CASA 80 – VERDADE DIVINA	271
CASA 81 – UNIDADE DIVINA	272

AGRADECIMENTOS

Agradecemos e honramos todos os mestres que transmitiram seus saberes e deixaram seu legado no mundo, que foram bases fundamentais para que este livro se tornasse realidade.

Aos mentores do Eneagrama: George I. Gurdjieff, Oscar Ichazo, Claudio Naranjo, Sandra Maitri, Don Richard Riso, Russ Hudson, Urânio Paes e Nicolai Cursino.

Aos mentores da Visão Sistêmica: Fritjof Capra, Stephen Karpman, Bert Hellinger, Peter Senge, Insa Sparrer, Matthias Varga, Guillermo Echegaray e Claudia Cruz.

Aos mentores dos Níveis de Consciência: Abraham Maslow, Clare Graves, Don Beck, Chris Cowan, Harish Johari e Ken Wilber.

Aos mentores da Alquimia: Hermes Trismegisto, Basílio Valentim, Salomão, Tomás de Aquino, Helena Blavatsky, Nicolas Flamel, Carl G. Jung, Francisco Masan e Thiago Tamosauskas.

E aos nossos mentores da Vida, nossos pais: Célia Ballerini Portela e Celso da Silva Portela *in memoriam* (Christie) e Wilma Calazans Araya *in memoriam* e José Patricio Araya Maurelia (Patricia).

Nós vemos vocês! Nós honramos vocês!

INTRODUÇÃO

"Todo ser humano tem o direito de ser quem é."
(Clare W. Graves)

Em nossa jornada pelo caminho do autoconhecimento, muitos de nós buscamos respostas para questões profundas e existenciais: Quem eu sou? Qual é o meu propósito? Como prosperar? Como viver com mais leveza? Como estar em conexão com a minha essência? Como alcançar e viver meu pleno potencial?

O desejo de crescimento pessoal e profissional é uma busca universal, uma jornada que nos impulsiona a mergulhar nas profundezas de nossa própria psique e a compreender nossa conexão com o mundo ao nosso redor. É uma busca que nos leva para além das fronteiras das simples respostas superficiais, para um entendimento mais profundo de nossas complexidades individuais, no tecido das relações humanas.

Neste livro, convidamos você a uma investigação mais profunda e significativa sobre si mesmo e sobre as dinâmicas ocultas e inconscientes que influenciam sua vida e suas relações. Aqui, por meio de uma abordagem singular, unimos conceitos-chave do autoconhecimento: o Eneagrama, as Constelações Sistêmicas, os Níveis de Consciência e a Alquimia, conectados pela Teoria Integral. Essa nova metodologia integrativa nos ajudará a compreender não apenas quem somos, mas também como interagimos e como nos relacionamos com nós mesmos, com as pessoas e com o mundo, considerando as perspectivas individual, relacional e sistêmica.

O Eneagrama nos revela as motivações e os desafios que moldam nossa personalidade, para uma compreensão mais profunda de nós mesmos, revelando padrões automáticos e motivadores que influenciam o modo como uma pessoa percebe e interage com o mundo, em sua jornada de individuação. As Constelações Sistêmicas nos ajudarão a investigar as influências inconscientes de sistemas familiares e culturais na forma como percebemos a vida e nos relacionamos com as pessoas. Os Níveis de Consciência nos guiarão em uma jornada de ampliação da nossa consciência individual e coletiva. Por fim, a Alquimia funciona como uma metáfora simbólica da nossa jornada interior, em direção à autorrealização e à integração de aspectos inconscientes da nossa psique.

À medida que explora cada uma dessas sabedorias, de forma lúdica e dinâmica, por meio do jogo, você descobrirá como elas se interconectam e se complementam, criando um modelo multidimensional de compreensão de si mesmo, das relações humanas, das organizações e da sociedade. Mais do que isso, você aprenderá a aplicar esses princípios em sua vida cotidiana, para catalisar um movimento profundo de transformação.

Este livro é um convite para explorar a profundeza do seu ser, reconhecer as influências que moldaram sua jornada até aqui e escrever o próximo capítulo da sua vida.

É SEGURO E POTENTE SER VOCÊ!

É com muita alegria e sinergia que elaboramos este livro e evidenciamos esta abordagem integrativa para o desenvolvimento humano e organizacional, com base nos conceitos e ferramentas da alquimia, dos níveis de consciência, do eneagrama e nos princípios da constelação sistêmica. O nosso maior objetivo é oferecer um caminho para você se tornar um alquimista integral, ou seja, alguém que é capaz de transformar a si mesmo e ao seu entorno, por meio do autoconhecimento, da criação de relações saudáveis e da realização da sua verdadeira contribuição singular em todos os contextos em que se envolver, se desenvolver e impactar com o seu ser e fazer integrados.

A alquimia é uma ciência antiga – é a arte que busca transformar os metais em ouro e gerar o elixir da longa vida. A alquimia faz parte da nossa ancestralidade e do princípio poderoso e ativo da transmutação, que também nos conecta profundamente com os movimentos do espírito, capaz de transcender as limitações do ego e da nossa mente linear e nos religar com a fonte divina de toda a criação e ao que é essencial.

Os níveis de consciência são lentes que nos proporcionam experimentar e viver as diferentes formas de perceber, pensar, interpretar, sentir e agir no mundo, de acordo com o grau de evolução em que nos lançamos, nos permitimos ousar existir e conforme a abertura para lidar com a complexidade. Esse movimento da dinâmica da espiral impacta diretamente na expansão da nossa consciência individual, coletiva, organizacional e sistêmica. Já o eneagrama é um sistema milenar e atemporal que nos ajuda a compreender com mais assertividade o que está acontecendo conosco e com outros, ao reconhecermos padrões saudáveis ou não, que nos estimulam ou nos impedem de continuar crescendo com fluidez e/ou de clarificar os bloqueios do fluxo natural da vida.

Os princípios da constelação sistêmica ampliam a nossa sabedoria interna, possibilitando que olhemos com mais amor para tudo que aconteceu até aqui e também que nos libertemos de lealdades invisíveis que nos impedem de realmente sermos agentes transformacionais da nossa própria Jornada Heroica da Vida.

Este livro é destinado a todos os que buscam o autoconhecimento como um recurso primordial, vital e constante e que se permitem viver a maior parte do tempo no planeta Terra em sintonia com a frequência da abundância infinita que a vida nos oferece no dia a dia.

Espero que esta obra seja uma fonte de inspiração, reflexão e ação para você se (re)conectar consigo mesmo, com leveza e profundidade ao mesmo tempo.

Venha se aventurar conosco, acesse as nove dimensões e torne-se um alquimista integral, original e supergenial!

Lembre-se: é seguro e POTENTE SER VOCÊ!

Abraços vibrantes,

CHRISTIE FERREIRA @CHRISTIE.MENTORA

Todo ser humano pode evoluir!

Minha jornada de autoconhecimento se iniciou com um forte chamado. Paulo, meu marido, trabalhava em uma empresa que havia passado por um processo de consultoria com o eneagrama, e, quando ele me contou sobre isso, meus olhos brilharam. Um dia, ele chegou falando sobre um retiro de programação neurolinguística que aconteceria em Jundiaí, em um lugar muito especial chamado Chan Tao. Não tive dúvidas: sabia que precisava estar lá e que esse movimento transformaria a minha vida.

A partir desse momento, pude vivenciar conhecimentos profundos por meio da programação neurolinguística, eneagrama, coaching, constelação, renascimento etc, e essa jornada continua até hoje, sigo sendo uma eterna aprendiz. Esse movimento me fez perceber como podemos mudar a nossa narrativa sobre nós mesmos, bem como nossa visão de mundo, e como podemos evoluir nosso nível de consciência. Isso se conecta com uma crença muito forte minha, a de que todo ser humano pode evoluir.

Meu fascínio por esse novo mundo me fez buscar diversos recursos para expandir esse conhecimento para mais pessoas, então, tive contato com os jogos de tabuleiro criados para o autoconhecimento. O mundo da imaginação sempre me fascinou, desde criança, e os jogos, assim como acontece no campo das constelações sistêmicas, têm a capacidade de trazer as informações que estão no nosso inconsciente, por meio da sincronicidade. A paixão pelos jogos me trouxe esse presente, a Christie Ferreira, e nossos saberes se conectaram de forma mágica, sincrônica e complementar, com a leveza de duas crianças felizes brincando o jogo da vida.

O Jogo Maha Lilah, a grande brincadeira cósmica, foi uma das nossas fontes de inspiração para criar essa nova metodologia que integra os saberes do eneagrama, das constelações e dos níveis de consciência por meio da linguagem simbólica da alquimia.

Este livro é uma ponte entre o mundo lúdico e mágico dos jogos de tabuleiro e as constelações sistêmicas, em que a sincronicidade dança entre o acesso ao inconsciente e o processo de transformação da consciência.

Minha história, nascida no dia de São Jorge, é um testemunho das incríveis sincronicidades que a vida traz desde que me abri para a expandir a consciência. São Jorge sempre me faz lembrar de que sou capaz de encarar meus dragões internos e emergir de cada experiência mais forte, pronta para abraçar o fluxo natural da vida com confiança, gratidão e esperança.

Sabemos que a figura do dragão é um tema recorrente em várias culturas, com significados até opostos. Não é raro ouvir o ditado popular que oculta uma crença limitante: "Para vencer, temos que matar um dragão por dia". Essa conexão com os dragões me fez ressignificar esse ditado para: "Temos que abraçar um dragão por dia" – muito mais leve, não?!

Muitos antropólogos e psicólogos que estudam símbolos arquetípicos, como Carl Gustav Jung, afirmam que o dragão representa uma das figuras transculturais mais ancestrais da história humana. Qual é o significado do Dragão e de São Jorge? Segundo esses estudiosos, tanto um como o outro representam partes de nós. Cada um de nós carrega um Dragão e um São Jorge dentro de si.

Nossa vida é feita de luz e sombras, do *dia-bólico* (aquilo que separa) e do *sim-bólico* (aquilo que une). Quem vai triunfar, São Jorge ou o Dragão? A luz ou a sombra? A nossa melhor parte ou a nossa parte pior? Ambas coexistem dentro de nós e sentimos esse movimento a cada momento: às vezes na forma de medo, de amor, de violência, de bondade, e assim por diante. Aqui está a importância de forjar uma identidade forte, um São Jorge interior, que possa enfrentar as próprias sombras, seu Dragão interior, que nos aponta o caminho de reconexão com o divino em nós.

Por essa razão, nas muitas lendas existentes sobre São Jorge, ele não mata o Dragão, mas o vence mantendo-o dominado. Ele não pode ser negado e eliminado, apenas integrado, de tal forma que perca seu lado ameaçador e destruidor. Pode até nos ajudar a ser menos arrogantes.

A pessoa que não renega seu Dragão, mas o mantém sob seu domínio, consegue uma síntese feliz dos opostos presentes em sua vida. Deixa de se sentir dividida, pois encontrou a justa medida na harmonização do eu e de sua identidade luminosa com o Dragão sombrio, o equilíbrio dinâmico do consciente com o inconsciente, da luz com a sombra, da razão com a paixão, do racional com o simbólico, da ciência com a arte e da arte com a religião. Essa pessoa emerge como um ser humano mais íntegro, sereno, tolerante e compassivo.

Parafraseando as palavras de Sandra Maitri em *A Dimensão Espiritual do Eneagrama*, minha esperança é de que a sabedoria compartilhada através desta narrativa seja utilizada para promover, com compaixão, a verdade de quem realmente somos. Assim como São Jorge enfrentou o Dragão e encontrou uma integração entre luz e sombras, que possamos abrir os cadeados que nos mantêm aprisionados, utilizando esse conhecimento como a chave para a nossa libertação interior. Que, ao nos confrontarmos com nossos próprios dragões, possamos trilhar o caminho de volta à nossa casa interior, emergindo como seres humanos mais plenos e autênticos.

Como alquimistas integrais, nosso convite é que você adentre conosco esse portal que acessa as profundezas da psique humana, explorando os estágios da sua Grande Obra. Essa jornada heroica de desafios, encontros, provações e aprendizados se tornará sua lamparina interior.

Neste livro, desvendaremos os mistérios da evolução humana através da linguagem lúdica e simbólica da alquimia, em que cada desafio é um cadinho, cada serpente é um guia, cada dragão é uma oportunidade de transcendência e o elixir é a nossa consciência expandida em um lindo casamento alquímico.

Que esta obra seja um convite para que você se aventure pelas profundezas do seu eu interior, desvendando os segredos da alquimia e trilhando sua jornada pela espiral de evolução da consciência humana.

Abraços conscientes,

PATRICIA CALAZANS @PATYCALAZANS

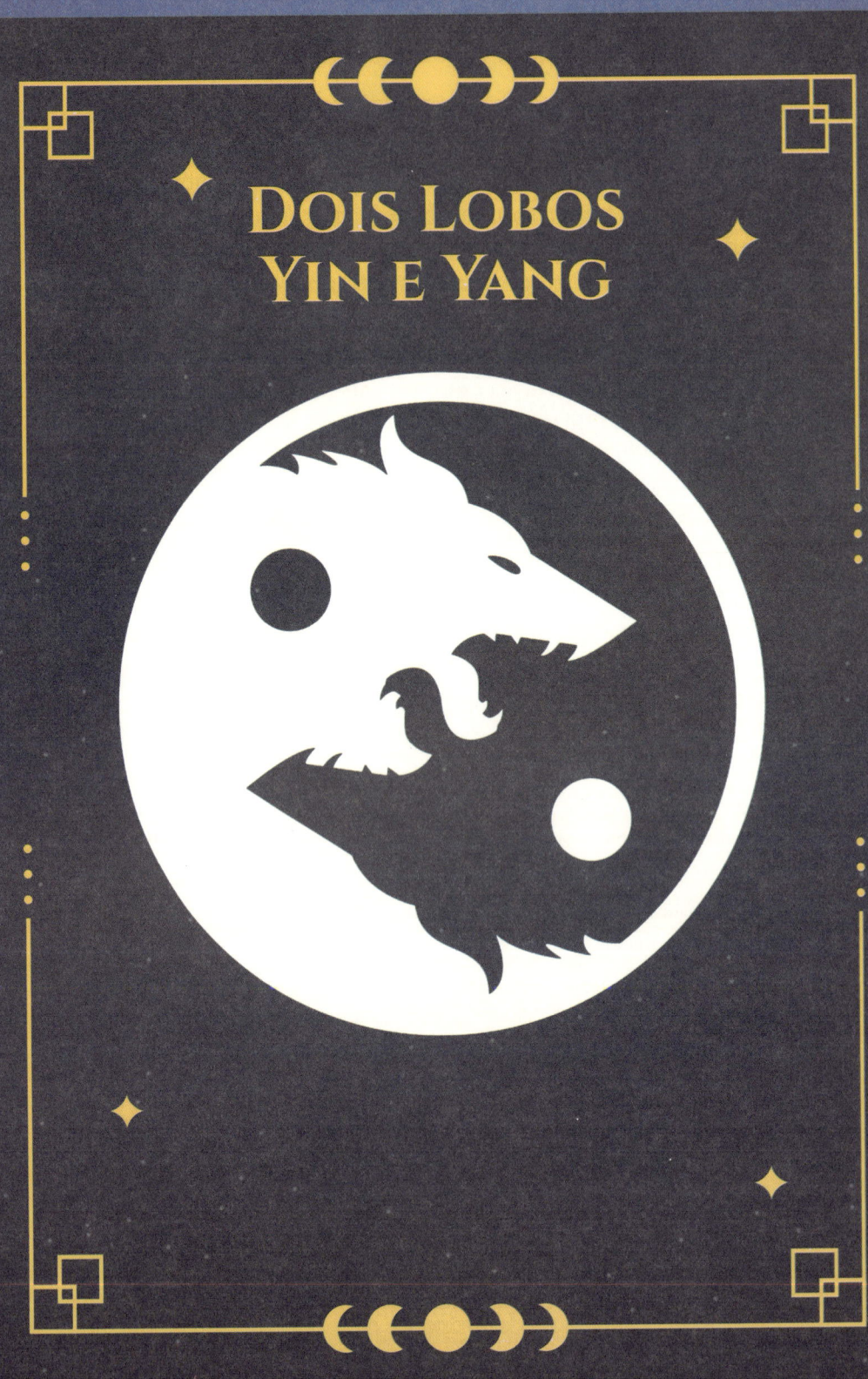

Os anciãos cherokees estavam preocupados com um dos rapazes da tribo, que, por se sentir injustiçado, tornou-se muito agressivo. O avô do menino o leva para uma floresta próxima, onde eles podem contemplar dois lobos. Então, ele diz ao rapaz o seguinte:

– Eu entendo sua raiva, filho. Há uma batalha terrível acontecendo entre dois lobos que vivem dentro de mim. Na verdade, todos possuem esses dois lobos, tentando dominar o espírito de todos nós. Um é mau: seus dentes são fortes como raiva, inveja, ciúme, tristeza, cobiça, arrogância, pena de si mesmo, culpa, ressentimento, inferioridade, orgulho, superioridade e ego. O outro é bom: seu olhar é forte como alegria, esperança, serenidade, paz, humildade, empatia, bondade, generosidade, verdade, perdão, compaixão, harmonia e fé.

O neto pensou nessa luta e perguntou ao avô:

– Qual lobo vence?

O velho índio respondeu:

– Aquele que você alimenta.

(Autor desconhecido)

AS QUATRO BASES TEÓRICAS DO JOGO

SOBRE O ENEAGRAMA

Ponto de partida: o caminho para uma nova consciência

Pelo ponto de vista mais geral, deve-se compreender que o eneagrama é um símbolo universal. Todos os conhecimentos podem ser incluídos no eneagrama e, com a ajuda do eneagrama, podem ser interpretados. Aliás, é só o que o homem é capaz de pôr no eneagrama que ele realmente conhece, ou seja, compreende. O que não consegue pôr no eneagrama, não compreende. O homem que sabe usá-lo não tem mais necessidade alguma de livros e bibliotecas. Tudo pode ser incluído no eneagrama e conhecido através dele. Um homem sozinho no deserto pode traçar o eneagrama na areia e ler nele as leis eternas do universo. E a cada vez pode aprender alguma coisa nova, algo que antes não sabia. O eneagrama é o hieróglifo fundamental de uma linguagem universal que tem tantos significados diferentes quantos são os níveis de homens. É um diagrama esquemático do movimento perpétuo, isto é, uma máquina que gira para sempre. Mas é claro que é necessário saber interpretar esse diagrama. A compreensão desse símbolo e a capacidade de usá-lo dão grande poder ao homem. Ele é movimento perpétuo e é também a pedra filosofal dos alquimistas.

(George I. Gurdjieff)

Não se tem conhecimento exato sobre a origem desse símbolo na humanidade. Alguns autores apontam que variações do símbolo já se faziam presentes há mais de 4.000 anos a.C. na geometria pitagórica. Outros acreditam que tenha surgido na Babilônia, por volta de 2500 a

2700 anos a.C. na cidade de Alexandria, onde muitos sábios se reuniam e o eneagrama se fortaleceu como estudo da consciência humana. Contudo, sabe-se de sua presença em tradições milenares, o eneagrama tem sido usado com significados ocultistas e esotéricos, do pensamento grego de Pitágoras e Platão às escolas herméticas de Hermes Trismegisto e gnósticas, passando pelo judaísmo, pelo cristianismo e pelo islamismo.

Outra fonte significativa foi a experiência dos Padres do Deserto, um grupo de cristãos que a partir do século IV buscou os desertos do antigo Egito para fazer uma experiência radical do absoluto de Deus. Um desses padres do deserto, Evagrius Ponticus (345-399), teólogo grego, registrou pela primeira vez as suas ideias através da escrita. Ele destaca-se ao apresentar um símbolo idêntico ao atual símbolo do eneagrama e "oito pensamentos maus", que dariam origem posteriormente aos pecados capitais.

Estes Padres do Deserto se localizavam onde hoje é o Afeganistão, deixando este conhecimento como herança preservada pelos Sufis, que se tornaram os guardiões desta antiga sabedoria.

Já no mundo moderno, a presença do eneagrama se deve ao mestre espiritual greco-armênio George Ivanovich Gurdjieff em sua jornada para compreender o sentido da vida e seus mistérios. Ele viajou por diversos países, como Tibete, China e Índia, em busca de respostas. Introduziu um ensinamento antigo sobre a evolução da consciência humana, uma ciência esquecida sobre a percepção da realidade em nós mesmos e no universo.

Ele teve suas ideias disseminadas pelo mundo nos anos que se seguiram à sua morte, inspirando novas gerações de buscadores a investigar o significado esotérico das religiões tradicionais. Seus primeiros ensinamentos foram reproduzidos apenas em fragmentos de palestras realizadas entre 1915 e 1924, organizadas cronologicamente. Nunca se tentou apresentar esses ensinamentos em suas próprias palavras como um todo abrangente.

Gurdjieff considerava o conhecimento da realidade, o que ele chamava de verdadeiro "conhecimento do ser", como um rio que flui desde a Antiguidade e passa de era para era, de povo para povo, de raça para raça. Ele via esse conhecimento como o meio indispensável para atingir a libertação interior. Aos que tentam compreender o sentido da vida humana no universo, disse, a meta da busca é chegar até esse rio e descobri-lo. Depois, faltará apenas conhecer para poder ser. Mas, a fim de conhecer, ensinou ele, é necessário descobrir como fazê-lo.

Ele partiu dos caminhos tradicionais que conduzem à transformação espiritual, e suas abordagens podem ser enquadradas em uma de três categorias: o "Caminho do Faquir", que se concentra no domínio do corpo físico a partir do eixo do sacrifício para a superação dos instintos e do automatismo comportamental; o "Caminho do Monge", baseado na fé e no sentimento religioso com enfoque na lapidação das emoções a partir do eixo desapego-reclusão; e o "Caminho do Iogue", concentrado na elucidação e no desenvolvimento da mente. O que ele fez a partir disso foi transmitir seus ensinamentos como sendo o "Quarto Caminho", que exige o trabalho simultâneo desses três aspectos. No lugar da obediência ou da fé, esse caminho exige conhecimento e compreensão, o despertar de uma nova consciência. Seu desejo pessoal era viver e ensinar para que pudesse haver uma nova concepção de Deus no mundo, uma mudança no próprio significado da palavra.

Gurdjieff compartilhou com o Ocidente seu conhecimento da sabedoria extraída do seu contato com o símbolo milenar do eneagrama. O símbolo é composto por três formas: um círculo, um triângulo e uma héxade. Formam as nove pontas que indicam o caminho do processo de evolução, tanto individual quanto coletivo.

Oscar Ichazo e Claudio Naranjo: o eneagrama das personalidades

"A verdadeira intenção dos ensinamentos do Eneagrama é o crescimento e a maturidade reais na Verdade, no Bem e na Unidade Perfeita do Um."

(Oscar Ichazo – O Congresso do Eneagrama, 2007)

Podemos afirmar que o eneagrama é muito mais profundo do que se entende atualmente. Os 108 eneagramas de Oscar Ichazo analisam o ser humano completo, progredindo sistematicamente dos aspectos mais baixos da condição humana até o mais elevado estado da mente, conforme a "Teoria, o Sistema e o Método Protoanalíticos" do autor.

Aqui estão alguns trechos do que Ichazo tem a dizer sobre o eneagrama, extraídos diretamente das páginas de seus livros *Insights into The Teacher – The Philosophy – The School*; e *The Enneagrams of the Fixations – The Original Teachings* (em tradução livre: Insights sobre o Professor – A Filosofia – A Escola; e Os Eneagramas das Fixações – Os Ensinamentos Originais): "Em 1943, herdei a biblioteca de meu avô de meu tio Julio, que era advogado e filósofo. Foi em um texto antigo (um grimório medieval) sobre o Selo Caldeu (eneagrama) que me deparei pela primeira vez com esse diagrama, que, para os caldeus, era uma figura mágica".

Em 1956, Ichazo formulou os princípios da Trialética (as leis lógicas da mente em processo de se tornar e os ciclos da realidade), dos quais se originaram a teoria da Protoanálise, a doutrina das fixações do ego e a estrutura da psique humana como nove esferas do ser, associando as nove pontas do símbolo aos nove atributos divinos que refletem a natureza humana. Nessa mesma época, formaram-se grupos de pessoas em cidades sul-americanas para estudar suas teorias filosóficas e a sua profunda abordagem da psique. No ano de 1970, Ichazo conduziu um treinamento intensivo em Arica, no Chile, com a participação de 44 alunos, entre eles Claudio Naranjo.

Claudio Naranjo, ao perder seu único filho em um acidente, em 1970, iniciou uma jornada espiritual guiada por Oscar Ichazo. Assim o conhecimento do eneagrama foi transmitido para Naranjo, que iniciou seu profundo processo de busca espiritual, bastante influenciado por Ichazo e outros mestres.

Naranjo integrou a sabedoria do eneagrama com a psicologia e formulou então a "Psicologia dos Eneatipos" de forma sistemática, uma visão integrativa da personalidade que uniu a consideração dos traços de personalidade, motivações, estilos cognitivos, e os correlacionou com os principais quadros psiquiátricos de neurose e psicose, como uma ferramenta que fornece informações para transformações profundas no nosso funcionamento psíquico.

Formou então grupos de ensino, primeiro no Chile e depois em Berkeley, em 1971, onde o grupo acabou por se constituir numa organização sem fins lucrativos chamada Instituto SAT, sigla para Seekers After Truth (Buscadores da Verdade), que também alude à palavra sânscrita que significa "verdade e ser" e que, através do simbolismo fonético, faz referência à trindade antropológica que permeia seu programa e sua visão da psique.

Don Riso e Russ Hudson: eneagrama dinâmico e os níveis de desenvolvimento

"Os níveis de desenvolvimento constituem um meio de observar e medir nosso grau de identificação com as estruturas da personalidade. Além disso, eles possibilitam distinções cruciais entre os tipos, acrescentando, dentro de cada tipo, uma dimensão 'vertical' a um sistema de categorização que, de outro modo, seria 'horizontal.'"

(Don Riso e Russ Hudson – trecho do livro
A Sabedoria do Eneagrama)

Existe uma estrutura interna dentro de cada tipo do eneagrama, usada para medir a saúde psicológica de uma pessoa ao longo de um *continuum* de níveis, desde patologicamente destrutiva (psicótica) até a libertação (iluminada). Essa estrutura é o *continuum* de crescimento que compõe os nove níveis de desenvolvimento dentro de cada um dos tipos do eneagrama.

Essa descoberta foi originalmente feita por Don Riso em 1977 e desenvolvida por ele com Russ Hudson. Esses conceitos foram publicados em 1990 no livro *A Sabedoria do Eneagrama*.

Os níveis de desenvolvimento são uma contribuição importante não só para o eneagrama, mas para a psicologia do ego. Os tipos de personalidade do eneagrama não podem ser explicados adequadamente sem eles. Os níveis contam as diferenças entre as pessoas do mesmo tipo, bem como a forma como as pessoas mudam, tanto para melhor como para pior. Assim, eles também podem ajudar os terapeutas e conselheiros a identificarem o que realmente está acontecendo com os clientes e sugerir soluções.

Sem os níveis, os tipos podem parecer uma coleção arbitrária de traços não relacionados, um conjunto solto de comportamentos e atitudes contraditórias. Mas, ao entender os níveis para cada tipo de personalidade, pode-se ver como todos os traços estão inter-relacionados e como os traços saudáveis podem se deteriorar em traços tóxicos.

Os níveis de desenvolvimento para o eneagrama são considerados meios para observar e medir nosso grau de identificação com as estruturas da personalidade. Possuem implicações profundas na identificação dos movimentos de crescimento e decadência de cada um dos tipos, fornecendo um critério de avaliação de saúde mental e emocional para cada indivíduo.

Possibilitam distinções cruciais entre os tipos na dimensão horizontal e acrescentam a dimensão vertical, atribuindo a bidimensionalidade ao sistema, conhecido como eneagrama dinâmico, que representa a complexidade da natureza humana e seus estados de constante transformação e evolução, assim como suas tendências rumo à integração ou à desintegração. Para Ken Wilber, pioneiro no desenvolvimento de modelos da consciência humana, todo sistema psicológico completo deve abranger tanto a dimensão horizontal quanto a vertical.

Don Riso percebeu quão diferentes pessoas do mesmo tipo poderiam ser. Ele identificou que cada ponto do eneagrama incorporava um amplo espectro de identificação do ego, a partir da maturidade psicológica de cada indivíduo, que afetava a forma como os mesmos temas principais de cada tipo eram expressos.

Ao examinar mais a fundo essas variações, o autor começou a classificar essas características em "pilhas" do que pareciam ser diferentes níveis de perspectivas, traços e comportamentos. Assim nasceram os nove "níveis de desenvolvimento". Foi ele que elaborou a dimensão vertical dos tipos do eneagrama e fez a distinção entre as faixas saudável, média e não saudável.

Don Riso e Russ Hudson fizeram essa constatação por meio de entrevistas com participantes dos workshops e cursos de treinamento profissional e confirmaram a previsível conclusão de que a dedicação dos pais e outros fatores ambientais relacionados, tais como saúde, educação, nutrição e disponibilidade de outros recursos, exercem um grande impacto sobre o nível subsequente com que o filho desempenhará suas funções.

Isso se dá porque cada nível abaixo representa uma camada cada vez maior de medo e defesa. No entanto, é importante lembrar que todos esses medos e defesas surgem na infância e são transmitidos à vida adulta por hábitos automáticos, crenças e convicções não revisadas. Podemos ver também como o grau de disfunção que tivemos de enfrentar na infância determina a quantidade de camadas de defesa que tivemos de adotar. Quanto mais tóxico o ambiente da infância, maior o medo que nos foi instalado e mais limitados e rígidos os meios que empregamos para lidar com as situações que a vida nos apresenta.

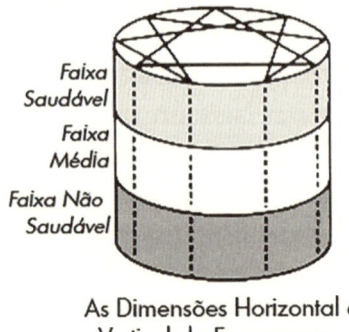

As dimensões horizontal e vertical do eneagrama
Riso, Don; Hudson, Russ. *A Sabedoria do Eneagrama*.

Níveis de desenvolvimento e o *continuum* de crescimento

Dentro de cada tipo, os níveis representam onde a pessoa está em seu estágio de desenvolvimento, segundo as faixas de traços saudáveis, médias e não saudáveis.

No *continuum* de crescimento, os traços mais saudáveis aparecem primeiro – no topo, por assim dizer. À medida que avançamos pelo contínuo em um padrão espiral, passamos progressivamente através de cada nível de desenvolvimento, marcando uma mudança clara na deterioração da personalidade para o puro breu de ruptura psicológica, no fundo. Podemos entender os níveis também como uma medida de nosso grau de liberdade e conscientização.

FAIXA SAUDÁVEL

A faixa saudável representa os aspectos com alto grau de funcionamento do tipo. Nessa faixa estamos cada vez mais livres das restrições impostas pelas estruturas da personalidade, bem como dos hábitos e mecanismos do ego. Somos livres para estar no presente, para escolher e para agir com sabedoria, força e compaixão espontâneas, entre outras qualidades positivas.

Nível 1 – Nível de libertação
Nível 2 – Nível de capacidade psicológica
Nível 3 – Nível de valor social

FAIXA MÉDIA

A faixa média representa os comportamentos "normais" do tipo. Essa é a faixa na qual estamos a maior parte do tempo e também onde está a maioria das pessoas. É onde nossa liberdade se restringe cada vez mais. Passamos a nos identificar tanto com os mecanismos da personalidade que começamos a ser inteiramente dirigidos por eles, o que acarreta mais sofrimento para nós mesmos e para os outros.

Nível 4 – Nível de desequilíbrio/papel social
Nível 5 – Nível de controle interpessoal
Nível 6 – Nível de sobrecompensação

FAIXA NÃO SAUDÁVEL

A faixa não saudável representa as manifestações mais desestruturadas de cada tipo. É aquela em que perdemos cada vez mais o contato com a realidade e a capacidade de fazer avaliações equilibradas e de interromper a avalanche das compulsões do ego. Perdemos praticamente toda a liberdade de opção. Talvez a única liberdade que reste nessa faixa seja a de escolher seguir com os mesmos padrões repetitivos e destrutivos ou procurar ajuda – dizer não ou sim à vida.

Nível 7 – Nível de violação
Nível 8 – Nível de obsessão e compulsão
Nível 9 – Nível de destruição patológica

SOBRE A VISÃO SISTÊMICA

Pensamento sistêmico

O pensamento sistêmico busca compreender o funcionamento do todo, desenvolver a visão holística dos processos, ou seja, nos traz uma perspectiva global. Segundo Peter Senge, um dos criadores do conceito de pensamento sistêmico, o ponto para interpretar a realidade de forma sistêmica é enxergar círculos de influência, e não linhas retas. Traçando os fluxos de influência, ficam claros os padrões que se repetem continuamente, melhorando ou piorando as relações.

A visão sistêmica nos incentiva a enxergar o mundo como uma grande rede interconectada, na qual diversos fatores, tanto internos como externos, estão ligados a um sistema principal e desencadeiam uma série de consequências que muitas vezes fogem ao nosso olhar.

O pensamento sistêmico entende que existem variáveis visíveis e invisíveis. As visíveis correspondem aos recursos humanos e materiais, já as invisíveis estão relacionadas aos valores, às crenças e às motivações, e as duas devem ser levadas em consideração na hora da tomada de decisão.

Toda atividade humana pressupõe uma relação cíclica e não linear de causa e efeito e implica a interdependência de vários fatores que atuam em conjunto com o todo do qual fazem parte. O pensamento sistêmico nada mais é do que criar uma maneira de analisar o universo de forma a compreender que fazemos parte de um todo e que a relação entre as partes de um sistema são mais complexas do que imaginamos. É a capacidade que uma pessoa tem de analisar um fenômeno, levando em conta seu contexto e suas possíveis implicações.

A visão sistêmica indica que as perguntas não têm apenas uma resposta correta. Ela aceita a possibilidade de múltiplas respostas para a mesma pergunta, algumas até mesmo contraditórias. Origina-se da Teoria Geral dos Sistemas, do biólogo Ludwig von Bertalanffy, que propunha que em vez de tentarmos achar soluções únicas para nossos problemas, levantássemos hipóteses, em que as contradições da realidade empírica fossem consideradas.

Visão ou pensamento sistêmico, então, consiste na habilidade de compreender os sistemas como um todo, permitindo uma análise mais profunda de tudo que nele interfere, uma rede de elementos interdependentes que interagem para alcançar um objetivo comum.

A característica mais importante do pensamento sistêmico é a mudança de perspectiva das partes para o todo. Os sistemas vivos são integrados, e suas características não podem ser reduzidas às partes menores desse sistema. Suas propriedades essenciais, ou sistêmicas, são o todo e nenhuma das partes as possui. Elas são destruídas quando um sistema é dissecado, tanto física quanto conceitualmente, em elementos isolados.

O pensamento sistêmico considera vários aspectos para realizar determinada ação de uma forma assertiva e em menos tempo. É o trabalho conjunto dirigido a um único propósito para um melhor resultado, colocando em primeiro lugar aquilo que é bom para o todo. Ou seja, a visão sistêmica é uma forma importante de pensar em melhorias que afetam as três esferas de forma interconectada: eu, nós e todos.

Constelações sistêmicas

"O Sentido da Vida é a Vida em si, nada além disso. A Vida, tomada como ela é, tem sentido. Somente quando não nos expomos a ela, tal como ela é, nós a experimentamos sem sentido. Por isso, o sentido da Vida depende, amplamente, daquilo que cada um faz com aquilo que lhe foi predeterminado."

(Bert Hellinger)

Constelação sistêmica é uma abordagem de psicoterapia sistêmica fenomenológica breve consolidada pelo alemão Bert Hellinger, após anos de pesquisas com famílias, empresas e organizações em várias partes do mundo, buscando o diagnóstico e a solução de problemas e conflitos nos relacionamentos humanos.

O resultado desses estudos e experimentos se transformou em um trabalho simples, direto e profundo, que se baseia em um conjunto de leis naturais que regem a harmonia dos sistemas, chamado de Leis Sistêmicas ou Leis do Amor. Essa vivência nos possibilita compreender os fatores que influenciam e desequilibram nossa vida, liberando o que nos impede de acessar a plenitude e a felicidade.

De acordo com Bert Hellinger, a Constelação visa trazer clareza sobre os movimentos ocultos que acontecem em nossas vidas. O campo familiar é uma existência energética e atemporal que serve como nossa conexão aos ancestrais. Ele não apenas registra a nossa existência, mas nossas ações, pensamentos e impressões.

Acontece que, à medida que se salvam essas impressões, o campo também repassa isso às novas gerações, como uma herança. Assim, propõe-se uma tendência à repetição, e, dependendo da natureza disso, uma espécie de influência, que sujeita os membros do campo a um caminho de dor e sofrimento. Por meio da Constelação, podemos ter clareza sobre o que aconteceu e trabalhar para resgatar a harmonia e o equilíbrio.

O que a terapia sistêmica propõe é dar clareza a essas dores, compreender suas origens e trabalhar em prol dos encerramentos. A maneira de ver isso se dá através da dinâmica sistêmica, que ajuda a visualizar melhor os bloqueios existentes. Não só se torna possível compreender o passado, mas também ressignificá-lo, para construir um futuro melhor para todos.

A vida de Bert Hellinger e o seu trabalho foram construídos graças ao seu empenho nas leis sistêmicas. O constelador sempre afirmou que, para vivermos em felicidade plena, as ordens deveriam ser respeitadas. São elas:

LEI DO PERTENCIMENTO

Todos nós temos o direito de pertencer à família, tendo um posto irrevogável dentro dela. Assim, mesmo que alguém tenha feito algo negativo, não podemos excluí-lo do centro familiar. O reconhecimento e a aceitação de sua existência devem sempre ser colocados em pauta, para não haver dores.

LEI DO EQUILÍBRIO

Tudo o que vai deve voltar na mesma medida, principalmente nas relações. Com base nisso, se cria um contato produtivo e harmonioso, de modo que os relacionamentos possam fluir adequadamente. Assim, nunca se deve dar demais nem de menos, sempre encontrando um equilíbrio nas trocas.

LEI DA ORDEM

Existe uma hierarquia natural da família, em que os mais velhos sempre estão acima e devem ser respeitados. Porém, além de ter preferência, eles se encarregam da proteção dos mais jovens. Enquanto os ensinam a viver, são recompensados com obediência e dedicação.

Toda a obra de Bert Hellinger nos deixa um legado valioso para que possamos validar a nossa existência. A felicidade parece algo utópico, mas ele mostrou que é possível conquistá-la e mantê-la. Com isso, as recompensas do seu trabalho nos ajudam a rever a vida e reconquistá-la.

Em vez de viver nos conflitos da vida moderna, mergulhamos numa rota de pacificação e equilíbrio interno. Usando linguagem mais simples, nos livramos daquilo que nos prejudica e somente acumula peso. Temos aqui uma excelente maneira de encontrar o valor das coisas que nos ajudam a crescer.

Uma das maiores conquistas da Constelação é promover a quebra de padrões negativos que se repetem ao longo do tempo. Esse tipo de situação é recorrente, delicada, porém a Constelação ajuda a trabalhar isso. Graças a esse trabalho de Hellinger, podemos dar passos seguros rumo ao crescimento e à revitalização existencial.

A vida de Bert Hellinger foi repleta de obstáculos, entretanto foi marcada também por conquistas grandiosas. Por si só, a figura do homem é inspiradora, servindo de incentivo para nunca desistirmos do que desejamos. Sem contar a sua disposição para enxergar a vida por outras perspectivas visando a autoaceitação e o crescimento.

Constelações sistêmicas estruturais

"O que acontece nas constelações tem suas próprias regras, sua forma de se posicionar, o que se fala... Não é casual, tem a ver com regras que acontecem neste espaço: a gramática da intuição [...] O que está acontecendo aqui tem sua própria lógica, tem a ver com posições e percepções. Na Constelação Estrutural buscamos a posição em que o sistema fique melhor."

(Guillermo Echegaray)

As constelações estruturais foram criadas pelo casal alemão Insa Sparrer e Matthias Varga von Kibéd em 1989. Eles desenvolveram uma abordagem construtivista para as constelações, que se adapta a diferentes questões e contextos.

Essa técnica é baseada em estruturas fixas, que hoje abarcam mais de cem modelos diferentes. Por exemplo, o Tetralema, o Triângulo de Valores, a Constelação de um tema excluído, a Constelação referente ao problema, a Constelação focada na solução, entre outros. Essas estruturas ajudam a pessoa a ter uma visão externa do problema e a buscar uma solução de maneira dinâmica e prática. Elas se baseiam na teoria das constelações familiares, mas têm uma linguagem própria chamada de transverbal.

No entendimento da linguagem transverbal está uma das grandes diferenças entre o trabalho de Bert Hellinger e a obra do casal Insa Sparrer e Matthias Varga von Kibéd. Por meio dessa gramática própria, é possível compreender os fenômenos citados por Hellinger. Os representantes em uma Constelação Estrutural trabalham muito com sua percepção, que é diferente das sensações presentes no trabalho clássico das constelações familiares.

Guillermo Echegaray, em sua obra *Para Comprender las Constelaciones Organizacionales*, afirma que o conceito da linguagem transverbal inclui ao menos três elementos:

É uma linguagem que engloba o verbal e o não verbal.
É uma linguagem falada por um grupo e não por um único ser.
É uma linguagem baseada nas diferenças em percepção representativa.

Segundo o autor, "A ideia da transverbalidade vai além do conceito de linguagem não verbal. [...] É uma linguagem que vai se construindo entre todos [...] Trata-se verdadeiramente de uma linguagem grupal. Falar de percepções e não de sentimentos ajuda a descontaminar as constelações de elementos incontroláveis".

A ocorrência dessa linguagem transverbal está em tudo o que pode ser observado em uma Constelação Estrutural. Desde a entrada dos representantes no "campo", tanto a ordem como o posicionamento dos elementos, passando pelos espaços que existem entre cada elemento, até as percepções de cada representante e do facilitador. Frases ditas, olhares, conexões, incômodos, contato, distância e proximidade. Tudo faz parte dessa linguagem.

As principais fontes e raízes das Constelações Estruturais são:

A obra de Virginia Satir sobre reconstrução familiar e a escultura familiar, em que a atitude e a imagem das pessoas é crucial para o trabalho em Constelação Estrutural.

A Hipnose Ericksoniana.

O trabalho de Constelação Familiar, cujas raízes são atribuídas, entre outros, a Thea Schöenfelder, Ruth McClendon e Les Kadis. Assim como a origem da ideia de solidariedade transgeracional, o equilíbrio entre dar e receber e a reinterpretação econômica do conceito de culpa (com raízes em Martin Buber) de Ivan Boszormenyi-Nagy. Em seguida, foram remodeladas através das Constelações Familiares de Bert Hellinger e nas Constelações Organizacionais Clássicas, atribuídas principalmente a Gunthard Weber.

A metodologia de atitude focada em solução da Escola de Milwaukee, que é baseada nas ideias de Steve de Shazer e Insoo Kim Berg.

A Constelação Estrutural acontece como resposta a uma pergunta. Se não há pergunta, não existe resposta.

SOBRE OS NÍVEIS DE CONSCIÊNCIA

Ponto de partida: a hierarquia das necessidades de Maslow

A hierarquia das necessidades de Abraham Maslow foi o modelo mais famoso para o desenvolvimento ontogenético do ser humano, publicado em 1943 na *Psychological Review* em artigo intitulado "A theory of human motivation".

A teoria de Maslow é baseada na hierarquia das necessidades humanas. No nível mais baixo estão as necessidades fisiológicas fundamentais para a sobrevivência, como fome, sede ou abrigo. Em seguida, vêm as necessidades de segurança, as necessidades de pertencimento, como sociabilidade e a necessidade de reconhecimento e apreço. Finalmente, no nível mais alto, está a necessidade de autorrealização. Se todas as necessidades dos níveis mais baixos forem atendidas, as pessoas se esforçam para satisfazer as necessidades do nível subsequente.

Pirâmide de Maslow

Níveis de consciência segundo Clare W. Graves

A teoria de Maslow não era muito fundamentada e gerou críticas de alguns contemporâneos, incluindo Clare W. Graves. Na década de 1960, Graves buscou confirmar o modelo de hierarquia das necessidades por meio de vários estudos empíricos. Isso não teve sucesso, porque havia muitas diferenças nos níveis superiores. Em sua opinião, a visão de Maslow sobre o ser humano autorrealizado era muito inflexível. Ele não aceitou o ponto final da hierarquia das necessidades de Maslow como o ponto final do desenvolvimento, porque Graves acreditava que certos sistemas de valores (vMemes) se desenvolvem em resposta a determinadas condições humanas de existência. Esses vMemes são, por um lado, tentativas psicológicas de reagir adequadamente a certas condições históricas de existência e, por outro lado, são movimentos contrários ao sistema de valores predominante respectivo (antitéticos).

O ímpeto para o desenvolvimento desse modelo foi fornecido pelas questões centrais dos seus alunos: por que as pessoas são tão diferentes? Por que alguns mudam? Por que alguns entendem que o objetivo mais elevado do desenvolvimento humano, a "autorrealização", é algo completamente diferente?

Então, Clare Graves conduziu uma pesquisa em que acompanhou 50.000 pessoas ao redor do mundo, de diferentes condições de vida, durante 36 anos seguidos, para descobrir *como o ser humano adulto saudável funciona*. Ele liderou uma equipe de pesquisadores psicólogos, que aplicaram vários tipos de testes nas pessoas e iam investigando o que acontecia com cada um ao passar por mudanças durante a jornada da vida.

A constatação a que Graves chegou foi: "Em suma, afirmo que a psicologia do adulto maduro é um processo em espiral, oscilante e em desenvolvimento, emergindo de estágios anteriores, caracterizado pela subordinação de sistemas comportamentais mais antigos, de posição inferior, a sistemas mais novos, de nível superior, à medida que os problemas existenciais da humanidade mudam."

A partir dessa clareza, Graves declarou como a premissa fundamental de todo processo evolutivo a seguinte perspectiva: **"Todo ser humano tem o direito de ser quem é"**.

Com isso ele afirmou que o desenvolvimento humano é um *continuum*, nunca termina. Muda com a mudança das condições humanas de existência e criam-se, assim, novos sistemas, aos quais os antigos estão integrados. Quando um novo sistema ou fase se desenvolve, também mudamos a nossa psicologia e os nossos hábitos de vida para nos adaptar a essas novas condições.

Uma grande variedade de formas de vida é possível nesse sistema de valores potencialmente aberto. Não existe um estágio final que todos devam alcançar. O indivíduo, as empresas ou mesmo sociedades inteiras só podem reagir positivamente aos princípios de gestão, aos incentivos motivacionais, aos princípios educativos e às ideias permitidas ou éticas que correspondam ao estágio atual desta existência humana. O movimento da dinâmica da espiral acontece na proporção da abertura para o crescimento e desenvolvimento contínuos, independentemente da idade cronológica de um indivíduo e/ou de uma organização.

Dupla Hélice Cíclica

Todo sistema de valores surge na intersecção de duas forças, nomeadamente o problema e a respectiva abordagem de resolução, e que Graves denominou como as duas forças capazes de gerar a energia transformacional para o salto evolutivo, que são: o potencial em si (do indivíduo ou da organização) e a condição de vida do momento atual (física, social, financeira, econômica, entre outras).

Um sistema de valores reflete a forma como as pessoas pensam, ou seja, os seus valores e sua estrutura de crenças. No entanto, não deve ser confundido com o assunto ou o conteúdo do pensamento. Os sistemas de valores são antes um esquema ou uma forma de pensar. Muitas vezes, sistemas de valores que são diametralmente opostos em conteúdo, como uma religião fundamentalista e o chamado "comunismo ateu", são apenas formas de um mesmo sistema de valores.

O modelo de Graves tem um enorme valor explicativo e preditivo e pode ser aplicado a todos os aspectos dos comportamentos biológico, psicológico e sociológico. Explica tanto o comportamento individual como as interações políticas internacionais – diferentes pensamentos sobre religião, o significado da existência humana, economia, política, família, educação, saúde e lazer, bem como diferentes padrões de objetivos, ética, motivação, estilo de vida e organização.

A entrada ou saída do sistema é desencadeada por forças do meio em que o respectivo sistema existe. No entanto, as estruturas profundas do modelo de Graves correspondem a tipos de pensamento, não a tipos de pessoas. Esses padrões representam sistemas biopsicossociais e não são uma tipologia de pessoas nem estágios distintos do desenvolvimento humano. Eles refletem sistemas no repertório de possibilidades comportamentais humanas, razão pela qual cada pessoa possui determinados padrões mentais que podem ser ativados por diferentes contextos e situações.

Assim, Clare W. Graves criou um modelo bem mais abrangente e complexo, que vai muito além dos modelos psicológicos de desenvolvimento conhecidos. Graves o chamou de "Evolutionary Bio-Psycho-Social Double-Helix Model" (em tradução livre, Modelo Duplo-Hélice Evolutivo Biopsicossocial), que posteriormente foi aprimorado por seus seguidores, Don Beck e Chris Cowan, e atualmente é conhecido como *Spiral Dynamics*, ou Dinâmica da Espiral.

A Dinâmica da Espiral (Spiral Dynamics) – o caminho de evolução humana

Na perspectiva da Dinâmica da Espiral, Don Beck e Chris Cowan evidenciam que a apropriação da funcionalidade dos níveis de consciência na prática é feito pelos "Feiticeiros da Espiral", que fazem a função de agentes de transformação e estão na mesma frequência do que estamos chamando de alquimista integral. Eles dizem: "Os Feiticeiros da Espiral vagueiam instintivamente em vastas paisagens, vendo padrões e relações em que os outros não reparam, porque seu antigo paradigma, os filtros da primeira camada, os impede. Podem se mover ao longo da espinha da Espiral, despertando, desbloqueando, capacitando ou reparando cada um dos vMemes (códigos genéticos ou culturais) numa organização. Um tal feiticeiro aprecia o caos e pensa mais como um *designer* criativo do que como um reengenheiro. O processo liga funções, pessoas e ideias em fluxos novos e mais naturais, que adicionam precisão, flexibilidade, resposta rápida, humanidade e diversão ao cumprir as tarefas. Esse é o poder do novo paradigma, o pensamento de segunda camada: vistoriar constantemente o hábil remendar permanente das partes. Monitorar o todo da Espiral é particularmente vital durante períodos de turbulência e mudança de larga escala, como agora".

Com isso, a constatação a que os autores chegam é que "Você jamais poderá mudar as coisas lutando contra a realidade existente. Para mudar algo, construa um novo modelo, que torne o modelo existente obsoleto." (BECK, Don; COWAN, Christopher, 1996).

A Teoria da Dinâmica da Espiral é uma maneira de explicar a complexidade do mundo e a natureza das mudanças ao nosso redor. É baseada em cinquenta anos de pesquisas iniciadas pelo psicólogo americano Clare W. Graves e recentemente enriquecida e aprimorada por Don Beck e Chris Cowan, que expandiram seu modelo e criaram a *Spiral Dynamics* – um dos modelos mais precisos de desenvolvimento cultural. Posteriormente, Ken Wilber, o criador da Matriz da Vida Integral na Prática, batizou esse modelo como replicável e como uma teoria que explica tudo, pois ela é inclusiva e está dentro de um sistema aberto em constante evolução.

A Dinâmica da Espiral fornece uma visão clara e profunda dos padrões fluidos da psique humana. Convicções e valores muitas vezes guiam inconscientemente nossas decisões ou moldam nossa identidade.

As experiências pessoais são colocadas no contexto histórico geral do desenvolvimento humano, o que leva a uma objetividade libertadora. Esse desenvolvimento faz parte de cada ser humano e vai desde o instinto de sobrevivência mais primitivo (bege) até as aspirações espirituais (turquesa/coral). A Dinâmica da Espiral é assim construída, como uma espiral, pois é uma expressão de forças naturais e cósmicas, que podem ser encontradas em tudo: a forma espiral pode ser encontrada em nosso DNA, em nossas galáxias etc.

A espiral, com sua estrutura em expansão ascendente, descreve melhor a evolução da consciência humana, pois corresponde ao desdobramento do modo de pensar e à sua complexidade cada vez maior. Mas esse desenvolvimento só começou há 100.000 anos, considerando no primeiro nível a necessidade de sobreviver.

O modelo é chamado de Dinâmica da Espiral porque essa forma (como uma concha, fitas de DNA ou galáxias) transmite a ideia de que a consciência é expansiva, aberta, contínua e dinâmica.

São representados por níveis de consciência, que determinam o modo de ver a realidade. Esses níveis representam um modo de pensar, filtrar e valorizar a realidade para se adaptar e criar novas soluções e novos desafios, e não tipos de pessoas.

Os níveis já estão disponíveis no meio ambiente aos seres humanos, basta que os ativemos dentro de nós para ter acesso a eles. Um desafio que surge em um nível é resolvido pelo modo de pensar do nível seguinte. Os seres humanos evoluem nos níveis que começam no Nível Bege – grau mínimo de consciência para entendermos o mundo ao redor – até os níveis mais altos, em que são capazes de lidar com a alta complexidade do mundo contemporâneo. Essa dinâmica da espiral acontece em movimentos alternados de autoexpressão e autossacrifício.

CÓDIGO MESTRE DA NATUREZA HUMANA

As 9 formas fundamentais de pensamento, ação, cultura e organização (Graves, Beck e Cowan).

NÍVEL DE CONSCIÊNCIA	SÍNTESE EXPLICATIVA
MESTRE CAOS	Catalisar a evolução de todo o sistema, evitar desastres e ameaças. Desestabilizar, descriar, destruir ecossistemas desatualizados e patológicos. Criar novos sistemas funcionais. Alta consciência, coragem e autodomínio. Para o benefício de si mesmo e de todos. Minimizar danos.
HOLÍSTICO GLOBAL	Propósito, visão de futuro. Administrar negócios como um sistema vivo auto-organizado. Colabora com competência. Mestre e conselheiro energético. Estabelece uma rede mundial para enfrentar os desafios globais. Totalmente alinhado com a natureza. Cada um é parte do todo.
ECOLÓGICO INTEGRAL	Funcional, pragmático, liderança competente. Paradoxo, complexidade e incerteza. Gerencia o fluxo natural da vida. Hierarquia saudável, autoridade e limites. Prospera e ajuda a prosperar. Princípios. Sobrevivência antes da compaixão. Medidas de resultados autênticas.
IGUALDADE E HUMANISMO	Maximizar o potencial humano. Resgatar a natureza e humanidade. Atenção plena. Alinhamento, consenso, diversidade e inclusão. Não julgamento, igualdade, direitos humanos, significado interno e justiça. Redes sociais.
EMPRESA ESTRATÉGICA	Escolha individual. Competir, aprender, definir metas. Risco de retorno. Performance, Mercado. Científico, empreendedor. Pragmático, racional, sistemas de aprendizagem. Meritocracia. Aproveitar a Natureza.
VERDADE E ORDEM	Estabilidade, justiça, propósito e moralidade. Disciplina, sacrifício, autoridade, razão, lógica, leis, regras e organização. Nação, patriotismo e religião, ideologia, doutrina, caridade e burocracia.
FORÇAS POLÍTICAS	Competir pelo poder, status, posição, recursos. Sexo, prazer, respeito e reputação. Formar alianças, gangues, impérios. Coragem, guerreiro, heróico, aventureiro, impulsivo. Vai para a ação. Vitalidade.
TRIBOS E FAMÍLIA	Segurança, família, tribo, etnia, união. Fertilidade, sagrado, rituais, ritos de passagem, mágicas, proteção, tabus. Estabilidade, comunidade, ancestrais, tradição. Território dos chefes. Monarquia.
INSTINTO DE SOBREVIVÊNCIA	Instinto, sobrevivência. Saúde, comida, sono, ginástica, corpo, fisiológico, reprodução. Gerenciamento de crises, reativo, comportamento de rebanho. Anarquia.

Extraído do Código Mestre da Natureza Humana de Graves, Beck e Cowan.

Na síntese acima está o resumo de cada nível de consciência, com informações e também com a perspectiva sistêmica, que tudo inclui e nada rejeita, expressando assim o movimento essencial que cada nível de consciência manifesta para que a saúde seja evidenciada e a toxicidade tratada.

Aqui consta o detalhamento do surgimento coletivo cada um dos níveis de consciência:

1º NÍVEL DE CONSCIÊNCIA (BEGE) – **Movimento de autoexpressão**

Surgiu há 100.000 anos, com os bandos. Nesse nível se encontram habilidades instintivas para satisfazer as necessidades básicas, como alimentação, segurança física e sexo. O desejo de expressão é automático. Ativado em catástrofes naturais e guerras. Sentimentos tóxicos de impotência. Cor inspirada nas areias do deserto. Representa o nível de consciência de um recém-nascido.

As organizações, quando estão com esse nível mais ativado, em geral estão passando por uma crise, financeira ou de identidade, ou estão iniciando novos movimentos, como *startups*. A grande força vital desse nível é o CORPO: físico para os indivíduos e o ambiente físico para as organizações. Quando essa condição de vida está enfraquecida, afeta toda a manifestação de pulsão pró-crescimento saudável.

Nessa frequência estão todas as informações de imunidade que o corpo requer e também as memórias de merecimento, individuais ou organizacionais.

2º NÍVEL DE CONSCIÊNCIA (ROXO) – **Movimento de autossacrifício**

Surgiu há 50.000 anos, com as tribos. Nesse nível, os objetos e fenômenos da natureza têm significado. Ativado em rituais de família, superstições, juramentos de sangue, lugares sagrados. Sentimentos negativos de medo e insegurança. O sacrifício é feito pela tribo e por ancestrais. Cor inspirada nos mantos das sacerdotisas.

A curtição e a ADORAÇÃO por ter um grupo de amigos íntimos ou parcerias que sejam familiares e um "PORTO SEGURO". Essas pessoas ou grupos são considerados irmãos de ALMA.

As organizações, quando têm o DNA cultural mais forte nesse nível, valorizam os símbolos, os ritos e tudo que fortalece a sensação de pertencimento. A grande força vital desse nível é o COLETIVO, e é comum as pessoas conviverem entre famílias e fazerem programas juntos para fortalecer os vínculos. Quando essa condição de vida é muito mais simbiótica do que intimista, podem-se criar laços eternos que impedem a continuidade da Vida, gerando as sobreposições de contextos, seja para indivíduos, seja para organizações.

3º NÍVEL DE CONSCIÊNCIA (VERMELHO) – Movimento de autoexpressão

Surgiu há 10.000 anos, com os impérios e exploradores. O desejo de expressão é energético. Vive o aqui e agora. Desperta o individualismo e a força para agir. Ativado em posições radicais, gangues, heróis, conquistadores, predadores. Tem sentimentos tóxicos de raiva. Cor inspirada no sangue dos guerreiros.

As organizações, quando têm o DNA cultural mais forte nesse nível, têm foco no curtíssimo prazo e no imediatismo, e, dependendo do clima organizacional, pode fortalecer ou enfraquecer a autoestima dos indivíduos.

A grande força vital desse nível é a CORAGEM para ir além, e essa energia vibrante é manifestada quando cada um reconhece sua própria capacidade de fazer acontecer e mantém a CHAMA INTERNA acesa pró-VITÓRIA particular.

4º NÍVEL DE CONSCIÊNCIA (AZUL) – Movimento de autossacrifício

Surgiu há 5.000 anos, em forma de estrutura de autoridade. Sacrifício agora para obter no futuro. Cria causas e ideais abstratos. Disciplina, ordem e estrutura. Ativado em estruturas formais e tradicionais. Códigos de honra, hospitais e Forças Armadas, estatais, lógica. Tem sentimento de culpa, fanatismo e julgamento. Cor inspirada no manto azul dos religiosos.

As organizações, quando têm o DNA cultural mais forte nesse nível, se solidificam em algumas verdades absolutas e conservadoras e supervalorizam a execução das tarefas e todos os aspectos operacionais. As premissas instituídas aqui podem facilitar os processos como também podem gerar bloqueios e burocracias, por conta de uma cultura construída com base na desconfiança ou nas generalizações, em razão de exceções ocorridas em algum contexto específico.

A grande força vital desse nível é o COMPROMISSO assumido,

que são acordos que fazemos com nós mesmos e com os outros, sempre com a atenção plena para ocupar o devido LUGAR no sistema. Quando essa frequência é cultivada, acontece o movimento saudável de aprender com as falhas e todos seguirem mais fortalecidos, em vez de manter uma cultura que tem medo de errar e fica fixada em pontos de vista distorcidos e limitadores.

5º NÍVEL DE CONSCIÊNCIA (LARANJA) – Movimento de autoexpressão

Surgiu há 300 anos, com os empreendedores. Desejo de expressão calculado, para conseguir abundância financeira e independência. Libera a autonomia e vê as melhores opções e oportunidades. Ativado em mercados de ações, uso da tecnologia, física quântica, capitalismo, classe média emergente, quebra de paradigmas. Sentimentos negativos de vazio. Materialismo e manipulação. Cor inspirada no aço incandescente.

Esse nível surgiu como reflexo das revoluções industriais e foi o primeiro salto intelectual que a humanidade teve.

As organizações, quando têm o DNA cultural mais forte nesse nível, supervalorizam os resultados alcançados, por meio de metas e objetivos estabelecidos. Tudo que tem base científica é reconhecido e o que for apenas baseado em experiência empírica é desvalorizado e, em alguns casos, até desprezado. Realizar mudanças e melhoria contínua é estimulado o tempo todo, assim como agir como "dono do negócio".

A grande força vital desse nível é a CONCRETIZAÇÃO, pois nessa frequência tudo que é apresentado como iniciativa e tem resolução é super-reconhecido, exaltado e premiado. O perigo está em querer alcançar resultados a qualquer custo e impactar o clima organizacional com doenças ocupacionais.

6º NÍVEL DE CONSCIÊNCIA (VERDE) – Movimento de autossacrifício

Surgiu há 150 anos, com as comunidades. Sacrifício agora, para obter agora para si e para os outros. Libera dos dogmas e da ambição. Ativado em ecologia, Greenpeace, ideias de sustentabilidade, energias alternativas, cooperação, consenso e empatia. Crescimento econômico com desenvolvimento social. Sentimento de indecisão por querer ouvir a todos. Cor inspirada na natureza.

Esse nível surgiu em contraponto ao nível anterior, cujo foco é em resultados. E a grande guerra cultural mundial está no confronto nocivo entre o 5º e o 6º nível, cujo foco são as pessoas e os relacionamentos.

As organizações, quando têm o DNA cultural mais forte nesse nível, criam espaço para as pessoas serem ouvidas de forma humanizada e num ambiente democrático. Aqui as potencialidades são valorizadas e, com isso, o processo do autoconhecimento começa a ser percebido como parte fundamental do desenvolvimento de líderes, equipes e potenciais. O cuidado que precisa acontecer nessa frequência é com o olhar exagerado e a escuta excessiva de todas as partes, podendo gerar lentidão no processo e confiança cega.

A grande força vital desse nível é a COLABORAÇÃO, já que considera a diversidade como a premissa principal para criar um ambiente empático e de comunicação não violenta.

A evolução na espiral da primeira camada (que vai até o sexto nível) para a segunda camada (que começa no sétimo nível) é, portanto, uma permanente alternância entre o foco no individual e no coletivo, no movimento de expansão (externo – para fora) e no movimento de contração (interno – para dentro). Nota-se um salto quântico de consciência na passagem do nível verde para o amarelo, da luta contra as adversidades de subsistência e da normose da vida para a sincronização da existência natural do fluxo da vida.

7º NÍVEL DE CONSCIÊNCIA (AMARELO) – Movimento de autoexpressão integral

Surgiu há 50 anos, com os sistemas integrativos. Desejo de expressão espiritual, respeitando o outro e a Terra. Transformar o caos causado pelas diferenças e mudanças em um sistema elegante e equilibrado. Aceita o inevitável. Ativado em ideias como a reconexão entre mente, corpo e espírito, que considera a intuição e também o pragmatismo. Responsabilidade social. Pensamento estratégico. Flexibilidade. Funcionalidade. Qualidade. Sentimentos tóxicos de intolerância. Cor inspirada no Sol.

As organizações que conseguem incluir os valores desse nível de consciência como parte da cultura criam comportamentos de aprendizagem contínua e transformações sistêmicas, já que preparam os profissionais para sintonizar mais a sintropia, como parte natural do fluxo da longevidade.

A grande força vital desse nível é a COMPLETUDE, que inclui tudo como foi, tudo como está e tudo que virá, integrando corpo, mente, coração e espírito. A apropriação, por cada indivíduo, do seu saber único cria sinergias nas interações e facilita os posicionamentos diante do que serve e do que não serve mais para a funcionalidade saudável de todo o sistema.

8º NÍVEL DE CONSCIÊNCIA (TURQUESA) – Movimento de autossacrifício integral

Surgiu há 30 anos, com as ideias holísticas. Construção de uma comunidade global. Tem sentimentos de humildade e tolerância. Sacrifício de si e dos outros, se necessário, em prol do equilíbrio e da harmonia entre os seres humanos, o planeta e as gerações futuras. Ativado em múltiplos níveis de interação. É teórico. Cor inspirada na Terra e nos oceanos vistos do espaço. Como funciona na prática? Por meio de técnicas fáceis e modelos replicáveis.

As organizações que já despertaram para esse nível são fruto de indivíduos e lideranças que investem tempo, energia e recursos financeiros em programas de educação continuada sistêmica e criam espaço para os profissionais realizarem suas entregas a partir da sua própria CONTRIBUIÇÃO essencial, que vai além das funções exercidas e que integra o SER e o FAZER no dia a dia. Essa é a grande força vital desse nível (a contribuição), que proporciona a clareza da geração de legados conscientes em todos os projetos em que se envolvem em prol de algo maior, que resulta diretamente em sociedades mais saudáveis no curto, médio e longo prazos, evidenciando infinitas possibilidades de evolução para toda a humanidade.

9º NÍVEL DE CONSCIÊNCIA (CORAL) – Movimento de autoexpressão integral

Surgiu há poucos anos, com ênfase em catalisar a evolução de todo o sistema, a partir das singularidades e genialidades individuais, coletivas e organizacionais. Surgiu para gerar o Caos Consciente e destruir tudo que gera patologias e impede que o movimento natural da vida se manifeste com saúde e liberdade. Impulsiona o surgimento de novos sistemas funcionais. A cor é inspirada nos corais do fundo do mar.

As lideranças sistêmicas da vida como um todo que já despertaram para esse nível de consciência estão preparadas para canalizar movimentos essenciais de autocura, cura coletiva e cura sistêmica, mesmo que esse processo ainda seja quase que totalmente inconsciente, para quem já tem condições de receber e retornar aos sistemas novos movimentos, novas perspectivas e a pureza da energia transmutacional – que é capaz de regenerar um contexto altamente nocivo em um ambiente propulsor de infinitas possibilidades, que sintoniza mais energia de vida do que energia de morte, já que acessa os diversos tipos de vida presentes nas inúmeras galáxias. Portanto, a grande força vital desse nível é a energia mágica da CURA quântica e cosmológica.

"O conceito da Dinâmica em Espiral Integral explica que a natureza humana não é fixa. Temos as capacidades, na natureza de nosso cérebro, para construir novos mundos conceituais. O que tentamos descrever é como humanos são capazes de se adaptar às situações, criando pensamentos mais complexos para lidar com problemas novos."

(Don Beck)

Esses níveis representam um modo de pensar, filtrar e valorizar a realidade para se adaptar e criar soluções e desafios, e não tipos de pessoas. Os níveis já estão disponíveis no meio ambiente aos seres humanos, precisamos apenas ativá-los dentro de nós para acessá-los.

Don Beck usa o modelo para mudar grandes sistemas dentro e entre os vários setores ou culturas da comunidade mundial. Para essas intervenções e transformações em grande escala, ele criou uma iniciativa chamada *Spiral Dynamics integral* (SDI). Destina-se a permitir a transformação humana e a reconciliação mundial. Mas ainda há um longo caminho a percorrer, porque, de acordo com o conceito da Dinâmica Espiral, a natureza do homem não é imutável: as pessoas podem criar novos mundos, ou seja, podem adaptar-se às situações criando uma forma de pensar mais complexa para resolver problemas.

Isso requer uma inteligência adaptativa e dependente do contexto que possa responder a diferentes condições de vida. Para Don Beck e outros autores, o foco está sempre nas forças dinâmicas causais produzidas pelas condições de vida, bem como nos mecanismos de enfrentamento e nas inteligências coletivas.

No conceito de Dinâmica Espiral, essas inteligências coletivas são chamadas de memes: os memes (sistemas de valores) reagem como genes, vírus e bactérias ao mesmo princípio elementar do universo, o conceito de capacidade regenerativa. Cada meme sucessivo recebe outro princípio organizacional mais complexo, com prioridades, mentalidades e linhas de base específicas especialmente calibradas. Esse é um método de resolução de problemas que se concentra no que é mais importante, dependendo da resposta às condições de vida.

Assim como a replicação do DNA, um código meme é um projeto biopsicossocial e espiritual que se espalha por toda a cultura e se manifesta em todas as áreas de expressão cultural. Forma o código de sobrevivência, os mitos de origem, o *design* artístico, os estilos de vida e o sentido de comunidade. As crises e os conflitos desencadearão a mudança para o nível subsequente mais elevado de desenvolvimento humano, mas a espiral nunca atingirá a fase final, e continuará a se expandir de forma dinâmica.

SOBRE A ALQUIMIA

Felicidade é o desejo mais profundo da nossa alma por plenitude, é o sentido mais profundo que desejamos dar à nossa existência. Ela nos guia por uma viagem em espiral pela vida. Nessa espiral, somos levados a viver experiências que confrontam o nosso mundo interior com o mundo exterior. Esse "confronto" gera o processo da alquimia. Ao longo da vida, aprendemos a fazer várias alquimias, transformações no processo de evolução da consciência, e a vida nos brinda com sabedoria. A sabedoria impulsiona nossa jornada pela espiral, conduzindo-nos ao verdadeiro centro de tudo: a Vida em si.

Só quem sabe ascender pelas espirais da vida, com o mesmo nível de presença em cada dia, comunhão com o universo e sábia aceitação do ciclo de vida-morte-vida, poderá acessar a felicidade plena. Transcendemos ilusões e limitações do ego e descobrimos nossa verdadeira natureza.

A felicidade torna-se, assim, uma cocriação pessoal, uma escolha e uma forma de ver a vida em que nos sentimos merecedores da abundância infinita e em que já honramos o potencial com que nascemos. Aceitando ser trabalhados ao longo da nossa jornada, para nos tornar alquimistas do nosso próprio destino.

A genial ciência da alquimia nos fornece as chaves preciosas para a transformação do nosso "chumbo" em "ouro" no caminho da felicidade.

A história da alquimia tem milhares de anos e foi praticada por faraós, reis e papas. A *opus* alquímica era um trabalho individual. Os alquimistas eram guardiães de um mistério cuja divulgação estava vedada para quem não estivesse preparado para aceitar o chamado.

A alquimia (deriva do latim, *alkimia*, que é derivado do árabe, como *al-kīmīya*, que significa "a química", que, por sua vez, deriva do termo grego antigo *khēmeía*, que significa "fusão de líquidos") é a arte da transmutação dos metais para a obtenção do ouro (alquimia externa). Essa transmutação opera-se em vários níveis: a transmutação que ocorre é a da consciência (alquimia interior), e o ouro representa a imortalidade.

Da alquimia interior, decorre a externa, ou seja, o mundo exterior espelha toda a nossa transformação interior. A alquimia simboliza a evolução do ser humano, a integração do espírito na matéria -- quando realizamos a nossa alquimia interior, reintegramos a nossa essência divina.

Veremos como a alquimia espiritual se origina da tradição hermética que chega até nós desde a Antiguidade. Mais que uma doutrina, é um método que nos conduz ao despertar do nosso ser autêntico, descobrindo todos os véus que nos ocultam de quem realmente somos. Pode ser definida como protociência, que fica entre a filosofia, a metafísica e a psicologia e a religião no sentido primeiro do termo (do latim *religare*, "reconectar").

A alquimia é uma prática que consiste em realizar um caminho pessoal de autoconsciência e de purificação íntima, para renascer como um novo ser, consciente e desperto. O alquimista é aquele que considera que a matéria contém, de forma oculta e amalgamada, a verdadeira luz. A matéria é, portanto, ao mesmo tempo o que transporta luz e o que a torna sombra.

O objetivo é, portanto, operar uma transmutação espiritual: uma conversão íntima, uma mudança existencial. Em que consiste essa conversão? É uma questão de operar uma reorientação em relação a si mesmo e ao cosmos. O objetivo é encontrar nossa verdadeira natureza e acessar o divino em nós.

Partimos do princípio de que grande parte das pessoas vive em um mundo ilusório, feito de pecados, paixões, crenças, preconceitos e falsas certezas. Essas pessoas acreditam que são livres em suas escolhas, acreditam ter a verdade e se fixam no ego. Essas ilusões ocorrem em função do apego às coisas da matéria e de si mesmo. A alquimia consiste em mergulhar nessa parte de nós para nos libertar do que nos impede de acessar a nossa parte universal, ilimitada e eterna do ser.

Aqui lembramos a história do Gênesis: ao morder o fruto proibido da árvore do conhecimento do bem e do mal, Adão e Eva causam um sério descentramento. Sua tentativa de se elevar ao nível de Deus e o fato de transgredirem conscientemente a lei divina faz com que experimentem a infelicidade, o sofrimento, a vergonha e a morte.

A alquimia visa reparar esse pecado original, recuperar o nosso estado primordial, inocente, espontâneo, feliz, estando conscientemente unidos ao Criador. O objetivo é reencontrar em nós mesmos a parte divina do nosso ser.

Hermes Trismegisto – o pai da alquimia

Hermes Trismegisto ou Hermes Trismegistus, que significa "Hermes, o três vezes grande", foi um legislador egípcio, pastor e filósofo que viveu na região de Ninus, no Egito, por volta de 1330 a.C. É conhecido também por outros nomes, como Toth, em grego, e Tehuti ou Dyehuty em egípcio.

Seu impressionante legado intelectual, com centenas de obras sobre teologia e cosmogonia, engenharia e arquitetura sagrada, medicina e filosofia, psicologia e magia etc, perdeu-se ao longo dos séculos, tendo sobrado somente alguns textos, entre os quais a famosa "Tábua Esmeraldina" e o "Corpus Hermeticum", bases da alquimia árabe e europeia medievais.

Hermes é considerado o pai da alquimia. Os gregos o chamavam de Trismegisto, significando que esse mestre dominava as três Montanhas – da Iniciação, da Ressurreição e da Ascensão – entre os gnósticos. Já os romanos o chamavam de Mercurius ter Maximus.

Hermes Trismegisto é mencionado primordialmente na literatura ocultista como o maior de todos os sábios egípcios, o grande criador da alquimia, além de ter desenvolvido um profundo sistema de crenças metafísicas que hoje é conhecido como hermética.

Para alguns pensadores medievais, Trismegisto foi um profeta pagão que anunciou o advento do cristianismo. E, segundo o Islã, esse mestre era o próprio profeta Ídris (ou Enoch), mencionado diversas vezes no Alcorão e que viu Deus face a face graças à sua santidade.

Esse mestre escreveu 42 livros sobre a simbologia e os fundamentos alquímicos, os quais os grandes alquimistas medievais árabes e, posteriormente, europeus, estudaram e, com base neles, estabeleceram uma didática característica.

A Tábua de Esmeralda – documento que deu origem à alquimia

A Tábua de Esmeralda, ou Esmeraldina, é um texto clássico atribuído a Hermes Trismegisto. Filósofos, alquimistas e astrólogos basearam seus conhecimentos nesse importante legado do Velho Mundo.

A Tábua de Esmeralda revela os segredos sobre a substância primordial (aquilo que é presente em tudo que forma o universo) e todas as suas formas e potencialidades. É um texto com enorme relevância nos dias de hoje, por revelar o conhecimento antigo sobre o universo, que tem se revelado verdadeiro por inúmeras ciências.

O primeiro vestígio documentado sobre a Tábua de Esmeralda pode ser encontrado numa carta de Aristóteles a Alexandre, o Grande, durante a sua campanha na Pérsia. Essa carta integra a versão em latim da grande obra *Secretum Secretorum* ("Segredo dos Segredos"), traduzida a partir do original em árabe "Kitab Sirr al-Asrar", um gênero de livro de conselhos, tratado e enciclopédia utilizado por grandes governantes da época. Essa obra fala sobre as ciências que regem o universo, e foi um dos livros mais lidos da Idade Média, por conter os maiores e mais poderosos segredos sobre o universo, desde a astrologia e propriedades mágicas e medicinais de plantas e minerais, até numerologia, e acima de tudo, o segredo sobre uma ciência unificada.

Outros vestígios sobre a Tábua de Esmeralda são documentados séculos depois, o que apenas prova que o texto existe e que foi uma grande influência para muitas culturas. Hoje, considera-se que o texto contém uma das maiores verdades sobre o nosso universo, que é provado pela comunidade científica e pelas ciências da física quântica. É também guia para muitos outros ensinamentos e programas em séculos mais recentes, que defendem a existência de leis universais, como a lei da atração e a lei da vibração.

Tradução da Tábua de Esmeralda por madame Helena Petrovna Blavatsky:

1. Aquilo que está debaixo é parecido com aquilo que está em cima, e aquilo que está em cima é semelhante ao que está embaixo, para completar as maravilhas de uma coisa.

2. Como todas as coisas foram criadas pela meditação de um ser, todas as coisas foram então criadas a partir deste, por adaptação.
3. Seu Pai é o Sol, sua Mãe, a Lua.
4. É a causa de toda a perfeição por toda a terra.
5. O seu poder é perfeito se transformado em terra.
6. Separa a terra do fogo, o sutil do grosseiro, agindo com prudência e com juízo.
7. Ascende com a maior sagacidade da terra ao céu, e une o poder de todas as coisas inferiores e superiores.
8. Assim, possuirás a luz de todo o mundo, e a obscuridade irá voar de perto de ti.
9. Esta coisa tem mais coragem que a própria coragem, porque consegue superar tudo que é mais sutil e penetrar em tudo que é sólido.
10. Através dele, o mundo foi formado.

O texto misterioso foi escrito com uma simplicidade impressionante, que parece condensar toda a tradição mística ocidental. Sua influência filosófica atravessou milênios, até chegar aos nossos dias.

Apesar de serem encontradas referências à tábua em inúmeras obras espirituais, tanto europeias quanto árabes, sua autoria continua sendo um mistério. Algumas versões afirmam que foi o próprio Abraão, o primeiro patriarca judeu-cristão, o criador do texto. Outros explicam que ele foi escrito por um filho de Adão e salvaguardado na Arca de Noé durante o Grande Dilúvio.

A tradição hermética estudou a tábua durante séculos. Nela, parecem estar resumidas todas as grandes ideias desenvolvidas pela alquimia. O item VIII, por exemplo, diz: "Use sua mente por completo e suba da Terra ao Céu e, depois, desça novamente à Terra e junte os poderes do que está acima e do que está embaixo. Assim, você conquistará a glória no mundo inteiro e a escuridão sairá de você de uma vez por todas".

Os grandes ensinamentos desenvolvidos pela alquimia resumidos na Tábua de Esmeralda podem revelar uma melhor e importantíssima compreensão do maior segredo dos alquimistas, o V.I.T.R.I.O.L.

V.I.T.R.I.O.L.

Há uma célebre fórmula iniciática que sintetiza a doutrina alquímica: V.I.T.R.I.O.L., um acrônimo, que significa: *Visita Interiora Terrae, Rectificando Invenies Occultum Lapidem* – "Visita o centro da Terra, retificando-te, encontrarás a pedra oculta" (ou filosofal). Filosoficamente, quer dizer: visite o seu interior e, purificando-se, você encontrará o seu eu oculto, ou a essência da sua alma humana. A prática da alquimia permite que o homem descubra dentro de si mesmo, no seu coração, a sabedoria, a luz e a plenitude divinas (o ouro).

É considerado o símbolo universal da constante busca do homem para melhorar a si mesmo e à sociedade em geral. O termo é atribuído ao monge beneditino Basílio Valentim, que viveu em meados do século XV, na Alemanha. Para os místicos, esse é o termo mais misterioso e secreto que se conhece, a verdadeira palavra-passe ou o "Abre-te Sésamo" para o "Mundo Oculto dos Deuses" ou dos "Homens Semideuses".

Rosa Rosacruz

A alquimia pode ser usada como um poderoso meio de transformação psicológica, autoempoderamento e evolução espiritual. O processo de individuação é o verdadeiro ouro que os alquimistas procuram. A alquimia encerra tesouros de sabedoria que podem ser desvelados por quem queira dedicar-se ao autoconhecimento integral. A alquimia pretende unir o espírito à alma; ela pode ser usada para transformar hábitos e formas de pensar em comportamentos com um novo sentido e com sucesso, que nos ajudem a lidar eficazmente com os desafios da vida.

O processo alquímico interno acontece várias vezes na nossa vida, em várias áreas. Acontece num dado momento, por exemplo, na vida afetiva, e em outro momento pode estar ligado à carreira e à realização criativa. Também pode ser global e profundo, envolvendo vários aspectos ao mesmo tempo. A obra alquímica é um processo de vida que exige entrega, labor, paciência, que conduz ao renascimento psicológico e à gradual descoberta do sentido da vida, nessa conquista evolutiva que em nós se materializa.

Há quatro fases da obra alquímica que é preciso completar a fim de que os processos psicológicos se concluam, para que possamos renascer:

- **Nigredo** – Obra ao negro
- **Albedo** – Obra ao branco
- **Citredo** – Obra ao amarelo
- **Rubedo** – Obra ao vermelho

Gravura dos quatro estágios do processo alquímico
(os quatro elementos - terra, água, ar e fogo).
O Museu Hermético (Alexander Roob, 2015)

As quatro fases da obra alquímica são uma metáfora extraordinariamente reveladora dos nossos processos psicológicos. Podemos ficar bloqueados numa etapa, depois avançar para a seguinte e voltar a regredir. É por isso que repetimos certos padrões, atraindo sempre as mesmas circunstâncias na nossa vida. É também por isso que muitas vezes não conseguimos mobilizar energias para mudar um hábito destrutivo.

Tanto na obra alquímica como no processo de individuação, a passagem de uma fase à outra não é um processo linear, mas cíclico, como uma espiral ascendente praticamente interminável: quando terminamos um rubedo voltamos a um novo nigredo. É claro que esse regresso nunca é a um ponto inicial do processo, mas a um ponto mais interior e mais elevado da espiral, como se caminhássemos numa longa estrada circular para alcançar o topo de uma montanha. É uma espiral que nos leva de volta ao pico da montanha, que é o nosso centro, o *self* divino.

O Laboratório do Alquimista, de Heinrich Khunrath (c. 1560-1605)

Quatro propósitos dos alquimistas

Existem quatro propósitos maiores que todo alquimista busca. O primeiro deles é a famosa pedra filosofal, um objeto lendário que tem o poder de transmutar qualquer metal básico em ouro. No entanto, esse é apenas um objetivo superficial, usado pelos alquimistas como um disfarce para prosseguir com sua jornada espiritual sob o pretexto de buscar riqueza. Buscar sucesso financeiro sempre foi socialmente aceito, ao passo que buscar o Ouro da Alma seria considerado uma heresia pelas instituições religiosas.

Assim, a pedra filosofal nos proporciona uma compreensão maior em seu contexto alquímico. Seu nome sugere que ela não é física, ou seja, não está no plano denso da matéria, mas no plano das ideias, na Inteligência maior, chamada de *Nous* pelos antigos hermetistas de Alexandria. Nous é um objetivo a ser conquistado pela alma humana, uma dádiva concedida ao gênero humano pela benevolência do Criador. Portanto, para acessar tal sabedoria da inteligência divina, é necessário lapidar a si mesmo, usando a pedra filosofal para transmutar a natureza densa e mortal humana. A pedra filosofal não é um objeto físico com poderes metafísicos, mas sim um estado de consciência capaz de mudar a realidade ilusória em que todos estamos inseridos.

Isso nos leva ao segundo propósito do alquimista, o Elixir da Longa Vida. Contrariamente ao que muitos afirmam, não é a busca pela imortalidade física, mas sim pela saúde perfeita da natureza mortal e pela consciência da eternidade para a alma humana. O ser humano tem uma dupla natureza, sendo mortal pelo corpo nascido do Mundo (Kosmos) e imortal pela Alma (Psychē) nascida do Divino. O Elixir da Longa Vida busca unificar essas naturezas, fazendo com que o corpo se sutilize e a alma incorpore, por meio da obra alquímica.

O terceiro propósito do alquimista é a criação de um *homunculus*, que significa "pequeno homem". No entanto, não se trata de criar um ser humano para servir a desejos egoístas. A ideia arquetípica do *homunculus* transcende a semelhança com um robô moderno, assemelhando-se mais ao Golem dos cabalistas ou ao controle dos 72 *Daemons* da magia goétia do rei Salomão. A criação do *homunculus* envolve direcionar a natureza instintiva para fins divinos, domando os "pequenos seres" animalescos para potencializar o trabalho na jornada espiritual.

Todos esses propósitos culminam no quarto propósito maior do alquimista: obter a sabedoria da criação, tanto em seus aspectos físicos quanto espirituais, para realizar os milagres da vontade do Criador. Esse propósito é a síntese de todos os anteriores, reconciliando os paradoxos que levaram o ser humano a este denso Mundo. A sabedoria da criação tem o poder de unir os fragmentos caídos da alma primordial, realizando o mistério da fênix, que, pelo fogo, transmuta a si mesma e renasce como um novo ser.

Portanto, o alquimista que opera nessa arte sagrada deve compreender sua dupla natureza e sua função, para além da sua individualidade mundana. A obra começa como uma retificação interior, expandindo-se para a Anima Mundi e, finalmente, para o Splendor Solis, o Esplendor do Sol. O objetivo da alquimia é ser uma "química sagrada" que transforma, transmuta e transfigura o operador, a matéria e o cosmos, despertando a vida na matéria e recriando a vida dentro do operador. Utilizando a dupla natureza do ser em uníssono, o alquimista realiza sua Magnum Opus ou Grande Obra.

A ALQUIMIA INTEGRAL E OS DESAFIOS COLETIVOS

Teoria Integral de Ken Wilber

"A palavra integral significa abrangente, inclusivo, não marginalizante, abarcante. As abordagens integrais, em qualquer campo, buscam exatamente isso: incluir, dentro de uma visão coerente do tópico, o maior número possível de estilos, metodologias e perspectivas. De certa forma, as abordagens integrais são 'metaparadigmas', maneiras de unir os diversos paradigmas isolados, já existentes, em uma rede inter-relacional de abordagens mutuamente enriquecedoras."
(Ken Wilber)

Nas gerações anteriores, grande parcela da população passava sua vida inteira em contato com a mesma cultura. Hoje, além da mobilidade geográfica, temos acesso a todas as culturas conhecidas do planeta, ou seja, todas as culturas estão expostas umas às outras.

Isso significa que temos disponível todo o conhecimento, experiência, sabedoria e reflexão de todas as grandes civilizações humanas, desde as pré-modernas até as modernas e pós-modernas. E se considerarmos todas as coisas que as variadas culturas têm a nos dizer sobre o potencial humano, sobre crescimento espiritual, psicológico e social? E se tentarmos achar as chaves críticas essenciais ao crescimento humano, apoiando-nos na totalidade do conhecimento agora aberto a nós? E se tentarmos, com base num extenso estudo intercultural, usar todas as grandes tradições do mundo para criar um mapa abrangente, ou integral, que inclua os melhores elementos de cada uma delas? Parece complicado, assustador? De certo modo, é.

No entanto, os resultados mostram-se surpreendentes. De fato, ao longo das últimas décadas, ocorreu uma extensa busca de um mapa abrangente dos potenciais humanos. Esse mapa usa todos os sistemas e modelos conhecidos de crescimento humano, desde os antigos xamãs e sábios até as atuais conquistas inovadoras da ciência cognitiva, e destila seus principais componentes em cinco fatores simples, fatores que são os elementos ou chaves essenciais para destrancar e facilitar a evolução humana.

Ken Wilber criou esse mapa, após anos de estudo sobre o ser humano e recorrendo a nomes como Buda, Einstein, Freud, Jung, Goleman, Piaget, Aurobindo, Kegan e muitos outros. Ele criou a Abordagem Integral, uma metateoria composta de diversas teorias, um mapa formado a partir de outros mapas, que nos ajuda a ter uma nova compreensão do ser humano e da realidade que o circunda. Seu objetivo foi integrar os conhecimentos, para sermos pessoas mais plenas nesse mundo de pluralidades.

Representação visual dos elementos que compõem a Abordagem Integral

A correlação pragmática da Abordagem Integral AQAL é uma série de práticas sociais chamada de Pluralismo Metodológico Integral. A aplicação pessoal do AQAL é chamada Prática de Vida Integral. "AQAL" é uma abreviação de 'All-quadrants, all-levels, all-lines, all-states and all-types' (Todos os quadrantes, todos os níveis, todas as linhas, todos os estados e todos os tipos).

É composto de cinco elementos simples e profundos, capazes de nos ajudar de forma holística e sustentável em nosso desenvolvimento pessoal. São eles: os quadrantes, as linhas, os níveis, os estados e os tipos. Esses elementos não são apenas conceitos teóricos, mas aspectos de nossa própria experiência, atributos de nossa consciência que ocorrem em todo e qualquer momento.

Aqui temos uma breve descrição de cada um deles:

QUADRANTES
São as quatro dimensões da realidade, as quatro perspectivas nas quais tudo na vida acontece. Tais perspectivas são formadas por duas distinções fundamentais: interior/exterior e individual/coletivo. Quando juntamos essas duas distinções, criamos quatro quadrantes:

um Individual Interior, um Individual Exterior, um Coletivo Interior e um Coletivo Exterior.

No Individual Interior está tudo que diz respeito ao nosso "eu interno", como nossos valores, sentimentos, pensamentos, anseios. Já no Individual Exterior estamos falando do "eu externo", ou seja, o nosso corpo físico, as nossas ações no mundo, tudo que alguém, quando nos olha de fora, consegue enxergar.

No Coletivo Interior estamos falando da nossa subjetividade, são os relacionamentos internos, a cultura, as trocas intangíveis e o jeito de ser de um grupo. Para conhecer bem essa subjetividade, é preciso fazer parte do grupo.

Por fim, temos o Coletivo Exterior, que são todas as estruturas e sistemas externos que permitem que o grupo exista e se relacione, o que inclui desde o ambiente físico no qual estamos, como as regras estruturais para vivência comum, ou mesmo um sistema de vendas, por exemplo, que permite que uma empresa opere.

	INTERIOR	EXTERIOR
INDIVIDUAL	**SUPERIOR ESQUERDO** EU Intencional (subjetivo)	**SUPERIOR DIREITO** ISSO Comportamental (objetivo)
COLETIVO	NÓS Cultural (intersubjetivo) **INFERIOR ESQUERDO**	ISSOS Social (interobjetivo) **INFERIOR DIREITO**

Quadrantes da Abordagem Integral

LINHAS

Caminhos ou capacidades que seguem por níveis de desenvolvimento de forma relativamente independente. A teoria de Inteligências Múltiplas de Howard Gardner é um exemplo de estudo de linhas de desenvolvimento. Há evidências de mais linhas de desenvolvimento, incluindo a cognitiva, moral, autoidentidade, estética, sinestésica, linguística, musical e matemática. A Teoria Integral geralmente classifica estas linhas de acordo com um dos três tipos: linhas cognitivas (como estudado por Louis Piaget, Robert Keegan, Kurt Fischer etc.); linhas autorrelacionadas (por exemplo moral, autoidentidade, necessidades etc.); e capacidades ou talentos (por exemplo capacidade musical, capacidade sinestésica, capacidade introspectiva etc.). O desenvolvimento cognitivo é necessário mas não suficiente para as linhas autorrelacionadas e parece ser necessária para a maioria das capacidades.

NÍVEIS

São os diversos níveis por meio dos quais nossa consciência evolui ao longo da vida. Segundo a Teoria da Espiral da Consciência, nós todos nascemos num primeiro nível que é bem preso ao nosso "eu egoico" e vamos evoluindo ao longo da vida, no caminho de uma abertura em relação ao "todo não dual". Em outras palavras, é como se começássemos muito focados em nós mesmos e na nossa subsistência, como um bebezinho que vive em prol de satisfazer as suas necessidades, e ao longo da vida fôssemos nos abrindo para os outros e para o mundo, até um nível de total iluminação e conexão com o universo. Resumindo, níveis são mensurações abstratas para representar distinções de classes, fluidas porém qualitativas, de padrões recorrentes dentro das linhas de desenvolvimento. Alguns exemplos incluem egocêntrico, etnocêntrico, mundicêntrico, kosmocêntrico etc.

ESTADOS

Aspectos temporários de um fenômeno encontrados em todos os quadrantes. No Superior Esquerdo, por exemplo, estão os três estados naturais de Vigília, Sonho e Sono Profundo; estados meditativos; e experiências de pico (todos podem ser virtualmente acessados em qualquer nível de desenvolvimento). Outros exemplos de estados incluem a atividade cerebral no quadrante Superior Direito; estados culturais (exemplo: histeria em massa) no Inferior Esquerdo; e estados climáticos no Inferior Direito.

TIPOS
São nossas diferenças horizontais, aquelas que, mesmo sendo completamente distintas, não dizem respeito a questões superiores ou inferiores entre si (as famosas tipologias de personalidade, gêneros etc.). Aqui usamos o eneagrama.

Desafios coletivos

Atualmente, vivemos sintomas sistêmicos de dores e sofrimentos de histórias pessoais, coletivas, ancestrais e geracionais que estão presentes em nossas memórias, que formaram nossa cultura, nossas estruturas e sistemas. São traumas coletivos, que se originam desde a escravidão de povos indígenas e negros, imigração exploratória de diversas etnias, invasão de terras etc., além de profundas marcas de guerras, pobreza, violência, desigualdade, discriminação, fome, destruição da natureza etc.

Precisamos curar as fontes de separação, fragmentação e desconexão, as memórias escondidas e excluídas, as emoções reprimidas e as histórias distorcidas. Para que a mudança sistêmica ocorra de forma efetiva, é necessário que a transformação da consciência aconteça, trazendo à tona os pontos cegos dos indivíduos, das relações, da coletividade e dos sistemas.

Precisamos reconhecer nossas sombras e estados fixados reativos do nosso subconsciente, que formam nossa visão de mundo, condicionam nosso ego à interpretação de dados e formas de ser e agir no mundo, desconectados, com desesperança, medo e ira.

As dores coletivas estão contidas nas dores individuais; libertar a humanidade do sofrimento começa por libertar a nossa fonte interior de sofrimento. A crise sistêmica coletiva não é só sobre valores ou consciência, é também a reprodução inconsciente dos traumas coletivos e geracionais, presentes na cultura simbólica e nas estruturas institucionais, tanto quanto nas nossas células, no sistema nervoso, somatizados no corpo e programados em nossas memórias.

Quais são nossas reais fontes de guerras, exploração, corrupção, violência, dominação e abuso de poder? Seriam os nossos próprios medos ou falta de amor, seria o não reconhecimento de necessidades básicas emocionais ou a negação da vida, seriam traumas gerados na infância e repetidos de forma geracional?

Quando sentimos essa indignação e revolta contra as injustiças do mundo, de alguma forma essas questões também estão dentro de nós, e acabamos nos identificando e reagindo de forma defensiva, o que também projeta e distorce as soluções. Estamos reagindo aos desafios do mundo a partir de memórias de dores que alimentam sombras coletivas e culturais de padrões de luta, defesa e sobrevivência, pois não estamos integrando as causas mais profundas, que ficaram ocultas, esquecidas, distorcidas e fragmentadas.

Essas fixações que causaram os problemas são as mesmas que estão criando as soluções. Estamos investindo em soluções para o mundo, para as relações e para as pessoas, ainda baseadas nos mesmos níveis de consciência – criamos inovações que retroalimentam os mesmos sistemas – causam pequenas mudanças e atualizações, mas fazem com que os problemas continuem existindo, até intensificados.

Nossa proposta por meio da alquimia integral é ampliar a consciência sistêmica através da integração de saberes entre o eneagrama, a visão sistêmica e os níveis de consciência em uma jornada simbólica para a evolução da vida, das relações e dos negócios.

Os desafios atuais da transição do paradigma da exploração para o paradigma da regeneração passam pela mudança de modelos mentais nos níveis de consciência, tanto em termos de novas soluções quanto em termos de métodos e processos para a transformação cultural dos padrões e sistemas da sociedade.

A compreensão e aplicação desses sistemas integrados proporcionam uma profunda compreensão sobre nós mesmos e sobre como evoluímos de forma coletiva e relacional ao longo da jornada da evolução humana.

Na Psicologia Integral, Ken Wilber afirma que sistemas de tipologia como o eneagrama são sistemas horizontais. Embora úteis para a autoconsciência, esses sistemas não descrevem o quadro completo do desenvolvimento humano. No entanto, ao emparelhar um sistema horizontal como o eneagrama com um sistema vertical dos estágios de desenvolvimento da consciência, como a Dinâmica da Espiral, você pode começar a ver o que é verdadeiramente a psicologia multidimensional.

A Teoria Integral de Ken Wilber é um dos fundamentos que nos ajudam a compreender esses desafios, sustentar a jornada de evolução da consciência e orientar a navegação neste mundo de incertezas e complexidade.

"A maioria das pessoas pensa que o que elas veem 'lá fora' é realmente o que está 'lá fora', e que o mesmo mundo está disponível para todos – tudo o que elas têm que fazer é olhar. Mas o que os estudos de desenvolvimento mostram é que, em cada nível de nosso desenvolvimento, realmente vemos, sentimos e interpretamos o mundo de formas totalmente diferentes."
(Ken Wilber)

As lentes dos quadrantes trazidas por Wilber são especialmente relevantes para ampliar a percepção de tudo que se manifesta, ou seja, todo ou qualquer evento classificado como individual ou coletivo sempre tem suas perspectivas objetiva e subjetiva, com desdobramentos coletivos e individuais, respectivamente.

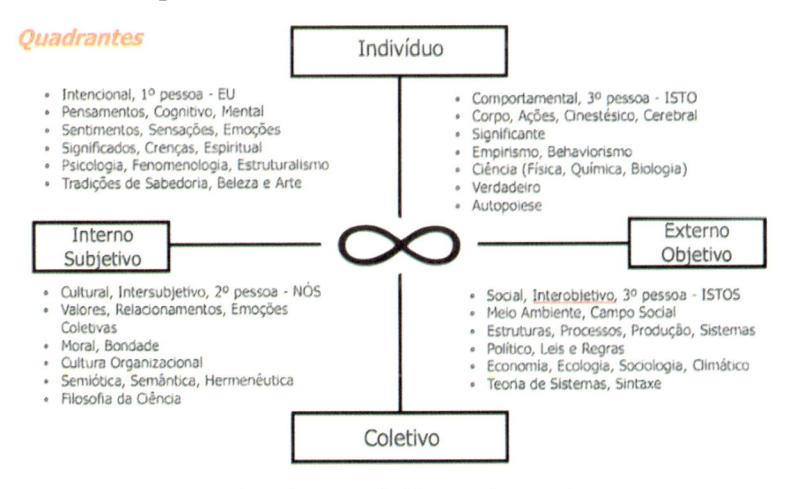

Quadrantes

Indivíduo

Interno / Subjetivo:
- Intencional, 1º pessoa - EU
- Pensamentos, Cognitivo, Mental
- Sentimentos, Sensações, Emoções
- Significados, Crenças, Espiritual
- Psicologia, Fenomenologia, Estruturalismo
- Tradições de Sabedoria, Beleza e Arte

Externo / Objetivo:
- Comportamental, 3º pessoa - ISTO
- Corpo, Ações, Cinestésico, Cerebral
- Significante
- Empirismo, Behaviorismo
- Ciência (Física, Química, Biologia)
- Verdadeiro
- Autopoiese

Interno / Subjetivo (Coletivo):
- Cultural, Intersubjetivo, 2º pessoa - NÓS
- Valores, Relacionamentos, Emoções Coletivas
- Moral, Bondade
- Cultura Organizacional
- Semiótica, Semântica, Hermenêutica
- Filosofia da Ciência

Externo / Objetivo (Coletivo):
- Social, Interobjetivo, 3º pessoa - ISTOS
- Meio Ambiente, Campo Social
- Estruturas, Processos, Produção, Sistemas
- Político, Leis e Regras
- Economia, Ecologia, Sociologia, Climático
- Teoria de Sistemas, Sintaxe

Coletivo

Quadrantes da Teoria Integral

A fim de provocar uma verdadeira mudança evolutiva em um indivíduo e na humanidade, acreditamos que essa integração de saberes nos ajudará a nos tornar mais conscientes por meio da auto-observação, compreendendo nossos padrões repetitivos e hábitos, para fazer escolhas conscientes fortalecedoras. Quando nos tornamos mais conscientes do espectro de valores humanos e de visões de mundo, somos capazes de desenvolver uma visão mais profunda das questões centrais que são responsáveis pelo conflito ou pela coesão entre pessoas, grupos e culturas.

Isso também se conecta com o movimento dos Objetivos de Desenvolvimento Sustentável (ODS) das Nações Unidas, que representam um esforço global para resolver essas questões. No entanto, uma perspectiva frequentemente subestimada é a importância do desenvolvimento pessoal no contexto dos ODS. Nesse cenário surgem os *Inner Development Goals* (IDGs) ou Objetivos de Desenvolvimento Interno (ODIs), que abordam a transformação interna das pessoas como um componente essencial para alcançar um mundo mais justo e sustentável.

Os ODIs são uma iniciativa sem fins lucrativos para levar o poder do desenvolvimento interior a todos os desafios globais enfrentados pela humanidade – são objetivos pessoais, que se concentram no desenvolvimento interno e na transformação pessoal. Foram criados para reconhecer que a mudança externa e o progresso em direção aos Objetivos de Desenvolvimento Sustentável (ODS) só podem ser eficazes se acompanhados por uma evolução interna.

Esses princípios se conectam com a estrutura da alquimia integral que aqui propomos. Os ODIs são divididos em cinco categorias, cada uma relacionada a diferentes habilidades e aspectos do desenvolvimento pessoal.

SER

Envolve o autoconhecimento e o desenvolvimento de uma identidade autêntica. Inclui habilidades como a autenticidade, a autoaceitação e a construção de uma base sólida para o crescimento pessoal.

PENSAR

Concentra-se na capacidade de reflexão crítica e no desenvolvimento de uma mentalidade orientada para soluções. Isso abrange habilidades como o pensamento crítico, a criatividade e a resolução de problemas.

RELACIONAR

Envolve a habilidade de se conectar efetivamente com os outros. Isso inclui competências como a empatia, a comunicação eficaz e a construção de relacionamentos saudáveis.

COLABORAR

Concentra-se na capacidade de trabalhar em equipe e em parceria. Isso envolve habilidades como a colaboração, a negociação e a construção de consenso.

AGIR

Aborda a ação e a capacidade de implementar mudanças. Isso inclui habilidades como o planejamento, a tomada de decisões e a gestão do tempo.

1 Ser Relação consigo	2 Pensar Habilidades Cognitivas	3 Relacionar Importar-se com os outros e com o mundo	4 Colaborar Habilidades sociais	5 Agir Liderar mudanças
Bússola interna	Pensamento crítico	Apreciação	Comunicação	Coragem
Integridade e autenticidade	Percepção da complexidade	Conexão	Cocriação	Criatividade
Receptividade e mentalidade de aprendiz	Perspectiva	Humildade	Mentalidade inclusiva e competência intercultural	Otimismo
Autoconsciência	Significação	Empatia e compaixão	Confiança	Perseverança
Presença	Orientação ao longo prazo e visão		Mobilização	

Inner Development Goals (IDGs) ou Objetivos de Desenvolvimento Interno (ODIs)

Ao reconhecer a importância do crescimento interno, estamos construindo as bases para um mundo mais harmonioso e sustentável, de dentro para fora. Assim estaremos investindo não apenas em nós mesmos como indivíduos, mas também no bem-estar de nosso planeta e de toda a humanidade.

Dessa forma, podemos olhar para os Objetivos de Desenvolvimento Sustentável (ODS) e os Objetivos de Desenvolvimento Interno (ODIs) de forma integrada na perspectiva integral. A estratégia para atingir os ODIs passa por criar condições para que o desenvolvimento humano aconteça. A partir do entendimento de que não basta acumular e desenvolver competências, é necessário despertar a consciência, gerenciar energia, cultivar o estado de presença, tratar, cuidar e integrar sombras e traumas, bem como desenvolver maturidade e mentalidade para lidar com a complexidade.

A integração de saberes da alquimia integral visa apoiar o desenvolvimento de pessoas, lideranças e organizações. Para isso, precisamos cultivar um fluxo contínuo entre o ser e o fazer, de tal forma que ao fazer vamos sendo, e, ao ser, vamos criando condições para fazer cada vez melhor, em um fluxo de crescimento contínuo.

O JOGO DAS NOVE DIMENSÕES – TORNE-SE UM ALQUIMISTA INTEGRAL

"A alquimia representa a projeção de um drama ao mesmo tempo cósmico e espiritual em termos de laboratório. A opus magnum tinha duas finalidades: o resgate da alma humana e a salvação do cosmos [...] Esse trabalho é difícil e repleto de obstáculos; a opus alquímica é perigosa. Logo no começo, encontramos o 'dragão', o espírito ctônico, o 'diabo' ou, como os alquimistas o chamavam, o 'negrume', a nigredo, e esse encontro produz sofrimento... Na linguagem dos alquimistas, a matéria sofre até a nigredo desaparecer, quando a aurora será anunciada pela cauda do pavão (cauda pavonis) e um novo dia nascer, a leukosis ou albedo. Mas nesse estado de 'brancura', não se vive, na verdadeira acepção da palavra; é uma espécie de estado ideal, abstrato. Para insuflar-lhe vida, deve ter 'sangue', deve possuir aquilo a que os alquimistas denominavam de rubedo, a 'vermelhidão' da vida. Só a experiência total da vida pode transformar esse estado ideal de albedo num modo de existência plenamente humano. Só o sangue pode reanimar o glorioso estado de consciência em que o derradeiro vestígio de negrume é dissolvido, em que o diabo deixa de ter existência autônoma e se junta à profunda unidade da psique. Então, a opus magnum está concluída: a alma humana está completamente integrada."

(McGuire; Hull, 1977)

Aqui damos as boas-vindas ao mundo mágico do jogo das nove dimensões, em que você tem a missão de encontrar a pedra filosofal, por meio de uma jornada pelas nove dimensões da consciência humana. Essa é a nossa contribuição singular ao compartilhar esse novo modelo de autodesenvolvimento, desenvolvimento coletivo e desenvolvimento organizacional.

Você é um alquimista integral, destinado a transcender seus próprios limites para obter o puro ouro espiritual. Para isso, precisará atravessar cada uma das nove dimensões. Em cada uma delas você passará por nove desafios. As casas do jogo correspondem aos 81 estados de consciência.

Nessa jornada você precisará de coragem para lidar com suas sombras, sem ficar paralisado, sem negação nem fuga, mas sim integrando cada uma das dimensões para obter novos recursos mágicos, que o tornarão cada vez mais sábio.

Cada dimensão trará uma série de aprendizados que o levarão a alcançar a dimensão seguinte. Entre seus desafios está ajudar a si mesmo e outros alquimistas a adquirir habilidades no decorrer da jornada, compartilhando sua sabedoria e oferecendo auxílio, pois a verdadeira magia está na jornada colaborativa em direção à luz universal. Na última dimensão, será necessário se desapegar de tudo o que é conhecido e familiar. Enfrente os desafios que encontrar pela jornada para finalmente conquistar a pedra filosofal e adquirir a capacidade de transformar o chumbo em ouro.

O Jogo das Nove Dimensões é uma metodologia de autoconhecimento, uma ferramenta de transformação interior e de desvelar da consciência que se propõe a ajudar o jogador – que é também se tornará um alquimista integral – a encontrar respostas para as questões da vida de forma lúdica, dinâmica e instigante.

O método tem o poder de situá-lo na jornada, identificando aspectos da sua personalidade que precisam ser transformados, para que você possa remover os obstáculos que surgem no caminho, absorvendo as lições necessárias, além de capacitá-lo a transmutar impedimentos em potencialidades conscientes.

Em última instância, o Jogo das Nove Dimensões funciona como um reflexo do percurso que a alma percorre em sua busca de si mesmo. Quando falamos em desvelar da consciência, isso significa iluminar os cantos escuros da psique, de forma que possamos vivenciar nossa natureza essencial.

Por isso, não estamos falando de um jogo qualquer, mas sim de uma experiência que se propõe a promover uma reconexão profunda com o sentido maior da vida. E se você está agora lendo este livro é porque, de certa forma, foi tocado pelo impulso de facilitar esse processo de autodescoberta, em si mesmo e nas pessoas. Sendo assim, a sua intenção está conectada com a intenção do jogo e, em algum nível, a sua intenção e a intenção do jogo se conectam. Isso não é por acaso. Aliás, nada é por acaso; aqui, tudo flui através da pura sincronicidade.

"Sincronicidade é a união de eventos internos e externos, de uma maneira que não pode ser explicada por causa e efeito e que seja significativa para o observador."

(Carl G. Jung)

Se você busca encontrar um novo caminho, uma maneira de ajudar as pessoas a se conhecerem e a se libertarem das suas limitações autoimpostas, você está no lugar certo. Para ser um bom jogador do Jogo das Nove Dimensões, você precisa, antes de mais nada, ser um jogador consciente, precisa buscar se conhecer e evoluir, se observando e se atualizando, compreendendo que o seu processo evolutivo é contínuo.

O processo de autoconhecimento e de desvelar da consciência é infinito e a autolapidação é eterna. Porém, o facilitador do jogo precisa ter avançado nesse processo pelo menos até o ponto de evitar projetar seus próprios conflitos e mazelas no outro, caso contrário, dificultará o processo. De qualquer maneira, mesmo carregando suas próprias imperfeições, o facilitador comprometido com a busca pela verdade, abrindo mão de julgamentos e expectativas, movido pelo desejo sincero de contribuir na transformação do outro, obterá sucesso com a metodologia.

É preciso ter em mente que, para ajudar verdadeiramente o outro, você também precisa estar disposto a ajudar a si mesmo. Por isso, a aprendizagem profunda do jogo se dará através da prática. O conhecimento teórico apoia o conhecimento prático. À medida que jogar o jogo, você estudará a si mesmo e percorrerá o tabuleiro com suas inúmeras casas, que formam a espiral da consciência sistêmica e multidimensional.

Sua história de vida será o seu principal laboratório de estudos alquímicos.

Os grandes alquimistas da antiguidade buscavam a chave da transmutação para transformar o corrupto no refinado, o chumbo em ouro, a matéria na pedra filosofal, o inútil em algo de grande valor.

A visão de Jung sobre a tradição alquímica é que essas práticas são de natureza simbólica. A pedra filosofal era nada menos que um símbolo da alma. Enquanto no nível material a alquimia era precursora da química moderna, no nível da psique ou do espírito seu herdeiro é certamente a psicologia junguiana.

"As ideias alquímicas são expressas quase inteiramente em um simbolismo extraordinariamente rico. A ajuda que a alquimia nos oferece para entender os símbolos do processo de individuação é da maior importância."
(The Collected Works of C. G. Jung)

O objetivo de se tornar alquimista integral é alcançar um estado de consciência que permita o acesso às respostas para as seguintes questões: Quem somos? Quem não somos? De onde viemos? E para onde estamos indo?

O campo do Jogo das Nove Dimensões será um catalisador do processo sistêmico que tem o poder de fazer com que cada alquimista se localize em sua jornada de vida, tendo uma visão clara dos aspectos da personalidade que precisam ser transmutados e do caminho natural para o retorno ao próprio singular interior (*self*).

Isso acontece de forma espontânea, porém precisa, através da sincronicidade. Esse é um fenômeno ainda pouco compreendido, pois envolve a leitura de sinais que se manifestam através dos mais diversos elementos: sonhos, coincidências misteriosas, encontros inusitados, símbolos ou pequenos detalhes da vida que, por distração, deixamos de perceber. A sincronicidade é a linguagem do universo que se comunica com o Campo Sistêmico do Jogo das Nove Dimensões.

Por isso, para trabalhar com esse método e se tornar um indivíduo hábil em ler os sinais, é preciso estar suficientemente atento, aberto e receptivo, podendo confiar nos sinais que o universo apresenta. O jogo exige um certo espírito de aventura, que é uma atração pelo mistério e pelo lúdico, além do prazer em desvendá-lo.

No mundo ocidental, em que trabalhamos principalmente com o aspecto lógico dos eventos, muitas vezes nos sentimos retraídos e céticos a respeito de caminhos como esse. A mente lógica tende a julgar tudo que ela não compreende, e essa tendência acaba sendo um fator limitante. Se, em algum momento do seu processo, você se sentir assim, saiba que faz parte do seu jogo interior. Mas lembre-se de que, se você chegou aqui, é porque o Grande Mistério o chamou. Ele está tentando falar com você através dos símbolos.

Talvez você precise de um tempo para sintonizar e compreender o que isso quer dizer ou talvez não venha a compreender somente com sua mente linear, mas possa sentir. Quando se torna um perito nessa linguagem e passa a confiar nos sinais, o trabalho se torna muito mais fácil, pois você se alinha com a lei do mínimo esforço e se move a partir dos elementos que a própria vida lhe traz.

O jogo representa a jornada de vida e a revelação do alquimista integral que habita em você e no qual você se torna na busca pela pedra filosofal. Conhecendo seus estados internos e libertando-se da escravidão dos pecados capitais, percorrerá cada uma das nove dimensões de consciência, integrando cada uma delas, a fim de alcançar a liberação final, através da fusão com a consciência cósmica, para finalmente transformar o chumbo em ouro e alcançar a pedra filosofal.

O tabuleiro do jogo se manifesta através de uma espiral com 81 casas. Cada uma das casas corresponde a um estado específico de consciência. O tabuleiro contém 4 fases e está dividido em 9 dimensões, com 9 casas cada uma. As 9 dimensões correspondem aos 9 níveis de consciência e o último nível corresponde à sua natureza essencial.

Este é um jogo integral e sistêmico. Isso significa que acessamos, através do lúdico e da sincronicidade, os campos morfogenéticos que nos ajudam a compreender as dinâmicas ocultas que estão no nosso subconsciente. Ao trazer essa informação para o consciente, podemos iniciar nosso movimento para integração e autotransformação.

Segundo Rupert Sheldrake, "os campos morfogenéticos ou campos mórficos são campos que levam informações, não energia, e são utilizáveis através do espaço e do tempo, sem perda alguma de intensidade depois de ter sido criados. Eles são campos não físicos, que exercem influência sobre sistemas que apresentam algum tipo de organização inerente".

A revelação das informações de cada casa do jogo e a tomada de consciência dos aspectos a serem transformados ocorrem pela sincronicidade em função do dado, o que torna cada jogo uma experiência única.

Preparação – antes de iniciar o jogo

Uma boa preparação é necessária para a condução de um bom jogo. Em primeiro lugar, é importante que, antes de iniciar uma rodada, você não esteja com pressa, saindo de uma atividade estressante, de uma discussão ou se envolvendo com qualquer coisa que cause desarmonia em seu sistema interno.

Faça seu próprio ritual de meditação ou respiração para estar presente e conectado a essa experiência. Uma sugestão é fazer a respiração quadrada: as quatro etapas da respiração têm a mesma duração. Deixe o ar entrar em seu corpo, enquanto você conta lentamente até 4, segure o ar nos pulmões, contando até 4, solte lentamente o ar, contando até 4, e após a expiração mantenha-se sem ar, contando lentamente até 4. Repita esse ciclo algumas vezes e perceba o que muda.

Reserve alguns minutos para estar em silêncio, o que será importante para a preparação do campo sistêmico e para que haja uma sintonia com a frequência vibracional favorável. É importante que haja bem-estar físico, mental e emocional antes de iniciar o jogo.

O processo deve acontecer em um lugar seguro, metaforicamente chamado de vaso hermético, por meio do qual as transformações ocorrem, por caminhos simbólicos, onde ego e *self* começam a se relacionar inconsciente e conscientemente.

Deixe o tabuleiro do jogo (Mandala das Nove Dimensões) devidamente preparado no local onde será feito o jogo e separe um dado simples. O jogo pode ser jogado em uma mesa ou no chão, desde que você esteja confortável. Se for no chão, sente-se em uma almofada ou em uma cadeira de meditação.

Na medida do possível, faça a limpeza e organização do ambiente de forma a trazer tranquilidade e clareza mental. Pode ser interessante usar música instrumental serena, que ajude a trazer conexão e elevação energética, desde que isso não interfira na concentração necessária para o jogo.

Deixe ao seu alcance um copo com água, lenços de papel, lápis ou caneta e um caderno ou folhas para anotações dos *insights*.

Conhecendo o tabuleiro do jogo

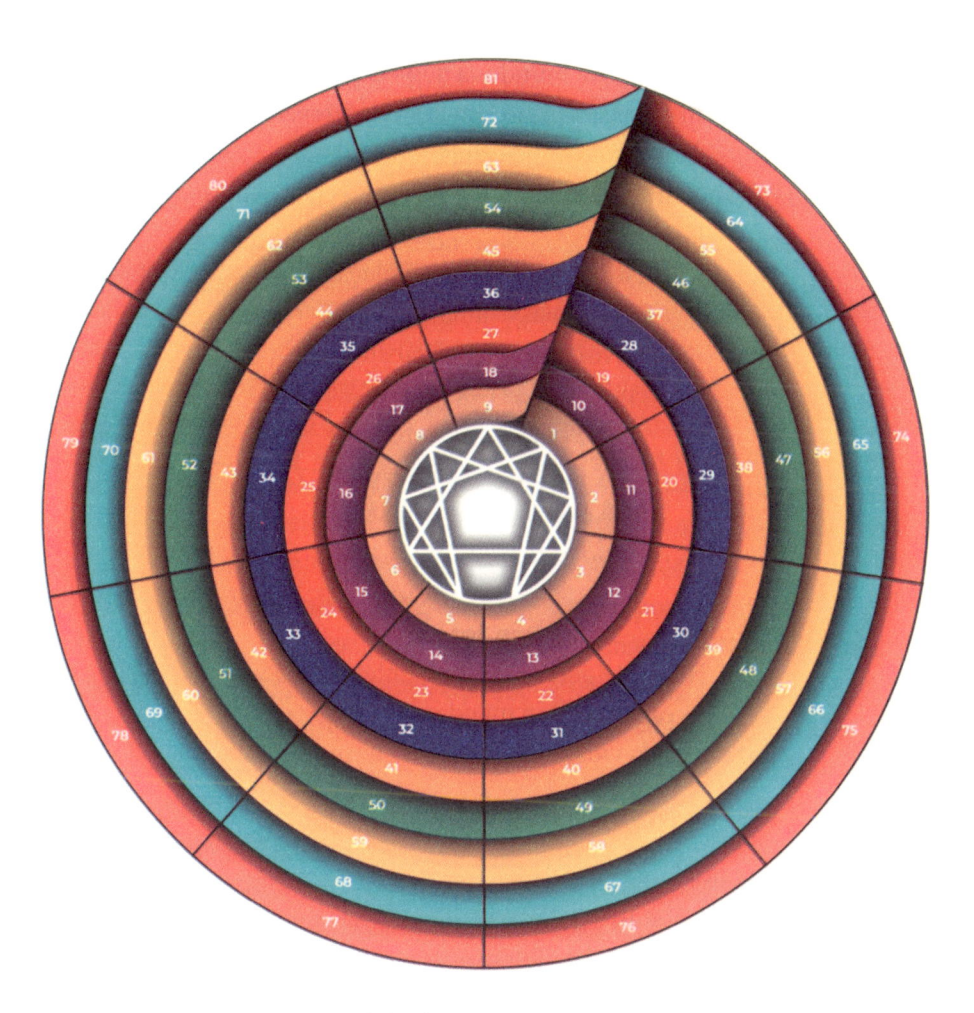

Mandala das Nove Dimensões

Manifesto do Alquimia Integral

Nove dimensões
Nove mundos a desvendar
Em cada dimensão, um segredo a revelar.
Nove viagens pelo autoconhecimento
Transcendendo o tempo-espaço e o pensamento.

Nove trilhas para a evolução
A cada passo uma inovação.
Nove chaves para a sabedoria
Desvendando sua essência no dia a dia.
Nove portas para o infinito
Em cada passo, um novo rito.
Nove olhares para o interior
Revelando todo o eu em seu esplendor.

Inove, transforme, eleve
Nas nove percepções, a mente se atreve.
O eneagrama faz a mandala girar em espiral
Na dança da vida, é a consciência transmutacional.

Geometria sagrada

Ao refletir sobre a integração entre esses saberes, percebemos que a multidimensionalidade do eneagrama e dos níveis de consciência se dá através de um formato em espiral, e não como um empilhamento de níveis, como demonstrado no livro *A Sabedoria do Eneagrama*. Dessa forma, integramos harmonicamente esses saberes.

A partir dessa nova metodologia, consideramos o formato espiral para o tabuleiro do jogo e criamos essa mandala, uma geometria sagrada, validada pela sua combinação matemática perfeita, em que o somatório dos números das casas do jogo em cada uma das dimensões seguintes sempre corresponde ao número do seu raio inicial.

Exemplo: no raio 1, temos as casas relacionadas 1, 10 (1 + 0 = 1), 19 (1 + 9 =10; 1 + 0 = 1), 28 (2 + 8 = 10; 1 + 0 = 1), 37 (3 + 7 = 10; 1 + 0 = 1), 46 (4 + 6 = 10; 1 + 0 = 1), 55 (5 + 5 = 10; 1 + 0 = 1), 64 (6 + 4 = 10; 1 + 0 = 1) e 73 (7 + 3 = 10; 1 + 0 = 1). Essa mesma lógica acompanha todas as casas: o somatório dos números de cada casa corresponde ao raio à qual se relaciona.

Como jogar

Reflita sobre o que você está buscando no jogo. A ideia é entrar em contato com suas inquietações e desafios atuais, buscando descobrir qual é a sua pergunta. Faça isso refletindo sobre qual área da vida tem sido mais desafiadora no momento. O que tem sido motivo para perder o sono, a paciência e a vitalidade, seja no trabalho, na vida financeira, nos relacionamentos, na família, entre os amigos ou na vida espiritual?

A partir dessa reflexão, escreva uma pergunta específica para que o jogo possa trazer as respostas e *insights*. Qual é o seu desafio atual?

> "Nenhum problema pode ser resolvido pelo mesmo estado de consciência que o gerou."
> **(Albert Einstein)**

Separe um objeto pessoal que contenha sua energia para ser utilizado como pino para percorrer as casas no tabuleiro do jogo.

Antes de jogar o dado, leia o capítulo: INÍCIO DO JOGO – O CHAMADO DO ALQUIMISTA INTEGRAL, e a Fase 1 e a 1ª Dimensão da Sobrevivência, que correspondem ao início do jogo.

Após a pergunta definida e feita a leitura acima, o dado poderá ser jogado. O número que constar no dado corresponde à casa que iniciará o jogo. Se o dado cair no número 4, o jogo inicia na casa 4. Leia o texto da casa correspondente e faça sua reflexão primordial. Anote seus principais aprendizados.

Para seguir o jogo, jogue o dado novamente e avance o número de casas correspondentes ao número do dado (exemplo: No primeiro jogo do dado caiu no número 4 (corresponde a casa 4) o segundo jogo do dado caiu no número 6 (avance 6 casas no tabuleiro, da casa 4 para a casa 10).

Além da reflexão de cada casa do jogo, também temos a "regra de chumbo" (sempre que o dado cair no 1) e a "regra de ouro" (sempre que o dado cair no 6). A regra de chumbo diz respeito aos seus maiores medos. A regra de ouro diz respeito às bênçãos que recebemos no caminho.

Cada uma das fases do jogo também traz um desafio diferente:

- **Na Fase 1 – Nigredo (1ª, 2ª e 3ª dimensões):** se o dado cair no 1, leia também a Serpente relacionada à dimensão em que estiver.
- **Na Fase 2 – Albedo (4ª, 5ª e 6ª dimensões):** se o dado cair no 1, volte 3 dimensões e leia a casa correspondente àquela dimensão. Se o dado cair no 6, avance 3 dimensões e leia a casa correspondente àquela dimensão.
- **Na Fase 3 – Citredo (7ª e 8ª dimensões):** se o dado cair no 1, leia a Serpente (siga a instrução contida na casa correspondente para saber qual é a serpente daquela casa). Se o dado cair no 6, leia os Dragões dos Nove Raios (siga a instrução contida na casa correspondente para saber qual é o dragão daquela casa).
- **Na Fase 4 – Rubedo (9ª dimensão):** se o dado cair no 6, leia "Os Elixires da Longevidade" (siga a instrução contida na casa correspondente para saber qual é o elixir daquela casa).

Caso o dado caia em números diferentes dos citados acima, siga a leitura da casa correspondente.

Quando cair na "regra de chumbo" ou na "regra de ouro" já lida anteriormente, não é necessário ler novamente o aprendizado, apenas tome consciência sobre o que essa sincronicidade tem a dizer e o que ela reforça com referência ao padrão repetitivo. A partir desse *insight*, perceba qual é a nova postura a ser tomada no caminho para a expansão da consciência e para a libertação.

A cada movimento do jogo, anote os principais aprendizados que obteve naquela jogada. Sempre que mudar de fase e de dimensão, deverá ler o texto correspondente àquela fase e dimensão, antes de ir para a próxima casa.

O jogo não tem uma linha de chegada, o que determina seu fim é o tempo que você estabeleceu para jogar, que pode ser 30 minutos, 1 hora ou 2 horas. O mais importante ao finalizar é percorrer os aprendizados que o jogo trouxe e concluir como eles podem responder a sua pergunta inicial.

Ao finalizar o jogo, leia o capítulo: FIM DO JOGO – LAMPARINA INTERIOR: APRENDIZADOS DO ALQUIMISTA INTEGRAL.

Existem diversas formas de jogar o Jogo das Nove Dimensões: de forma individual, em grupo e em organizações. Esta é apenas uma delas, e, à medida que você conhecer o jogo, poderá explorar novas maneiras de jogar.

INÍCIO DO JOGO

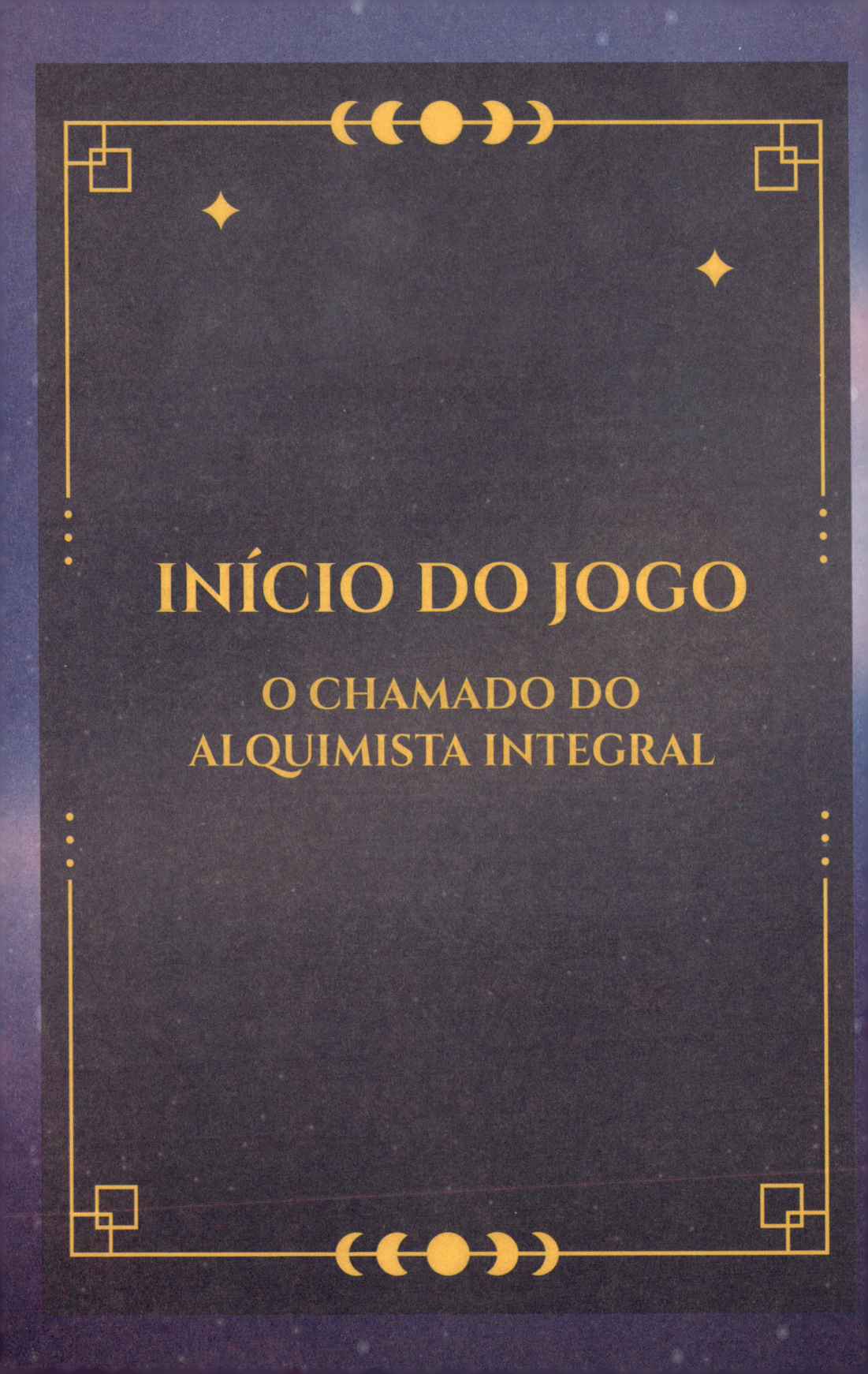

O CHAMADO DO ALQUIMISTA INTEGRAL

Quem nos guiará nesta jornada iniciática será Nicolas Flamel, um lendário alquimista da história, pois atribuiu-se a ele a criação da pedra filosofal.

A oração é uma das bases da prática alquímica, e os alquimistas nunca iniciam nenhum trabalho sem antes solicitar a inspiração e a orientação dos planos mais elevados.

Conta a lenda que, em torno de 1370, Flamel encontrou um antigo livro que continha textos intercalados com hieróglifos. Mesmo após muito estudá-lo, Flamel não conseguia entender do que se tratava. Ainda segundo essa história, ele teria encontrado um sábio judeu pelo caminho de Santiago de Compostela, o qual fez a tradução do livro, que se tratava da Cabala Alquímica – e continha a fórmula para a pedra filosofal.

Flamel conseguiu produzir ouro em torno de 1382. Cerca de dez anos após o início de seus experimentos, ele começou a realizar muitas obras de caridade, como a construção de hospitais, igrejas, abrigos e cemitérios, e os decorava com pinturas e esculturas que apresentavam símbolos alquímicos e muito ouro.

Eis a oração adaptada de Nicolas Flamel que nos conecta à sabedoria da alquimia ancestral:

Eterno Criador, fonte de tudo que é, peço por vossa infinita misericórdia e acesso à vossa sabedoria eterna. Que sua sabedoria celestial desça sobre mim, guiando-me em todas as minhas obras e ações, na busca da misteriosa pedra filosofal. Que eu, sob sua influência, alcance verdadeira inteligência e sucesso na nobre arte a que me dedico, realizando a grande obra que me foi designada com êxito. Agradeço a orientação divina para realizar a minha contribuição aqui na terra com felicidade!

Faça esta pergunta a si mesmo e abra-se para que a resposta chegue a você: o que se requer para transformar aspectos internos rígidos como chumbo, que se encontram em estado bruto, em consciência ampliada, na direção do meu ouro interior?

A partir de agora iniciaremos a Fase 1 do jogo. Prepare-se!

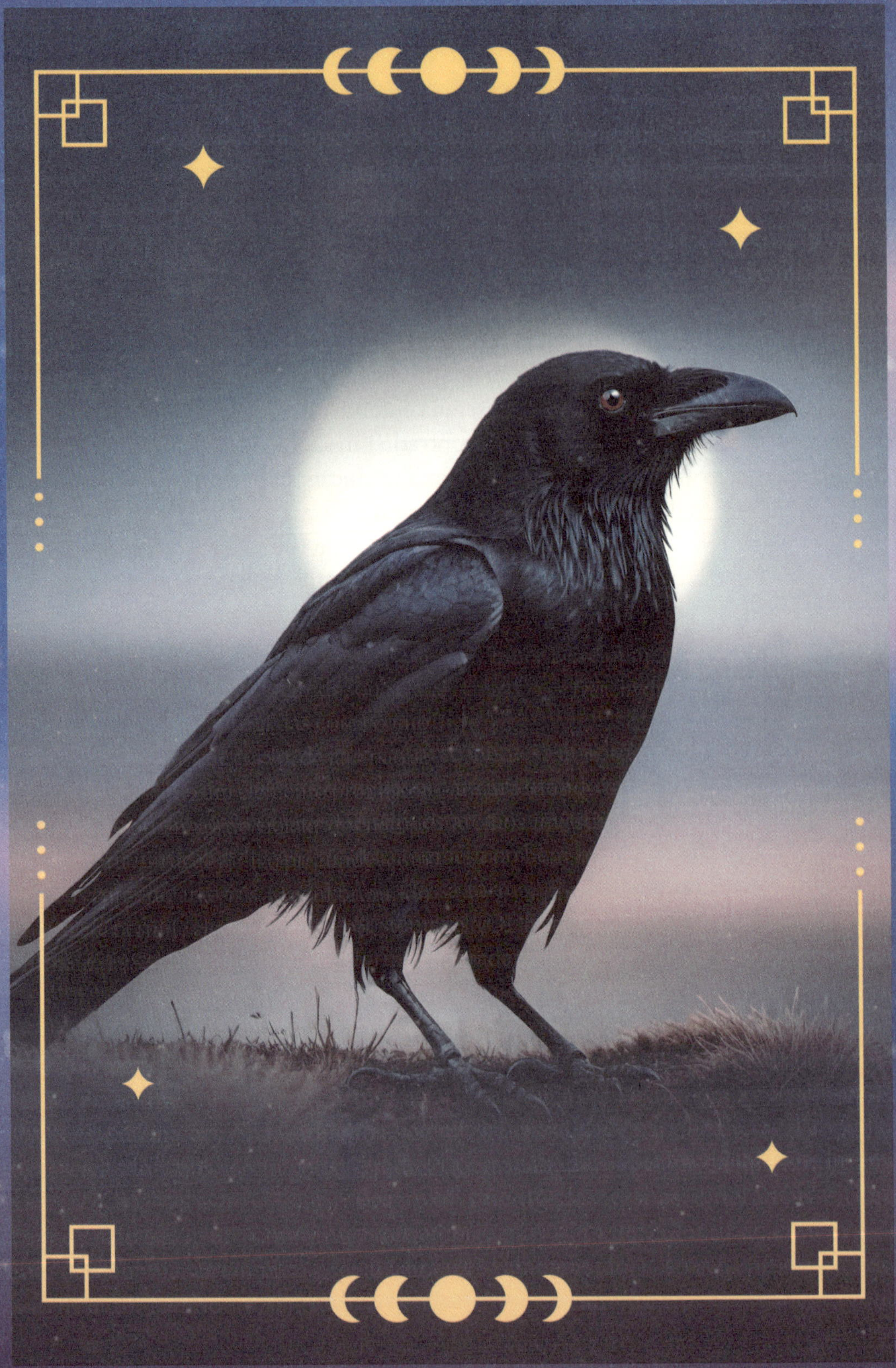

FASE 1 – NIGREDO

O CORVO NA NOITE ESCURA DO DESERTO

Assim como o corvo, que adentra a noite escura do deserto, aprender a enfrentar nossas sombras é o caminho necessário para a compreensão mais profunda de nós mesmos e para a transformação alquímica de nossa própria existência.

Na terminologia hermética, usa-se a denominação "asa de corvo" para definir a coloração da substância que representa o estado de Nigredo, ou seja, há uma tentativa de aproximação com a realidade perceptível das cores como as nomeamos, já que a cor negra não se vê. Porém, a "asa de corvo" de fato não se refere a um conceito absoluto de treva, mas acaba sendo um elemento promissor para levar às etapas seguintes, com uma radiação próxima à do violeta, dos negros violáceos. Na "asa do corvo" podemos descobrir um azul-índigo profundo, com eventuais brilhos em que se manifestam as cores do arco-íris. O azul profundo se aproxima muito do negro, mas não o é. Ele permite alguma visibilidade.
(James Hillman, 1983).

Aqui iniciamos a primeira fase do processo alquímico, conhecida como nigredo. Nosso primeiro desafio é a integração das nossas sombras, ou seja, as emoções, intuições, percepções e pensamentos que ao longo da vida foram excluídos e rejeitados, por serem considerados inapropriados ou indesejáveis.

Para superar a nigredo, é necessário realizar o movimento de decapitação, denominado "separatio" na alquimia, que implica a separação da nossa identificação com o sofrimento, levando à reflexão. Nesse processo, as imagens mentais em análise possibilitam a libertação da escravidão da nigredo.

A mente em nigredo exibe características de pensamento negativo e regressivo, com um intelecto fixo em raciocínios depressivos e redutivos. Durante essa fase, a psique da pessoa se percebe como vitimizada, traumatizada, dependente e limitada pelas circunstâncias.

A palavra "nigredo" está associada à cor negra, ao chumbo, a saturno, simbolizando aspectos pesados, difíceis e causadores de sofrimento. O primeiro passo na jornada alquímica é encarar seu lado sombrio, enfrentando emoções como ira, inveja, cobiça e competição. Esse confronto pode gerar depressão, melancolia, introversão, desilusão e redução da vitalidade, fazendo com que o mundo seja percebido como triste e sem esperança.

Para alcançar o potencial interno, é crucial purificar-se, libertando-se das sombras que atuam como esferas de chumbo amarradas aos seus pés, representadas por julgamento, medo, ódio, culpa, tristeza e apego. As crises, embora desafiadoras, podem iniciar períodos de morte e renascimento, oferecendo novas possibilidades, que exigem investimento pessoal para que você crie uma nova relação consigo mesmo e uma abordagem renovada sobre a vida.

No ciclo da nossa existência, nigredo simboliza a fase mais escura, antes do amanhecer. A noite escura da alma representa uma jornada que pode durar dias, meses ou anos, mas que sempre se integra ao próximo ciclo. Embora não seja possível alterar as fases da vida, nossas escolhas recriam novas circunstâncias. Ao enfrentar nossas crises, podemos sair fortalecidos, se não nos apegarmos ao passado.

Como alquimistas integrais, dispomos de um corpo físico, do poder do pensamento, da razão, da nutrição dos sentimentos e da capacidade de ação para moldar nossa realidade. Aceitar nosso poder de cocriar nossas vidas com a essência é viver conscientemente.

Essa fase é a preparação para a grande alquimia interna representada pela crise. Nesse momento, perdemos antigas seguranças, ficamos desorientados e solitários. Aceitar esse período, sem garantias ou tábuas de salvação ilusórias, é fundamental.

O chumbo se prepara para ascender, no caminho para a transformação em ouro, por meio do caos dissolvente, dando origem a uma nova consciência.

Apesar das incertezas, é necessário avançar, abandonando antigas identidades, que já não nos servem mais. A coragem de não saber, de ser transparente na vulnerabilidade, abre portas para um novo degrau na espiral da vida. Muitos aqui se perdem em alienações, mas superar o estado anestesiado permite que despontem sinais de transformação.

À medida que emergimos da nigredo, abrindo portas para uma compreensão mais profunda de nós mesmos, essa abertura facilita a compreensão dos mecanismos inconscientes por trás de atitudes, crises ou problemas, impulsionando o movimento de mudança.

Em nosso âmago, descobrimos que a superfície não revela a verdadeira essência. Por meio das experiências da vida, percebemos que não estamos sozinhos. Sair da nigredo implica sentir que os aspectos mais obscuros não nos dominam mais. Compreender que é possível equilibrá-los em contato com nossa natureza essencial, movendo-nos em direção à próxima fase de maneira gradual.

Nesse momento começa a surgir a aceitação, que abre as portas para uma nova fase. Nessa abertura, é importante questionar seu estilo de vida e procurar a ajuda necessária para compreender a causa raiz do problema, da dor ou da crise existencial. Essa busca por si só denota uma gradual aceitação do problema, o que promoverá seu movimento de mudança.

Quando a nigredo estiver integrada, conquistamos:
- Retorno ao fluxo natural da vida
- A possibilidade de viver com vitalidade e espontaneidade
- A capacidade de estar bem consigo mesmo
- Criatividade e autoestima
- Disponibilidade para uma vida mais plena

Nessa fase 1 – Nigredo (tóxica) estão estas dimensões da consciência:

FASE 1 (TÓXICA) - NIGREDO
1ª Dimensão da Sobrevivência
2ª Dimensão da Segurança
3ª Dimensão do Poder

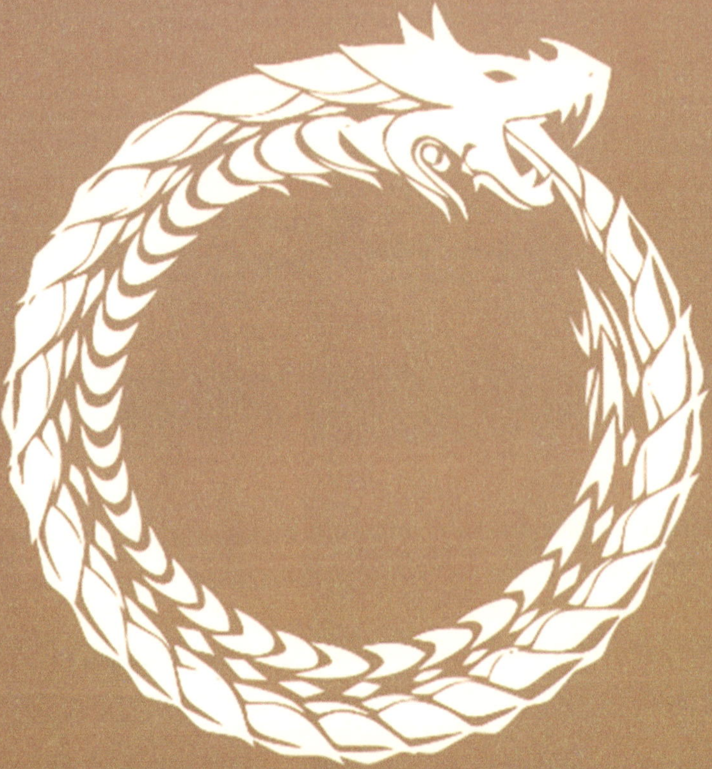

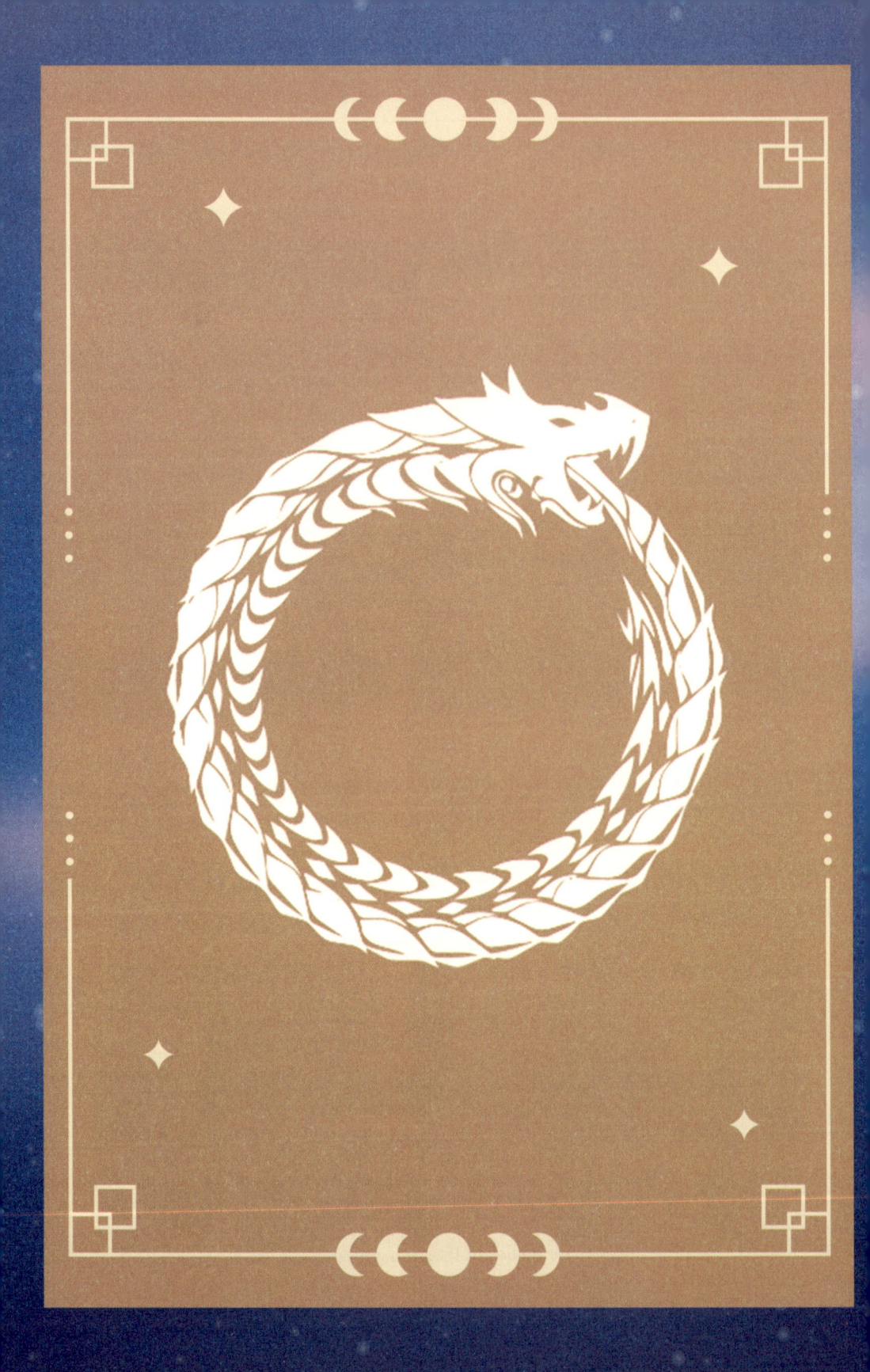

1ª DIMENSÃO DA SOBREVIVÊNCIA

O OUROBOROS E O CÍRCULO SAGRADO

Somos um círculoDentro de um círculoSem um começo e sem um fim.
(Trecho da música "Somos um Círculo", de Claudiney Prieto)

A primeira dimensão da consciência é a da sobrevivência e dos instintos. Nela buscamos o conforto físico, recursos para atender as necessidades básicas de sobrevivência e a preservação da espécie. Representa a materialização do universo e das coisas, o campo da matéria mais densa e concreta. A cor bege foi associada a essa dimensão porque remete aos desertos e às savanas africanas.

No 1 está o absoluto, onde tudo no mundo se originou. Aqui está contida a semente da vida, a concepção do que está destinado a ser, a origem dos infinitos possíveis, o ciclo da evolução fechado sobre si mesmo. Se está fechado, como podemos avançar? A resposta é: a partir de uma pequena abertura em direção à luz, assim como a semente, conseguimos seguir o movimento natural, em direção à vida.

A lei do 1 é representada pelo círculo, que diz respeito à origem e à fonte de tudo que é, o absoluto, a unidade e a integridade, a parte está no todo e o todo está na parte, o que está em cima é igual ao que está por baixo.

Traz a compreensão de que toda existência é interconectada e que, em última instância, tudo é parte de uma única consciência cósmica. Esse conceito enfatiza a unidade subjacente em toda a criação e a ideia de que, apesar das aparentes divisões e distinções, tudo está interligado.

O Ouroboros é simbolizado por uma serpente ou por um dragão que morde a própria cauda, o que traz a integração e a assimilação dos opostos, ou seja, luz e sombra. Representa a espiral da evolução, os ciclos de transformação de vida, morte e renascimento, da evolução de si mesmo. Expressa o caos e a ordem, um estado indiferenciado das potencialidades de qualquer geração e de qualquer transformação, que evoca unidade, coerência e estabilidade.

Nessa primeira dimensão da consciência estão os instintos básicos de sobrevivência, conectados ao cérebro reptiliano. Nessa perspectiva, o foco é a busca pela sobrevivência e as preocupações primárias, que incluem comida, abrigo e todos os recursos que garantem a segurança física. Aqui as pessoas se reúnem em bandos para sobreviver e perpetuar a espécie.

É o nível da origem das primeiras sociedades humanas, recém-nascidos, pessoas senis, pessoas em estágio avançado de Alzheimer, moradores de rua mentalmente doentes, massas famintas, pessoas com traumas de guerra.

Na perspectiva do eneagrama, essa é a dimensão das psicopatologias ou da destrutividade patológica. Aqui as pessoas estão propensas a alucinações, acusações, paranoias, podem até se tornar psicóticas. É a dimensão da noite escura da alma, em que podemos destruir a nós mesmos ou aos outros. Podemos não fazer nada disso, mas, provavelmente, entrar em ciclos viciosos como depressão, dependência grave e neuroses.

Aqui estão os pecados capitais – considerando a origem da palavra pecado, do latim "peccatum" e do grego "hamartia" que significa errar o alvo, falha em alcançar a finalidade para a qual se foi criado, a dimensão de maior separação entre o homem e seu Criador. Nessa dimensão, há intersecção entre os conceitos de pecado, doença mental e sofrimento psíquico.

A autodestrutividade é o nosso maior pesadelo, aquele em que tudo começou, tudo parece ter se concretizado. Pode haver a sensação de separação do mundo, dos outros, de nós mesmos e, certamente, de qualquer imagem que tenhamos de Deus ou de algo superior que possamos vir a ter.

Essa dimensão pode se tornar nossa prisão individual, a privação permanente daquilo que sempre desejamos – poder, conexão, bondade, amor, alegria, valor, identidade, habilidade e segurança. Para nos libertar, precisamos reconhecer e abraçar as sombras que existem dentro de nós.

Em resumo, destacamos os principais aspectos dessa dimensão de consciência:

- Surgiu há 100.000 anos, com os bandos
- É onde estão os pecados capitais, os maiores medos e a reatividade
- Busca pela sobrevivência
- Instinto de autopreservação
- Frequência vibracional: abaixo de 100 Hertz
- Corresponde a 0,1% da população mundial adulta e a 0% de poder

Nessa dimensão, passamos por estes filtros no pensar, no sentir e no agir:

FILTROS	TÓXICO	SAUDÁVEL
Pensar	Não há espaço entre o estímulo e a resposta, ou seja, não há espaço para pensar, pois na maior parte das vezes está pronto para atacar, se defender ou reagir.	Aprender a lidar com a energia da ira, transformando-a em motor para a ação. Faça uma pausa consciente entre o estímulo e a resposta, para conseguir fazer escolhas mais conscientes.
Sentir	Demonstração de ódio intenso, rancor e desejo de fazer mal a alguém em razão de alguma ofensa. Impulso para gerar conflitos desmedidos. Zero tolerância às frustrações, por conta de falsas expectativas.	Desejo visceral por se superar, canalizando a emoção da raiva em uma ação positiva, sentida no corpo, em busca do aprimoramento constante.
Agir	Receio de passar fome, o que leva a agir de forma imediatista. Falta de movimentação do corpo pode gerar somatização de doenças no corpo físico.	Fazer exercícios físicos para extravasar a energia da raiva através da ação e do movimento.

1ª DIMENSÃO DA SOBREVIVÊNCIA

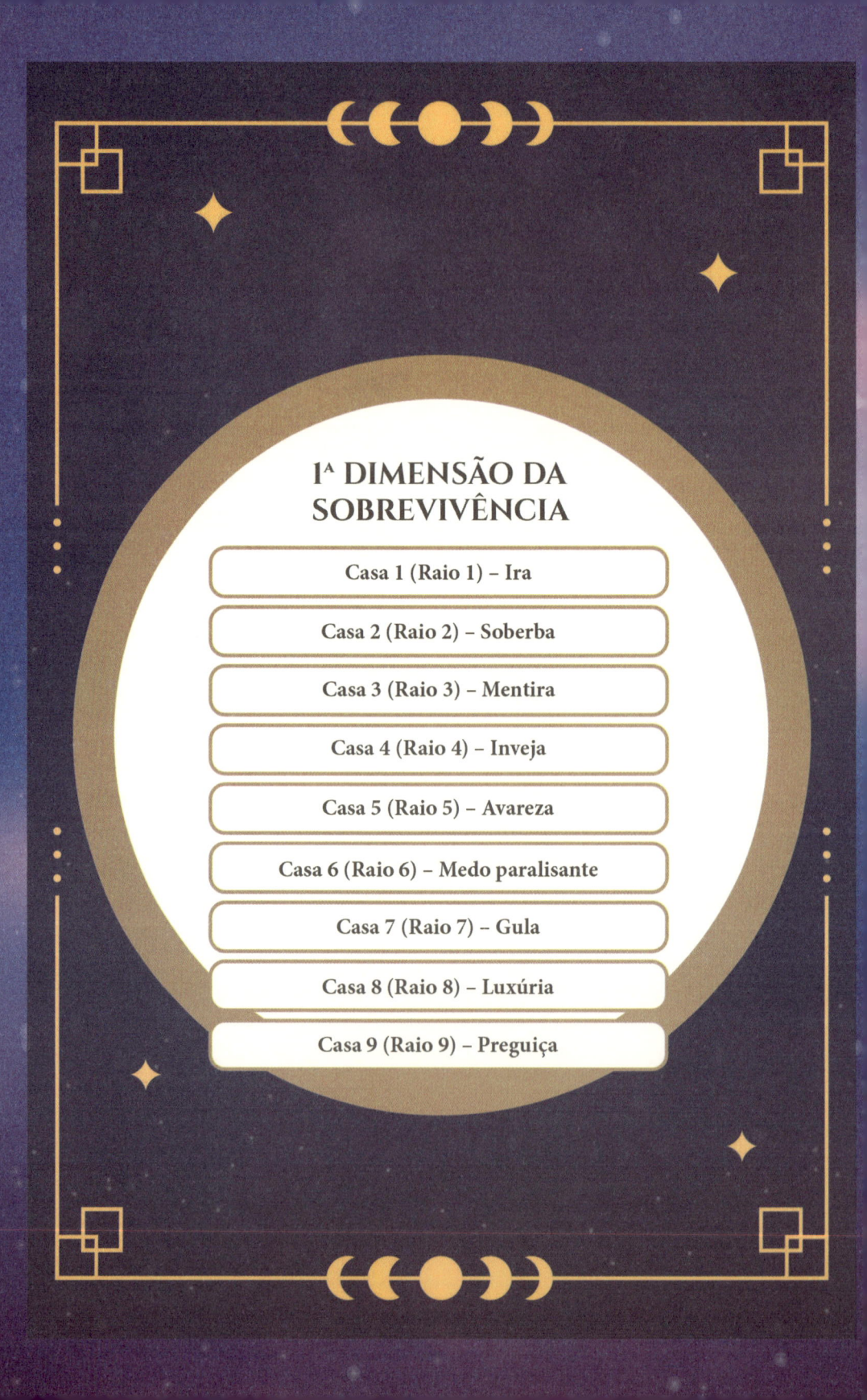

- Casa 1 (Raio 1) – Ira
- Casa 2 (Raio 2) – Soberba
- Casa 3 (Raio 3) – Mentira
- Casa 4 (Raio 4) – Inveja
- Casa 5 (Raio 5) – Avareza
- Casa 6 (Raio 6) – Medo paralisante
- Casa 7 (Raio 7) – Gula
- Casa 8 (Raio 8) – Luxúria
- Casa 9 (Raio 9) – Preguiça

CASA 1 (RAIO 1) – IRA
CÓLERA I FÚRIA I RANCOR

A ira é como o fogo; quando temos o domínio sobre ela, pode iluminar o caminho e nos aquecer, mas, quando fora de medida, pode destruir tudo ao nosso redor.

A ira é uma manifestação intensa de indignação, e geralmente está relacionada a sentimentos de frustração ou ameaça. Pode ser uma resposta natural a situações em que uma pessoa se sente confrontada, desafiada ou prejudicada de alguma forma, que pode ativar uma reação instintiva de ataque, para castigar o autor da ameaça.

Considerada paixão emocional vinculada à emoção primária da raiva, faz com que a pessoa se sinta impulsionada a descarregá-la por meio de manifestações físicas, em um movimento de explosão, no sentido de agir para atacar a outra pessoa, ou de maneira silenciosa, por meio de ruminação de pensamentos e sentimentos, em um movimento de implosão, gerando uma ebulição no interior. Os sentimentos podem ser muito arrebatadores, como que prestes a explodir, o que pode gerar somatização.

É importante também observar pequenos sinais da cólera, manifestados em atitudes de impaciência, mau humor ou irritação, através de gestos e palavras violentas, os quais, quando não gerenciados adequadamente, podem levar a comportamentos prejudiciais, para si mesmo e para os outros.

Em um nível patológico, corresponde ao transtorno obsessivo-compulsivo (TOC), caracterizado por pensamentos, impulsos e obsessões recorrentes, persistentes, indesejados e intrusivos, ou por comportamentos repetitivos ou atos mentais em que a pessoa se sente impelida a agir de forma compulsiva para diminuir ou prevenir a ansiedade que as obsessões causam. Na tentativa de se livrar do que causou a ira, pode perder o controle e tornar-se extremamente intolerante, punitiva e cruel consigo mesma e com os outros, podendo chegar até a automutilação, violência, destruição ou morte.

Se você veio parar nessa casa, investigue intimamente se há alguma resistência ou apego a velhas ideias, crenças ou convicções, que podem gerar inflexibilidade ou resistência a mudanças. Além disso, perceba se também está apegado, ruminando ressentimentos de algo que alguém tenha dito ou feito no passado, mas que não são mais necessários ou relevantes no presente.

Reflexão primordial: o rio Estige – *A Divina Comédia*, **de Dante Alighieri**

Pessoas com ira acumulada em forma de ódio, rancor, ressentimento, além dos irritados e mal-humorados, se encontram nas águas do rio Estige. Na entrada desse círculo fica uma grande cachoeira de água e sangue fervente, que forma o lago, onde estão pessoas amontoadas, batendo-se e torturando-se numa cólera sem fim. No fundo do rio Estige ficam os rancorosos, que, por nunca terem demonstrado sua ira, não conseguem subir à superfície, ficando atolados na lama do fundo do rio, soltando as bolhas que podem ser vistas na superfície.

O que se requer para que você solte o que lhe traz ira, ódio, ressentimento e diga sim para a vida e para você mesmo, agora?

Regra de Chumbo: no capítulo AS SERPENTES DAS NOVE DIMENSÕES, leia VENENO: A SERPENTE DA ESCASSEZ DA 1ª DIMENSÃO.

CASA 2 (RAIO 2) – SOBERBA
ORGULHO I ARROGÂNCIA I MANIPULAÇÃO

A soberba é como a água, que pode ser sentida por nossa criança interior ferida como um chamado para o caminho do autoconhecimento, para liberar traumas emocionais pelo choro expressado, ou pode ser distorcida e gerar águas agitadas, manifestando um tsunâmi de superioridade, orgulho ou distanciamento social.

A soberba pode ser definida como orgulho excessivo, em que se age de forma exageradamente proativa, transmitindo a imagem de superioridade e autovalorização excessiva, desconsiderando a autonomia, as habilidades e as capacidades das outras pessoas.

Também consiste na incapacidade de reconhecer o próprio sofrimento e as necessidades emocionais. É um comportamento que pode ocultar inseguranças, traumas emocionais, medo da rejeição ou de não se sentir merecedor do amor das pessoas.

Inconscientemente, pessoas soberbas se sentem abusadas pelos outros e podem se tornar amargamente ressentidas. Esses comportamentos podem trazer consequências severas para a vida pessoal e profissional, como conflitos, afastamento das pessoas e frustração, afetando principalmente as relações mais valiosas da vida.

A soberba pode ser vista como uma forma de defesa ou de compensação para a falta de amor-próprio ou de autoconfiança. A pessoa soberba pode ter dificuldade de pedir ajuda, de reconhecer e aceitar as suas próprias falhas e limitações, e por isso se refugia em uma imagem idealizada de si mesma.

Em um nível patológico, assemelha-se com os transtornos de personalidade do tipo histriônico e borderline. Embora sejam transtornos diferentes, têm em comum a constante necessidade de afirmação e aprovação, e o sujeito se adapta às vontades e carências de outras pessoas, como garantia de ser reconhecido ou de receber afeto. Pode oscilar entre soberba e insegurança, por exemplo. Se em um momento acredita que é impostor, em outro pode sentir que não recebe o devido reconhecimento. Quando não é validado, pode se tornar destrutivo, física e verbalmente agressivo.

Se você parou nessa casa, pause por um instante, respire profunda e lentamente, feche os olhos e sinta o que tem lhe tirado a sua paz interior, se o medo da falta de afeto, que talvez você esteja negando, está presente nesse lugar, e perceba se está relacionado com algo de que você sentiu falta quando era criança. Permita que alguma memória surja para apoiá-lo nesse mergulho interior.

Reflexão primordial: vale do Flegetonte – *A Divina Comédia*, de Dante Alighieri

As almas soberbas são condenadas ao vale do rio Flegetonte. Para lá vão as almas de quem praticou algum ato abusivo contra o próximo ou contra si mesmo. Elas ficam mergulhadas no rio de sangue daqueles que oprimiram, e, quanto maior a soberba e a violência, maior é a parte imersa. Tornam-se sementes e crescem para virar árvores de folhas escuras, constantemente comidas pelas harpias, o que causa intensa e eterna dor.

O que se requer para que você se libere da soberba, das mágoas do passado e diga sim para a vida e para você mesmo?

Regra de Chumbo: no capítulo AS SERPENTES DAS NOVE DIMENSÕES, leia VENENO: A SERPENTE DA ESCASSEZ DA 1ª DIMENSÃO.

CASA 3 (RAIO 3) – MENTIRA
AUTOENGANO I VERGONHA I ILUSÃO

A Verdade e a Mentira se encontram um dia. A Mentira diz à Verdade: "Hoje é um dia maravilhoso!". A Verdade olha para os céus e suspira, pois o dia estava realmente lindo. Elas passam muito tempo juntas, chegando finalmente ao lado de um poço. A Mentira diz à Verdade: "A água está muito boa, vamos tomar um banho juntas!". A Verdade, mais uma vez desconfiada, testa a água e descobre que realmente está muito gostosa. Então, elas se despem e começam a tomar banho. De repente, a Mentira sai da água, veste as roupas da Verdade e foge. A Verdade, furiosa, sai do poço e corre para encontrar a Mentira e pegar suas roupas de volta. O mundo, vendo a Verdade nua, desvia o olhar, com desprezo e raiva. A pobre Verdade volta ao poço e desaparece para sempre, escondendo sua vergonha. Desde então, a Mentira viaja ao redor do mundo, vestida como a Verdade, satisfazendo as necessidades da sociedade, porque, em todo caso, o mundo não nutre nenhum desejo de encontrar a Verdade nua.

Essa parábola do século XIX está ligada à famosa pintura *A Verdade saindo do poço*, de Jean-Léon Gérôme, 1896.

A mentira é como uma teia sutil que envolve a mente, criando um véu que obscurece a realidade. Muitas vezes, estamos presos em nossas próprias construções fictícias, alimentando o autoengano e tecendo uma rede de mentiras que nos afasta da verdade.

No plano psicológico, a ilusão pode ser comparada a uma dança entre a mente e a fantasia, muitas vezes influenciada por desejos, medos ou simplesmente pela relutância em encarar a verdade. É um processo no qual criamos narrativas alternativas, distorcendo a realidade para nos adequar às nossas expectativas ou para evitar confrontar a complexidade da vida. A ilusão, portanto, torna-se um refúgio temporário, uma fuga da dura realidade que nos rodeia.

A ilusão também está intrinsecamente ligada ao autoengano, uma vez que muitas vezes somos os arquitetos de nossas próprias miragens. O autoengano surge quando escolhemos acreditar em ilusões convenientes, negando verdades inconvenientes para preservar uma versão distorcida da realidade. Essa autotranquilização pode criar uma prisão mental, mantendo-nos distantes da verdadeira compreensão do mundo e de nós mesmos.

Em um nível patológico, assemelha-se com o transtorno de personalidade narcisista, pois o sujeito teme que sua falsidade seja exposta. Aqui há motivos para acreditar que, se isso acontecesse, ele estaria completamente arruinado. Não haveria nenhuma chance para escapar de seus insustentáveis sentimentos de inutilidade e inferioridade.

De fato, o medo de sofrer humilhação e zombaria surge em sua mente a cada momento. Parece-lhe que os outros são, e sempre serão, superiores a ele. Nessa fase, ele vai além do engano, em direção a provar o seu valor a qualquer custo, dizendo: "Eu vou triunfar sobre você, não importa o que seja preciso fazer".

Como ele agora não tem mais a preocupação de simpatizar com ninguém, nada o impede de prejudicar seriamente os outros. Na verdade, destruir qualquer um ou qualquer coisa que o lembre da miséria de que ainda está tentando se afastar torna-se uma obsessão. Essa necessidade se manifesta principalmente em impulsos com frequência irresistíveis, principalmente inconscientes, para frustrar, superar ou derrotar os outros através da competição.

Se você se encontra nessa casa, é hora de questionar as histórias que vem contando para si mesmo. Examine as ilusões que construiu para evitar lidar com verdades desconfortáveis. Esteja atento ao autoengano, que pode manter você preso no cativeiro da sua própria narrativa fictícia. A verdadeira liberdade vem da coragem de encarar a realidade, por mais desafiadora que seja.

Reflexão primordial: Malebolge – *A Divina Comédia,* **de Dante Alighieri**

Diversos tipos de mentirosos, enganadores e fraudadores são encontrados no Malebolge, que é subdividido em fossos, cada um destinado a um castigo específico: falsários e mentirosos – jazem cobertos por todo tipo de doença e pestilência. Corruptos – ficam submergidos em um lago de piche fervente. Hipócritas – estão vestidos com roupas brilhantes, mas pesadas como chumbo, sentindo o peso do seu falso brilho.

O que é necessário para romper com a mentira e o autoengano e enfrentar as verdades desconfortáveis, evitando a criação de narrativas fictícias, que o afastam da verdadeira compreensão do mundo e de si mesmo?

Regra de Chumbo: no capítulo AS SERPENTES DAS NOVE DIMENSÕES, leia VENENO: A SERPENTE DA ESCASSEZ DA 1ª DIMENSÃO.

CASA 4 (RAIO 4) – INVEJA
COBIÇA I COMPARAÇÃO I VENENO

A inveja é como um veneno que bebemos, esperando que o outro morra. Ela se alimenta da comparação e da cobiça e, quando não controlada, transforma-se em um amargo veneno, não apenas envenenando o coração daquele que inveja, mas também minando sua própria alegria de viver.

Todos nós carregamos uma parte primitiva e instintiva que contém inveja. No espectro psicológico, quando começamos a perceber o mundo, a inveja logo se manifesta: o que o outro tem ou é, eu quero ter ou ser.

A inveja é frequentemente desencadeada pela comparação incessante com os outros, gerando uma sensação de falta ou inadequação. A pessoa não se sente vista na sua singularidade e se conecta à melancolia, tristeza, frustração, por sentir que os outros possuem aquilo de que necessita.

A cobiça, por sua vez, é a manifestação da inveja em forma de desejo intenso daquilo que pertence ao outro, obscurecendo a gratidão pelo que já se possui. Essa ânsia descontrolada muitas vezes nos leva a uma busca incessante por conquistas materiais, *status* social ou realizações que acreditamos que trazem a felicidade que falta em nossas vidas. No entanto, essa busca desenfreada muitas vezes alimenta um vazio interior, uma falta que nunca se preenche.

A comparação constante é o combustível da inveja e da cobiça. Ao medir nossas vidas pelos padrões alheios, nunca o que temos parece ser suficiente. Esse ciclo tóxico não só prejudica nossas relações interpessoais, mas também mina nossa autoestima, levando à amargura, um estado emocional corrosivo que envenena a alma e obscurece a visão positiva da vida.

Na esfera patológica, as pessoas com maior propensão à inveja são aquelas que têm graves falhas ou lesões nos lobos frontais do cérebro, regiões responsáveis pelo reconhecimento das regras e pelo respeito aos outros. Muitas vezes, seus traços se assemelham aos de uma personalidade sociopata, com comportamentos inaceitáveis socialmente. Elas não querem mais o que o outro tem, mas sim ser exatamente o que o outro é, quando a comparação constante é alimentada por uma necessidade insaciável de validação e superioridade. A amargura, nesse contexto, torna-se uma armadilha autodestrutiva, que mina sua essência.

Se você parou nessa casa, é hora de examinar as raízes da inveja e da cobiça em seu coração. Aprenda a reconhecer e a celebrar as suas conquistas e as das pessoas ao seu redor, sem se comparar constantemente com elas. Cultive a gratidão pelo que você tem e direcione sua energia para seu crescimento pessoal, em vez de cair na armadilha da inveja.

Reflexão primordial: lago Cocite – *A Divina Comédia*, de Dante Alighieri

Na entrada para o mais profundo círculo fica o lago Cocite, também conhecido como "o lago das lamentações". Ele fica no centro da Terra e é formado pelas lágrimas dos condenados e pelos rios de sangue do Inferno que ali desaguam.

É nesse lago que ficam imersos os invejosos, os cobiçadores e os traidores. Esses pecadores são distribuídos em quatro esferas diferentes, dependendo da gravidade da falta: Caína – ficam submersos no gelo, com o tórax e a cabeça de fora. Antenora – ficam submersos no gelo com parte da cabeça de fora. Ptolomeia – nessa esfera estão os invejosos e cobiçadores, que ficam imersos apenas com o rosto para fora, de forma que, quando choram, suas lágrimas congelam e cobrem seus olhos. Judeca – estão totalmente submersos no gelo, conscientes, para toda a eternidade.

O que se requer para romper o ciclo tóxico da cobiça e da inveja, para deixar de se comparar e cultivar o discernimento e a gratidão genuína, reconhecendo quem você realmente é e tudo o que já tem?

Regra de Chumbo: no capítulo AS SERPENTES DAS NOVE DIMENSÕES, leia VENENO: A SERPENTE DA ESCASSEZ DA 1ª DIMENSÃO.

CASA 5 (RAIO 5) – AVAREZA
RETENÇÃO I MESQUINHEZ I GANÂNCIA

Jesus conta que um homem rico confiou seu dinheiro a três de seus servos. O primeiro servo recebeu 5 talentos, cerca de 175 quilos de ouro. O segundo recebeu 2 talentos, (70 quilos) e o terceiro recebeu 1 talento, cerca de 35 quilos de ouro. Vale salientar que aquele senhor deu "a cada um conforme a sua capacidade".

Passado o tempo, o senhor voltou para casa e pediu contas aos seus servos. O primeiro servo mostrou como havia investido seus 5 talentos e ganhado outros 5. O segundo servo também investiu e dobrou seus 2 talentos. Por isso, eles receberam elogios de seu senhor e foram recompensados.

Mas o terceiro servo continuou com apenas 1 talento. Por quê? Ele enterrou o dinheiro, por medo de seu senhor. Ele decidiu que a opção mais segura era não mexer no dinheiro. O senhor ficou muito zangado e disse-lhe que melhor seria ter investido o dinheiro no banco, para então receber com juros. O servo foi jogado às trevas e seu talento foi dado ao que tinha 10.

"Para aquele que tem, mais lhe será dado, e para aquele que não tem, até o que tem lhe será tirado."

(Mateus 25:29).

Quando somos movidos pelo medo, escondemos os dons e talentos que recebemos e perdemos a oportunidade de ir em direção à abundância da vida.

A avareza, assim como a ganância, é o apego excessivo aos bens materiais e ao dinheiro, muitas vezes impulsionada pelo medo da escassez. A crença de que nunca teremos o suficiente nos leva a guardar recursos, sejam eles financeiros, emocionais ou materiais. Essa mentalidade de escassez cria um ciclo de falta, em que a preocupação constante com o amanhã impede a apreciação do que temos agora.

Mesmo quando vivemos em abundância, a mentalidade de escassez nos faz enxergar a vida como um campo de privações. Essa visão distorcida nos leva a reconhecer apenas aquilo que falta, não apenas os bens tangíveis, mas também em termos de satisfação e contentamento emocional.

O resultado desse ciclo se manifesta como um vazio interior que buscamos preencher por meio do apego desenfreado a bens materiais, relacionamentos ou até mesmo ideias e crenças. O apego, nesse contexto, torna-se uma tentativa desesperada de compensar a escassez percebida, mas, ironicamente, apenas reforça a crença na falta.

Na esfera patológica, a avareza pode se transformar em transtorno obsessivo-compulsivo (TOC), em que o acúmulo de recursos é levado a extremos prejudiciais. A falta, nesse contexto, pode se manifestar como ansiedade crônica e depressão, enquanto o apego torna-se uma prisão emocional que nos impede de nos conectar ao fluxo da vida.

Se você está nessa casa, é crucial questionar a raiz da avareza em sua vida. Liberte-se da prisão da escassez, reconhecendo a abundância já presente em sua vida. Aprenda a se desapegar, permitindo que a verdadeira plenitude floresça em sua jornada.

Reflexão primordial: a Colina da Rocha – *A Divina Comédia*, de Dante Alighieri

Os gananciosos e avarentos se reúnem na Colina da Rocha. As almas que se encontram lá pertenciam a pessoas que em vida acumularam dinheiro, eram materialistas ou que gastavam sua fortuna com prazeres mundanos.

O local é repleto de montanhas, e as riquezas materiais dessas almas se transformaram em pesadas barras e moedas de ouro, que elas devem empurrar umas contra as outras, ou seja, quem acumulava demais empurra contra quem gastava tudo, denotando sua relação antagônica em relação à riqueza.

O que se requer para que você se liberte da avareza, da mesquinhez, do medo da escassez e da ganância, e diga sim para a abundância que a vida lhe traz?

Regra de Chumbo: no capítulo AS SERPENTES DAS NOVE DIMENSÕES, leia VENENO: A SERPENTE DA ESCASSEZ DA 1ª DIMENSÃO.

CASA 6 (RAIO 6) – MEDO PARALISANTE
APREENSÃO I ANSIEDADE I CATASTROFIZAÇÃO

O medo é como uma tempestade que paira sobre a sua cabeça, desencadeando a ansiedade e preocupações, cria narrativas distorcidas, que nos fazem enxergar ameaças a cada mudança de tempo. Quando não é enfrentado, essas nuvens pesadas obscurecem a visão da esperança, minando o reconhecimento da sua coragem e da sua força interior.

O medo paralisante, muitas vezes irracional, pode desencadear uma ansiedade constante, uma preocupação em relação ao futuro. Esse estado de ansiedade, por sua vez, pode levar à catastrofização, em que nossa mente projeta cenários extremamente negativos e, por vezes, improváveis, gerando um ciclo de pensamentos prejudiciais. A mente, então, inicia um processo de construção de narrativas distorcidas, ampliando o medo e dando origem à paranoia.

A paranoia é um estado mental em que a desconfiança se torna predominante, levando a interpretações distorcidas da realidade e a suspeitas excessivas em relação às intenções dos outros. Pode criar narrativas complexas e muitas vezes irracionais, transformando situações comuns em conspirações ameaçadoras. O medo muitas vezes desencadeia uma série de reações emocionais, sendo a ansiedade uma delas.

No nível patológico, esse ciclo pode evoluir para transtornos de ansiedade generalizada (TAG), em que o medo constante e a antecipação negativa prejudicam significativamente sua qualidade de vida. A sensação de desamparo, nesse contexto, torna-se uma prisão emocional que limita a busca por soluções e a esperança de um futuro mais positivo, afetando a sensação de controle sobre a própria vida.

Se você se encontra nessa casa, é fundamental enfrentar o medo e a ansiedade. Reconheça sua tendência à catastrofização e questione seus pensamentos distorcidos, busque evidências concretas e, se necessário, procure apoio terapêutico. Cultive estratégias de enfrentamento saudáveis para dissipar o ciclo de desamparo, construindo uma rede de apoio e desenvolvendo sua capacidade de resiliência.

Reflexão primordial: Cemitério de Fogo – *A Divina Comédia*, **de Dante Alighieri**
Esse é o círculo dedicado aos medrosos, desconfiados e hereges, aqueles que não acreditaram na existência do Criador.

As almas ficam confinadas em túmulos abertos, dos quais sai o fogo eterno, um paralelo com a prática medieval de queimar essas pessoas em fogueiras. Em cada túmulo do Cemitério de Fogo há mais de mil condenados, e, quanto maior é o seu medo, mais ardente é a chama.

O que se requer para que você se liberte do medo, da ansiedade e da desconfiança e resgate a confiança em si mesmo, nas pessoas e sua fé na vida?

Regra de Chumbo: No capítulo AS SERPENTES DAS NOVE DIMENSÕES, leia VENENO: A SERPENTE DA ESCASSEZ DA 1ª DIMENSÃO.

CASA 7 (RAIO 7) – GULA
COMPULSÃO I EXCESSO I VORACIDADE

A gula é um abismo que se abre diante dos excessos, uma voracidade que se lambuza em nossas compulsões. Na busca insaciável por preencher um buraco sem fundo, ela nos leva a fugir da realidade, perdendo-nos nos prazeres do mundo, que, quando saciados, deixam apenas uma ressaca de arrependimento que traz de volta o vazio interior.

A gula se manifesta como um desejo insaciável por mais do que necessitamos, transcendendo o âmbito alimentar para abranger compulsões em várias áreas da vida. Essa voracidade por excessos pode estar enraizada em uma busca por preenchimento emocional ou pode ser uma fuga temporária da realidade, da dor ou do sofrimento.

As compulsões, impulsos irresistíveis de agir de certa maneira, são frequentemente alimentadas pela gula. Elas podem se manifestar de diversas maneiras, como compulsão alimentar, compras impulsivas, uso excessivo de substâncias, entre outros vícios. Esses comportamentos compulsivos, que inicialmente buscam preencher um vazio interior, consciente ou inconscientemente, muitas vezes resultam em um ciclo de excessos prejudiciais.

Os excessos, por sua vez, são uma expressão da gula em ação. Seja no consumo excessivo, na busca incessante por prazeres momentâneos ou na compulsão por acumular bens materiais, os excessos podem criar um abismo entre nossas necessidades reais e nossos desejos desenfreados.

A fuga é o principal gerador desse ciclo, em que nos refugiamos nos excessos e nas compulsões como uma maneira de escapar temporariamente da realidade. No entanto, essa fuga é apenas um paliativo, que, ao final, deixa um vazio interior mais profundo, perpetuando o círculo vicioso.

Na esfera patológica, a gula pode evoluir para transtornos alimentares, vícios e compulsões que impactam negativamente a saúde física, mental e emocional. A fuga constante por meio dos excessos pode levar ao vício, impedindo o crescimento pessoal e a busca por uma satisfação mais duradoura.

Se você se encontra nessa casa, é essencial confrontar a gula e as compulsões que a alimentam. Reconheça a diferença entre necessidades reais e desejos impulsivos. Busque maneiras saudáveis de preencher o vazio interior e resgate o prazer de apreciar o momento.

Reflexão primordial: o Lago de Lama – *A Divina Comédia,* **de Dante Alighieri**

O Lago de Lama é o lugar para onde vão os gulosos. Lá, eles ficam atolados em uma lama suja e espessa, onde jazem imersos em seu próprio vômito. Como se isso não fosse ruim o bastante, as almas glutonas são atormentadas por uma tempestade fortíssima de granizo, gelo, neve e torrões de água suja que caem sem parar.

Nesse lugar fica Cérbero, o famoso cão de três cabeças que, com seu apetite insaciável, arranha, esfola, esmaga, dilacera e esquarteja os espíritos desses pecadores. O castigo, aqui, é uma resposta ao prazer e ao conforto de consumir alegremente e sem limites em vida, uma vez que essas almas são submetidas ao desconforto de uma dolorosa chuva gelada e à gula do próprio Cérbero.

O que se requer para que você pare de fugir do sofrimento através da gula e diga sim para si mesmo e para o que acontece no presente?

Regra de Chumbo: No capítulo AS SERPENTES DAS NOVE DIMENSÕES, leia VENENO: A SERPENTE DA ESCASSEZ DA 1ª DIMENSÃO.

CASA 8 (RAIO 8) – LUXÚRIA
EXAGERO I INTENSIDADE I DESREGRAMENTO

A luxúria é como um vulcão, um fogo ardente de intensidade e exagero, em que a busca desenfreada por prazeres sensoriais pode resultar em erupções incontroláveis. Nessa dança entre a intensidade desmedida e o desejo por controle, é crucial encontrar um equilíbrio, para evitar que a lava do êxtase e do prazer momentâneo se transforme em uma rocha ígnea, enrijecendo tudo ao seu redor.

A luxúria se manifesta como uma busca incessante por prazeres sensoriais, muitas vezes além dos limites saudáveis. Essa intensidade movida pelo desejo, quando não equilibrada, pode levar ao exagero e a uma perda de controle sobre os impulsos, resultando em consequências prejudiciais para a saúde física, mental e emocional.

O exagero é a expressão da luxúria em ação, uma amplificação dos desejos e prazeres que muitas vezes ultrapassa os limites do razoável. Seja na busca por experiências sexuais, seja no consumo ou no envolvimento em comportamentos de risco, o exagero pode criar um círculo vicioso de intensidade descontrolada.

A intensidade, por sua vez, é a marca registrada da luxúria, uma busca por experiências extremas que, quando não reguladas, podem levar a um estado constante de êxtase momentâneo, seguido por períodos de vazio e insatisfação. A intensidade, se não gerenciada, pode se tornar uma prisão, em que o desejo constante cria uma busca interminável por estímulos cada vez mais intensos.

O controle é a tentativa de equilibrar essa intensidade. No entanto, resulta em uma batalha constante entre a busca pelo êxtase e o medo da perda de controle.

Na esfera patológica, a luxúria desenfreada pode evoluir para transtornos de compulsão sexual, vícios e dependências que afetam negativamente a qualidade de vida. O desafio está em encontrar um equilíbrio saudável entre a intensidade dos desejos e o domínio sobre os impulsos.

Se você parou nessa casa, é crucial explorar a dinâmica entre a luxúria, o exagero, a intensidade e o controle em sua vida. Busque um equilíbrio que permita a vivência de prazeres sem que estes se tornem uma armadilha. Cultive uma relação saudável com a intensidade, evitando que ela o prenda a um círculo vicioso.

Reflexão primordial: o Vale dos Ventos – *A Divina Comédia,* **de Dante Alighieri**

Para o Vale dos Ventos vão aqueles que se entregaram à luxúria e ao adultério. Essas almas são atormentadas e arrebatadas por um furacão e por turbilhões de vento que não acabam mais. Esse vento incessante as arrasta pelo Inferno, simbolizado por suas paixões e desejos incontroláveis.

O que se requer para que você se liberte da luxúria, resgate sua inocência e diga sim para a vida e para você mesmo?

Regra de Chumbo: no capítulo AS SERPENTES DAS NOVE DIMENSÕES, leia VENENO: A SERPENTE DA ESCASSEZ DA 1ª DIMENSÃO.

CASA 9 (RAIO 9) – PREGUIÇA
INÉRCIA I INDOLÊNCIA I APATIA

A preguiça é uma areia movediça em nossa mente, que nos paralisa sempre que tentamos nos mexer. Nesse estado, as energias se dissipam e o potencial de ação é sufocado pela resistência à movimentação. Romper com esse padrão exige uma nova estratégia energética e um despertar para a vitalidade que reside além da apatia.

A preguiça é frequentemente o ponto de partida para a procrastinação, é a falta de disposição física para fazer o que é necessário, importante ou útil. Ela nos faz adiar e até abandonar tarefas importantes em prol de prazeres imediatos. A preguiça nos faz perder tempo e oportunidades e nos impede de crescer.

Essa postergação constante pode resultar em oportunidades perdidas e traz um sentimento generalizado de estagnação. A inércia é a consequência desse ciclo, uma paralisia mental e emocional em que a energia vital se dissipa e a capacidade de ação é sufocada. Nesse estado, a apatia prevalece, criando um terreno fértil para o desinteresse e a falta de entusiasmo pela vida.

Na esfera patológica, a preguiça, a procrastinação e a inércia podem evoluir para transtornos como a depressão, em que a falta de energia e de motivação impactam significativamente a qualidade de vida. A apatia, nesse contexto, torna-se uma prisão emocional que limita a busca por significado e propósito.

Se você está nessa casa, é crucial romper com a teia da preguiça e da procrastinação. Desperte sua motivação interna, quebre a inércia e mova-se em direção aos seus objetivos. Encontre maneiras de superar a apatia, mantendo-se em movimento, buscando atividades que despertem seu interesse e que lhe tragam mais vitalidade.

Reflexão primordial: o Limbo – *A Divina Comédia*, **de Dante Alighieri**

No Limbo, as almas vagam sem destino em completa escuridão. Isso representa a mente que nunca foi iluminada pela palavra de Deus. Diferentemente dos outros círculos, ali as almas não fazem nada, não gritam de dor, apenas suspiram, sem que ninguém possa ouvi-las.

O que se requer para que você se liberte da inércia, resgate a sua energia vital, expresse a sua voz no mundo e diga sim para a vida e para você mesmo?

Regra de Chumbo: no capítulo AS SERPENTES DAS NOVE DIMENSÕES, leia VENENO: A SERPENTE DA ESCASSEZ DA 1ª DIMENSÃO.

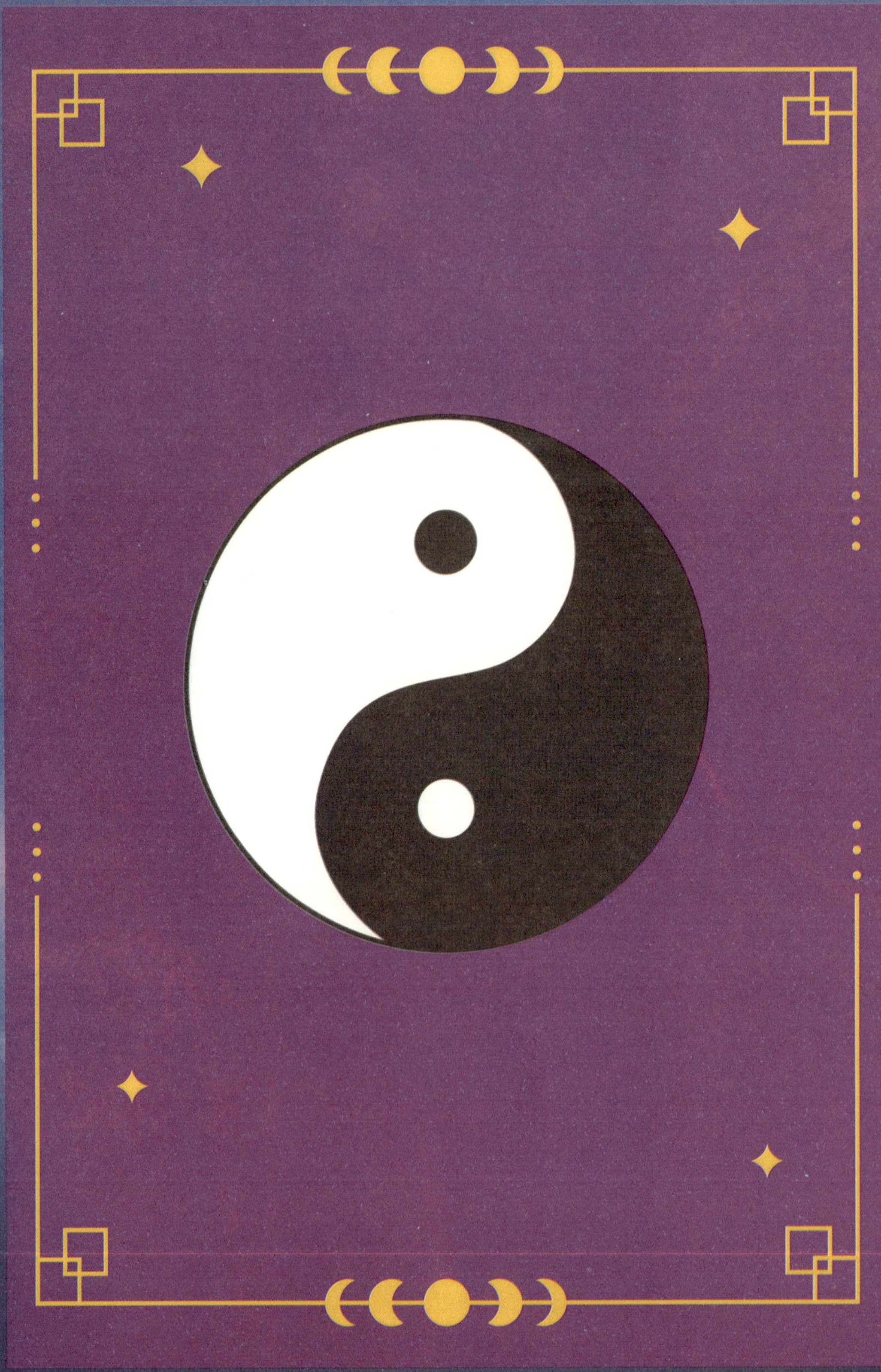

2ª DIMENSÃO DA SEGURANÇA

A DUALIDADE DO YIN YANG

Ao compreender as polaridades feminina e masculina, percebemos que não se trata de escolher um dos polos, mas de saber que essa união sagrada forma um campo invisível e poderoso. É o campo da criação gerado por essa polaridade. Trata-se de entrar em sintonia com a dança que traz o movimento da vida.

A segunda dimensão da consciência é marcada pela busca da segurança e do pertencimento. Aqui está presente a fidelidade aos antepassados, com ritos de passagem e costumes tribais no coletivo. Preserva objetos, lugares e histórias sagradas por meio da adoração. A cor roxa foi associada a essa dimensão por estar relacionada à realeza e aos líderes tribais.

É o início da dualidade existente em tudo no universo. São as polaridades complementares, como o dia e a noite, o quente e o frio, o bem e o mal, a luz e a sombra, o masculino e o feminino etc. No mundo individual, tudo o que existe possui seu oposto complementar. É onde o broto se divide.

Essa dimensão é representada pelo símbolo Yin Yang, em que duas retas paralelas se atraem mutuamente, se curvando e gerando movimento. É a união da polaridade yin (o princípio do feminino, receptivo, Lua e noite) com o yang (o princípio do masculino, ativo, Sol e dia). Estas duas forças, yin e yang, seriam a fase seguinte do Tao, o princípio gerador de todas as coisas, de onde surgem e para onde se destinam.

Segundo essa ideia, cada ser, objeto ou pensamento possui um complemento do qual depende para a sua existência. Esse complemento existe dentro de si. Assim, deduz-se que nada existe no estado puro: nem na atividade absoluta, nem na passividade absoluta, mas em movimento de transformação contínua. Além disso, qualquer ideia pode ser vista como seu oposto quando analisada por outro ponto de vista.

Essa é a dimensão de consciência tóxica, em que o foco é a busca por segurança, o que nos aproxima das pessoas de maneira instintiva para criar vínculos a fim de sobreviver em grupo. Nessa perspectiva, a consciência se expande para incluir a noção de pertencimento a um grupo. Os valores são centrados em laços tribais, comunidade, família e tradições. Aqui se formam os vínculos, os apegos e as feridas emocionais, com a ativação predominante do sistema límbico. O pensamento mágico desempenha um papel significativo, e as crenças são muitas vezes baseadas em mitos e rituais.

O pensamento é animista, espíritos mágicos, bons e maus, fervilham pela terra, trazendo bênçãos, maldições e encantamentos que determinam os acontecimentos. Os espíritos existem nos antepassados e aglutinam a tribo. Parentesco e linhagem estabelecem vínculos políticos. Aparenta ser "holístico", mas na verdade é atomístico, ou seja, há um nome para cada curva do rio, mas nenhum nome para o rio.

Onde esse nível é encontrado: crenças em maldições do tipo vodu, juramentos de sangue, mágoas antigas, amuletos, rituais de família, superstições e crenças étnicas mágicas; é forte em comunidades do Terceiro Mundo, gangues, equipes esportivas e "tribos" corporativas; também em crenças mágicas da New Age, cristais, tarô, astrologia.

Na perspectiva do eneagrama, esse é o nível dos delírios, obsessões e compulsões. Aqui há tanta dor, confusão e isolamento que leva a atos de violência, autodestrutividade, depressão e estados alterados de consciência. As feridas emocionais são lesões psicológicas que resultam de experiências dolorosas ou traumáticas na infância ou em outras fases da vida. Elas podem afetar a forma como nos relacionamos com nós mesmos e com os outros.

Essa dimensão exemplifica a vulnerabilidade do apego, a vulnerabilidade do vínculo criado entre a criança e seus pais, as necessidades básicas emocionais não atendidas. Essa dor, originada em idade precoce, é algo que tentamos anestesiar na idade adulta, mas seus condicionamentos continuam ao longo da vida. Assim, e longe de se dissolver com o tempo, permanece latente em nosso ser, criando camadas e mais camadas, que afetam todas as áreas de nossa vida, bem como nossa forma de nos relacionar, e influenciam nossas tomadas de decisão.

As feridas emocionais surgem quando os pais não são acessíveis emocional, psíquica ou fisicamente. Pouco a pouco, a mente dessa criança, ainda com poucos recursos emocionais, é invadida por ansiedade, desejo emocional, vazio, solidão e perda de proteção. Esse é o processo pelo qual todo ser humano passa, em primeiro lugar – o de uma troca de afeto sólido e de uma constante proximidade entre mãe e filho.

Não podemos esquecer que um bebê vem ao mundo com um cérebro ainda imaturo, e que precisa desse apego seguro para continuar crescendo e dar forma a uma *exogestação*, para promover a continuidade de seu desenvolvimento. Se acontece alguma coisa nos nossos primeiros anos de vida, há um movimento interrompido, surge uma fratura invisível e profunda, uma lesão que ninguém vê – a mesma que nos invalidará no futuro, em vários aspectos da vida.

Em resumo, destacamos os principais aspectos dessa dimensão de consciência:
- Surgiu há 50.000 anos, com as tribos
- Formação de tribos e família
- É onde estão os níveis de apego e as feridas emocionais
- Início das polaridades feminina e masculina
- Frequência vibracional: de 100 Hertz a 200 Hertz
- Corresponde a 10% da população, 1% de poder

Nessa dimensão, passamos por estes filtros no pensar, no sentir e no agir:

FILTROS	TÓXICO	SAUDÁVEL
Pensar	Sensação distorcida e pensamentos repetitivos de rejeição e/ou abandono.	Observar e reconhecer o que o orgulho está protegendo.
Sentir	Sentimento exagerado de autovalorização, autoadmiração ou em relação à própria honra, encobertando uma insegurança profunda que carrega principalmente em relação aos vínculos mais íntimos.	Sentimento genuíno de estar à disposição para ser prestativo, auxiliar o fortalecimento do coletivo, pedindo ajuda com humildade, quando há alguma necessidade.
Agir	Escolher, inconscientemente, estar em situações de exclusão.	Abrir espaço e receber a força ancestral com humildade.

2ª DIMENSÃO DA SEGURANÇA

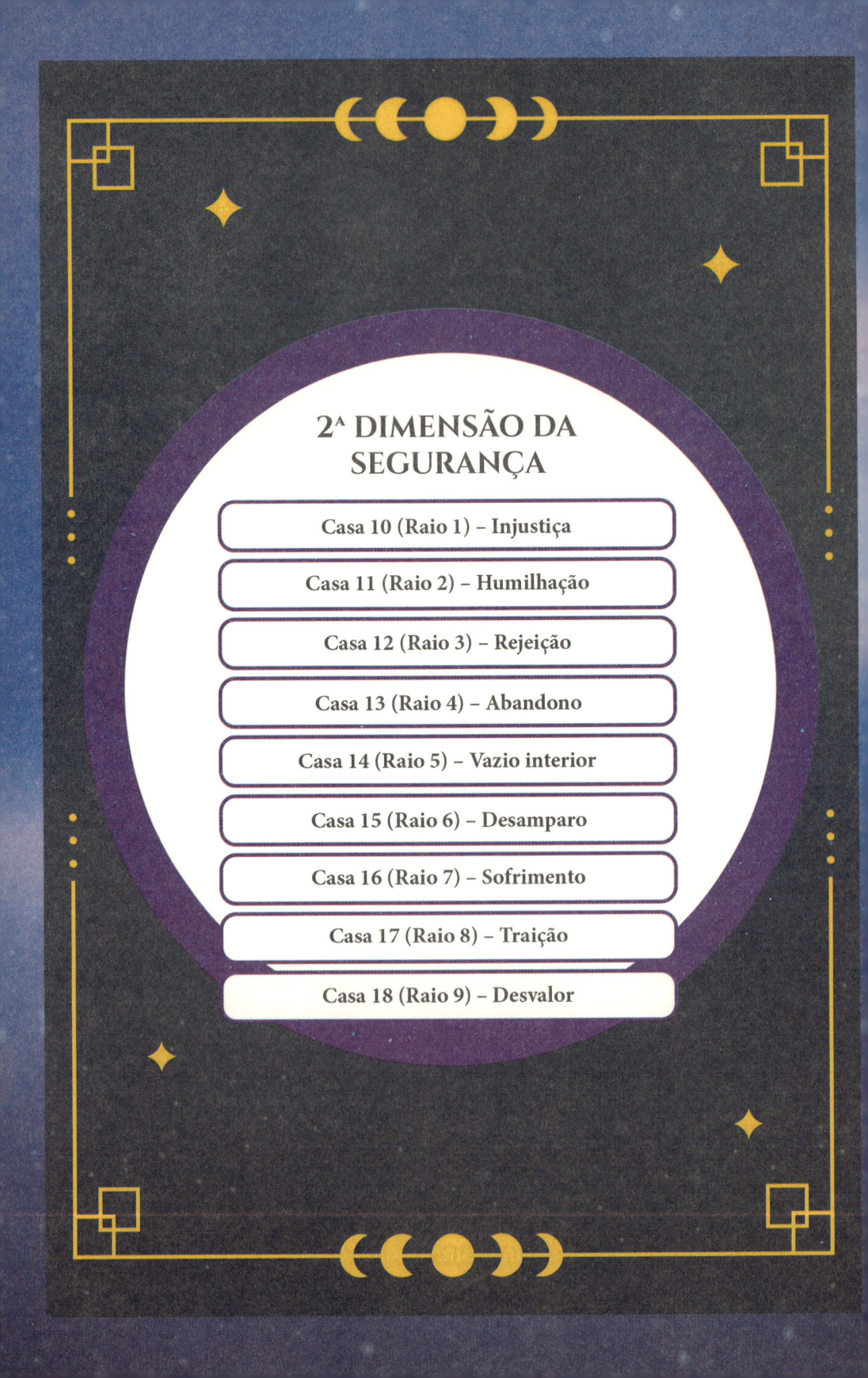

Casa 10 (Raio 1) – Injustiça

Casa 11 (Raio 2) – Humilhação

Casa 12 (Raio 3) – Rejeição

Casa 13 (Raio 4) – Abandono

Casa 14 (Raio 5) – Vazio interior

Casa 15 (Raio 6) – Desamparo

Casa 16 (Raio 7) – Sofrimento

Casa 17 (Raio 8) – Traição

Casa 18 (Raio 9) – Desvalor

CASA 10 (RAIO 1) – INJUSTIÇA
DESORDEM | IMPOTÊNCIA | RIGIDEZ

A ferida da injustiça é como uma corrente que nos prende ao passado, alimentada pela percepção de que o mundo ao nosso redor é desordenado e regido por forças autoritárias. Nessa prisão emocional, a sensação de impotência se instala, gerando um anseio constante por ordem e perfeccionismo como forma de controlar um ambiente que parece caótico.

Sistemicamente, essa ferida traz um bloqueio na individualidade, a pessoa torna-se rígida, o que se reflete no corpo.

No âmbito psicológico, a ferida da injustiça frequentemente surge de um contexto em que os cuidadores primários são frios e autoritários. Na infância, quando demandas além da capacidade real da criança são impostas, sentimentos de impotência e inutilidade podem emergir, persistindo ao longo dos anos.

O desordenado ambiente emocional molda uma propensão ao fanatismo pela ordem e pelo perfeccionismo como mecanismos de defesa. A busca incessante pela ordem torna-se uma tentativa de minimizar erros e evitar críticas. Paralelamente, a incapacidade de tomar decisões com confiança é uma manifestação da impotência internalizada desde a infância.

A ferida da injustiça projeta sua sombra sobre a percepção da realidade. Mesmo em situações de relativa estabilidade, a sensação de que o mundo é intrinsecamente desordenado persiste, dificultando a apreciação do presente e a construção de relacionamentos saudáveis.

A sensação de impotência resultante desencadeia um ciclo de perfeccionismo, em que a busca por ordem se torna uma obsessão, muitas vezes prejudicando a capacidade de adaptação e a flexibilidade necessárias para o crescimento pessoal. A necessidade constante de controle é, paradoxalmente, uma tentativa de encontrar justiça em um mundo percebido como injusto.

O julgamento precede a injustiça, ou seja, antes de serem justas ou injustas, as pessoas julgam umas às outras, ainda que de forma inconsciente. Por isso é importante observar fatos e situações de forma imparcial, sem julgar o outro. Analisar o fato em si: o que realmente aconteceu? Qual foi o fato?

Infelizmente, o ser humano tende a emitir sua opinião baseado em suas próprias percepções, em sua visão de mundo e na interpretação que tem dele, e não com base nos fatos como eles realmente são.

Portanto, julgamentos equivocados geram injustiças que impactam nos relacionamentos interpessoais, gerando inimizades e ressentimentos profundos. Então, antes de rotular os outros como injustos, é importante avaliar se praticamos a imparcialidade e a justiça em nossa vida. Às vezes, na perspectiva do outro, ele fez algo achando que era o melhor a ser feito, dentro de sua visão de mundo.

Primeiro, nosso sentimento de injustiça esmaece quando sentimos o perdão em seu nível mais profundo, que significa a libertação de um vínculo negativo com a fonte que nos feriu. Essa fonte pode ser nós mesmos, outras pessoas ou uma situação fora de controle.

Portanto, reflita sobre as razões pelas quais é importante pedir perdão e lembre-se: um coração ferido precisa ser tratado. O perdão é o melhor remédio nesses casos.

Assim, perdoe-se pelos erros, decisões, escolhas, atitudes. Perdoe o outro por tê-lo ferido de alguma forma. Perdoe as circunstâncias por algo que lhe aconteceu (infortúnio, morte na família etc.).

Definitivamente, tenha a disposição de soltar o ressentimento em relação àquilo que o prejudicou e siga em frente com a sua vida. Isso não significa esquecer, e, sim, neutralizar aquilo que lhe fez mal, de forma que não cause mais nenhum tipo de dor emocional.

Lembre-se do que Platão já dizia: quem comete uma injustiça é mais infeliz que o injustiçado. Em suma, pense que temos uma enorme vantagem sobre as pessoas que nos caluniam ou que cometem uma injustiça contra nós: o poder de perdoá-las.

Se você identifica a ferida da injustiça em sua vida, é vital questionar suas origens e desafiar as crenças que a sustentam. Liberte-se da corrente da impotência, reconhecendo que a vida, apesar de suas imperfeições, também tem elementos de beleza e ordem. Aprenda a abraçar a complexidade, permitindo-se viver de maneira mais autêntica e plena.

Reflexão primordial: como a ferida da injustiça tem impactado suas relações e sua percepção do mundo?

Regra de Chumbo: no capítulo AS SERPENTES DAS NOVE DIMENSÕES, leia VENENO: A SERPENTE DO APEGO DA 2ª DIMENSÃO.

CASA 11 (RAIO 2) – HUMILHAÇÃO
DESRESPEITO I VERGONHA I INDIGNIDADE

A ferida da humilhação é como um fio invisível que amarra nosso senso de amor-próprio ao passado, alimentado pela percepção de que fomos desrespeitados, envergonhados e tratados com indignidade. Essas amarras nos mantêm prisioneiros, cultivando uma sensação constante de inadequação diante do mundo. Na prisão psicológica, a vergonha se instala, gerando um desejo profundo de esconder a própria identidade, como uma forma de autopreservação em um ambiente que parece hostil.

A ferida da humilhação se relaciona ao sentimento inconsciente de "eu não sou digno de amor". Essa ferida gera sentimentos intensos de vergonha em relação a si mesmo, muitas vezes projetados nas interações com os outros.

Indivíduos que carregam essa ferida são frequentemente hipersensíveis e se dedicam excessivamente aos outros, não por bondade inata, mas como uma tentativa desesperada de alcançar uma sensação de dignidade. Carregam um fardo pesado de responsabilidades como forma de autopunição, muitas vezes se tornando masoquistas e vivenciando constante sofrimento.

Ignorando suas próprias necessidades, buscam situações que os submetam à humilhação, impedindo a liberdade desejada. Esse padrão pode se manifestar em excesso de trabalho, submissão a outros ou até mesmo autossabotagem, como em procedimentos cirúrgicos desnecessários. O anseio fundamental é o de se sentir digno e livre, mas suas escolhas contraditórias resultam em humilhação e aprisionamento emocional.

A origem dessa ferida muitas vezes está relacionada à infância, em que a criança é reprimida, especialmente no âmbito do prazer físico, muitas vezes pelo progenitor. Momentos como o desfralde, em que a criança é corrigida de maneira humilhante, podem marcar o surgimento dessa ferida.

Adultos com a ferida da humilhação tendem a se castigar antes mesmo de ser repreendidos, evitando escutar suas próprias necessidades. Colocam os outros sempre em primeiro lugar, sentindo-se indignos de incomodar ou de receber cuidados. Essa atitude pode se manifestar em resistência a prazeres sensoriais e dificuldade em se permitir desfrutar da vida.

A busca constante por controle pode resultar em doenças físicas, como problemas no fígado, dores nas costas, respiratórios, entre outros. O masoquista pode, ainda, apresentar aumento de peso, que, muitas vezes associado à humilhação, é uma expressão física dessa ferida.

A compreensão dos recursos inerentes a essa ferida, como empatia, generosidade e habilidades organizacionais, permite ao indivíduo lidar de maneira mais equilibrada com suas necessidades. Reconhecendo a origem no julgamento e nas críticas severas da infância, é possível iniciar o processo de cura, liberando-se do peso da indignidade e permitindo-se viver de maneira mais autêntica.

Reflexão primordial: como a ferida da humilhação tem moldado suas escolhas e afetado suas relações?

Regra de Chumbo: no capítulo AS SERPENTES DAS NOVE DIMENSÕES, leia VENENO: A SERPENTE DO APEGO DA 2ª DIMENSÃO.

CASA 12 (RAIO 3) – REJEIÇÃO
RENÚNCIA I REPROVAÇÃO I EXCLUSÃO

A ferida da rejeição é como uma sombra que impede de ver a luz, configurando um exílio interior onde a pessoa se sente renunciada, reprovada e excluída. Esse exílio emocional torna-se um labirinto de dor, alimentado pela percepção de que a própria essência é inadequada, resultando em um constante afastamento de si mesmo, como se estivesse exilado de sua verdadeira natureza.

Dentro da dinâmica das feridas emocionais, a rejeição é uma dor que tem suas raízes, frequentemente, no início da vida, até mesmo dentro do útero materno. Essa ferida está intrinsecamente ligada ao "direito de existir" e se desenvolve em relação ao genitor do mesmo sexo: com o pai, se for homem, ou com a mãe, se for mulher.

A sensação de "não ter espaço para mim e não ser bem-vindo" cria um padrão de comportamento no sentido de se tornar invisível, ativando o sentimento de não merecimento. Mesmo se esforçando, a pessoa sente dificuldades em prosperar na vida. Muitas vezes, ela se vincula lealmente aos excluídos e mortos da família, buscando escape através do isolamento e, por vezes, recorrendo a vícios e compulsões para anestesiar a dor e escapar do mundo.

A interpretação infantil desse cenário é a de que ela não deveria existir, não é bem-vinda e se sente intrusa. Indivíduos que carregam a ferida da rejeição enfrentam dificuldades para pertencer aos círculos sociais, tendem a ser mais racionais, se julgam incompreendidos e sem valor.

A ferida emocional da rejeição remete a momentos de insuficiência na infância, em que a falta de afeto ativo e a ausência de demonstrações constantes de amor deixam lacunas emocionais no desenvolvimento da pessoa.

O ambiente escolar também pode contribuir para essa ferida, ao rejeitar a criança e negar-lhe afeto. Adultos que carregam essa bagagem emocional têm uma forte tendência a temer relacionamentos, pois sentem-se inadequados ou têm receio de ser rejeitados.

A compreensão profunda da origem dessa ferida permite a quem a carrega iniciar um processo de cura, trabalhando para reconhecer o próprio valor, superar o medo do abandono e construir relações mais saudáveis. A aceitação da própria existência e a busca por conexões significativas são passos fundamentais para curar a ferida da rejeição.

Reflexão primordial: como a ferida da rejeição tem influenciado suas relações e a percepção que você tem de si mesmo?

Regra de Chumbo: no capítulo AS SERPENTES DAS NOVE DIMENSÕES, leia VENENO: A SERPENTE DO APEGO DA 2ª DIMENSÃO.

CASA 13 (RAIO 4) – ABANDONO
NEGLIGÊNCIA I INDIFERENÇA I DESCASO

A ferida do abandono é como um poço profundo, onde a pessoa se depara com a ausência de cuidado, mergulhando na escuridão da negligência, da indiferença e do descaso. Esse poço emocional se amplifica pela percepção de que a presença afetiva é escassa, resultando em um constante vazio, gerando um eco solitário que reverbera nas paredes do abandono.

A ferida se manifesta na percepção de que faltou afeto, resultando em uma constante sensação de vazio e tristeza. A busca desesperada por presença e atenção pode atingir níveis insuportáveis, tornando a pessoa carente e dependente emocionalmente.

É importante notar que a dependência a que nos referimos é emocional, ou seja, a pessoa pode aparentar independência em outras áreas da vida. A força aparente pode ser uma forma de "prostituição emocional", buscando atenção e validação por meio da demonstração de autossuficiência. No entanto, essa aparente força pode ser polarizada pela verdadeira face da ferida, levando a momentos de tristeza, choro e vitimização, em busca de apoio, amparo e presença.

O medo intrínseco é o da solidão e da sensação de não dar conta. A origem dessa ferida remonta a momentos de angústia do bebê, que pode ter se sentido abandonado pela mãe quando não recebeu nutrição física ou emocional no momento desejado, mesmo que não tenha sido um abandono real.

Pessoas com a ferida de abandono frequentemente buscam atenção e evitam ficar sozinhas. Expressam empatia e são comunicativas, optando por roupas coloridas e estampadas, e podem desenvolver algumas neuroses como uma forma de chamar a atenção. Fisicamente, tendem a apresentar tendência ao sobrepeso, voz infantilizada e olhar triste ou meigo.

A compreensão profunda dessa ferida permite que a pessoa trabalhe na construção de relações mais saudáveis, explorando a independência emocional real e superando o medo subjacente da solidão. A jornada de cura envolve reconhecer a origem do abandono, acolher as próprias necessidades emocionais e aprender a encontrar plenitude sem depender exclusivamente da atenção alheia.

Reflexão primordial: como a ferida do abandono tem influenciado suas interações interpessoais e a percepção que você tem sobre a sua própria capacidade emocional?

Regra de Chumbo: no capítulo AS SERPENTES DAS NOVE DIMENSÕES, leia VENENO: A SERPENTE DO APEGO DA 2ª DIMENSÃO.

CASA 14 (RAIO 5) – VAZIO INTERIOR
PRIVAÇÃO I SOLIDÃO I FALTA

A ferida do vazio interior é como um buraco negro na essência, onde a pessoa se perde de si mesma, imersa na sensação de privação, solidão e falta. Esse abismo emocional se torna um vácuo, resultando em um isolamento que ressoa como um silêncio solitário nos corredores da própria existência.

Na complexidade das feridas emocionais, a ferida do vazio interior é caracterizada por uma sensação profunda de privação e isolamento. Essa ferida se manifesta como um vácuo emocional, em que a pessoa experimenta uma privação interna, resultando em uma busca constante por preenchimento.

A sensação de vazio interior é marcada por uma carência afetiva, que pode se manifestar de maneiras diversas. Pode levar à busca incessante por conhecimento e compreensão, muitas vezes em detrimento das relações interpessoais. A pessoa com essa ferida pode se isolar, preferindo a solidão como uma forma de lidar com o vazio interno.

A privação emocional experimentada nessa ferida muitas vezes leva a uma busca incessante por algo que traga significado e plenitude à vida. O medo subjacente é o de enfrentar o vazio, levando a uma constante busca por estímulos externos que possam preencher o vazio interior, como conhecimento, estudos etc.

Essa ferida pode se manifestar de maneiras diversas, desde uma carência afetiva até a falta de propósito na vida. A pessoa pode se sentir desconectada de si mesma e dos outros, buscando compulsivamente preencher o vazio com diversas atividades, relacionamentos ou até mesmo adições.

A compreensão profunda dessa ferida permite que a pessoa trabalhe na construção de uma conexão mais autêntica consigo mesma, explorando maneiras de preencher o vazio interior de maneira saudável. O processo de cura envolve reconhecer a origem da carência, aprender a lidar com o medo da solidão e explorar fontes internas de significado e plenitude.

Reflexão primordial: como a ferida do vazio interior tem influenciado suas escolhas, relações e a busca por significado em sua vida?

Regra de Chumbo: no capítulo AS SERPENTES DAS NOVE DIMENSÕES, leia VENENO: A SERPENTE DO APEGO DA 2ª DIMENSÃO.

CASA 15 (RAIO 6) – DESAMPARO
DESPROTEÇÃO I INSEGURANÇA I ORFANDADE

A ferida do desamparo é como um fantasma que assombra o seu órfão interior, lançando-o à penumbra da desproteção e da insegurança. Essa sensação assemelha-se a um manto que envolve a alma, resultando em uma sensação constante de medo que ecoa como um susto solitário.

Dentro do universo das feridas emocionais, a ferida do desamparo é representada por uma sensação profunda de insegurança. Esse desamparo, muitas vezes, está interligado com a ansiedade, estabelecendo uma complexa relação de causa e efeito.

A compreensão dessa ferida pode ser enriquecida quando se explora o conceito de desamparo aprendido, que desempenha um papel significativo para compreender o transtorno de ansiedade generalizada (TAG). Nesse contexto, a pessoa pode sentir-se impotente diante da ansiedade, sendo levada a desistir de procurar soluções, aceitando o estado atual como inevitável e imutável. A inação contínua pode até resultar na recusa de buscar tratamento.

O desamparo se manifesta quando a pessoa é exposta repetidamente a estímulos negativos, gerando sofrimento e tornando difícil evitá-los. Diante dessas experiências frequentes, o organismo, por vezes, não consegue suportar ou superar, levando a um sentimento de vulnerabilidade. Esse processo é internalizado e aprendido pelo organismo, resultando em atitudes de desistência.

Como um órfão interior, traz uma sensação de desamparo que remete a uma falta de proteção e de segurança emocional. A insegurança profunda pode gerar comportamentos ansiosos e uma constante busca por formas de encontrar segurança e estabilidade.

A compreensão profunda dessa ferida permite que a pessoa explore estratégias de enfrentamento saudáveis para lidar com a ansiedade e reconstruir um senso de segurança interno. O processo de cura envolve aprender a enfrentar os estímulos negativos de forma construtiva, buscando apoio e desenvolvendo resiliência emocional.

Reflexão primordial: como a ferida do desamparo tem influenciado sua relação com a ansiedade e a busca por segurança emocional em sua vida?

Regra de Chumbo: no capítulo AS SERPENTES DAS NOVE DIMENSÕES, leia VENENO: A SERPENTE DO APEGO DA 2ª DIMENSÃO.

CASA 16 (RAIO 7) – SOFRIMENTO
ANGÚSTIA I AFLIÇÃO I EVITAÇÃO

A ferida do sofrimento é como uma dança incessante da angústia, em que a pessoa se debate em um turbilhão de emoções intensas, afligida pela dor e impulsionada pela incessante busca por evitá-la. Essa dança é como um vórtice, que, em um constante movimento frenético, segue sua coreografia.

No intricado cenário das feridas emocionais, a ferida do sofrimento é marcada pela dança contínua entre angústia, desespero e a evitação para enfrentar a dor. Essa ferida se manifesta como um ciclo de aflição emocional, em que a pessoa lida constantemente com sentimentos angustiantes e busca maneiras de escapar do sofrimento.

A angústia vivenciada nessa ferida pode surgir de diversas fontes, desde experiências traumáticas até perdas trágicas vividas pelos antepassados ou, ainda, desafios emocionais não resolvidos. A pessoa com essa ferida muitas vezes se encontra em um estado de agitação constante, buscando formas de evitar confrontar as emoções dolorosas.

A evitação do sofrimento pode se manifestar de várias maneiras, como o mergulho em atividades frenéticas, o excesso de planejamento para o futuro ou o uso de substâncias para amortecer as emoções. A busca incessante por experiências novas e estimulantes também pode ser uma tentativa de fugir do sofrimento.

O medo subjacente é o de encarar a dor, o que leva a uma constante evitação das emoções angustiantes. A pessoa pode se envolver em comportamentos hedonistas ou buscar prazeres momentâneos como uma forma de alívio temporário, mas que, no longo prazo, apenas perpetua o ciclo de sofrimento.

A compreensão profunda dessa ferida permite que a pessoa explore estratégias mais saudáveis para lidar com o sofrimento emocional, reconhecendo a importância de enfrentar as emoções dolorosas de forma construtiva. O processo de cura envolve aprender a acolher o próprio sofrimento, buscar suporte emocional e desenvolver maneiras eficazes de lidar com a angústia.

Reflexão primordial: como a ferida do sofrimento tem influenciado suas escolhas, seus comportamentos evasivos e a busca por alívio emocional em sua vida?

Regra de Chumbo: no capítulo AS SERPENTES DAS NOVE DIMENSÕES, leia VENENO: A SERPENTE DO APEGO DA 2ª DIMENSÃO.

CASA 17 (RAIO 8) – TRAIÇÃO
DESLEALDADE I DESONESTIDADE I INFIDELIDADE

A ferida da traição é como uma armadura que envolve o coração, tornando-se uma defesa contra a deslealdade, a desonestidade e a infidelidade. Essa blindagem emocional é comparável a uma couraça, resultando em uma constante vigilância que ressoa como o eco de passos firmes na fortaleza da proteção.

Na complexa teia das feridas emocionais, a ferida da traição está enraizada em experiências nas quais o genitor do sexo oposto não atendeu às expectativas, agindo de maneira não confiável ou manipuladora. Esse episódio molda a construção de uma personalidade forte e poderosa, com ênfase na exibição de confiança e lealdade ao mundo. A frase "podem confiar em mim" ecoa de forma inconsciente.

Essas pessoas se tornam notáveis por sua força e poder, construindo uma vida centrada em uma imagem de confiabilidade. A rapidez de raciocínio e a inteligência são estratégias desenvolvidas para sobreviver em um mundo percebido como repleto de indivíduos não confiáveis. A busca por controle é uma resposta ao medo latente de traição.

A personalidade moldada por essa ferida tende a criar muitas expectativas e a exigir demais dos outros, revelando impaciência e, por vezes, intolerância e agressividade.

Embora possam demonstrar humor, raramente revelam suas vulnerabilidades, pois a confiança no outro é um desafio. O medo primordial é o de ser traído, o que os leva a assumir uma postura controladora. A aversão a mentiras e a desonestidade é forte, e a separação torna-se uma situação difícil de lidar.

A raiz dessa ferida remonta à sensação de traição ou troca na infância, deixando a criança com uma profunda sensação de desconfiança. Pessoas com essa ferida desenvolvem um perfil controlador, são competitivas, perfeccionistas e proativas. Fisicamente, buscam ter uma imagem forte, com músculos torneados, vestimentas elegantes, e têm apreço por luxo e exclusividade.

É importante notar que, paradoxalmente, a busca por controle pode atrair manipuladores e traidores, pois é o que o cérebro condicionado reconhece como familiar. A jornada de cura envolve reconhecer as origens da ferida, aprender a confiar de maneira saudável e permitir-se ser vulnerável sem abrir mão da força interior.

Reflexão primordial: como a ferida da traição tem influenciado suas relações, a busca por controle e a construção de sua imagem de confiabilidade?

Regra de Chumbo: no capítulo AS SERPENTES DAS NOVE DIMENSÕES, leia VENENO: A SERPENTE DO APEGO DA 2ª DIMENSÃO.

CASA 18 (RAIO 9) – DESVALOR
DEMÉRITO I MENOS-VALIA I MENOSPREZO

A ferida do desvalor é como uma sombra que obscurece a própria luz interior, envolvendo a pessoa em um nevoeiro de menos-valia e menosprezo. Essa escuridão é alimentada pela percepção de que sua contribuição é insignificante, o que reflete sua sensação de invisibilidade.

A ferida do desvalor é uma condição emocional caracterizada pela sensação de menos-valia. Esse estado psicológico se manifesta por meio da percepção distorcida de si mesmo, gerando sentimentos de inferioridade, baixa autoestima e falta de autoconfiança.

A base dessa desvalia pode ser moldada por experiências passadas, traumas, pressões sociais e padrões repetitivos. Uma das manifestações mais impactantes é a invalidação emocional, em que a pessoa se sente invisível, incompreendida e teme ser reprovada pelos outros.

Essa ferida pode desencadear gatilhos emocionais intensos, como autocrítica, frustração, medo de ser ignorado e desvalorizado. A sensação de ser julgado, rotulado e desconsiderado pode levar a crises de pânico, depressão, paralisias emocionais, dores físicas e comportamentos autodestrutivos.

A origem muitas vezes remonta à infância, em que ambientes familiares superprotetores, machistas ou julgadores podem minar a espontaneidade e a alegria naturais das crianças. A busca por aceitação e validação pode se perder, resultando em depressão, hiperatividade e baixa autoestima. A análise do ambiente na infância e na adolescência é essencial para compreender a origem da ferida, reconhecendo se houve espaço para expressão, aceitação, elogios e estímulo às próprias inclinações.

A compreensão profunda dessa ferida envolve a conscientização desses padrões, a reconstrução da autoestima e a superação da sensação de menos valia. Buscar apoio emocional e trabalhar na aceitação e no amor-próprio são passos fundamentais para a jornada de cura.

Reflexão primordial: como a ferida do desvalor tem influenciado sua autoestima e suas relações interpessoais ao longo de sua vida?

Regra de Chumbo: no capítulo AS SERPENTES DAS NOVE DIMENSÕES, leia VENENO: A SERPENTE DO APEGO DA 2ª DIMENSÃO.

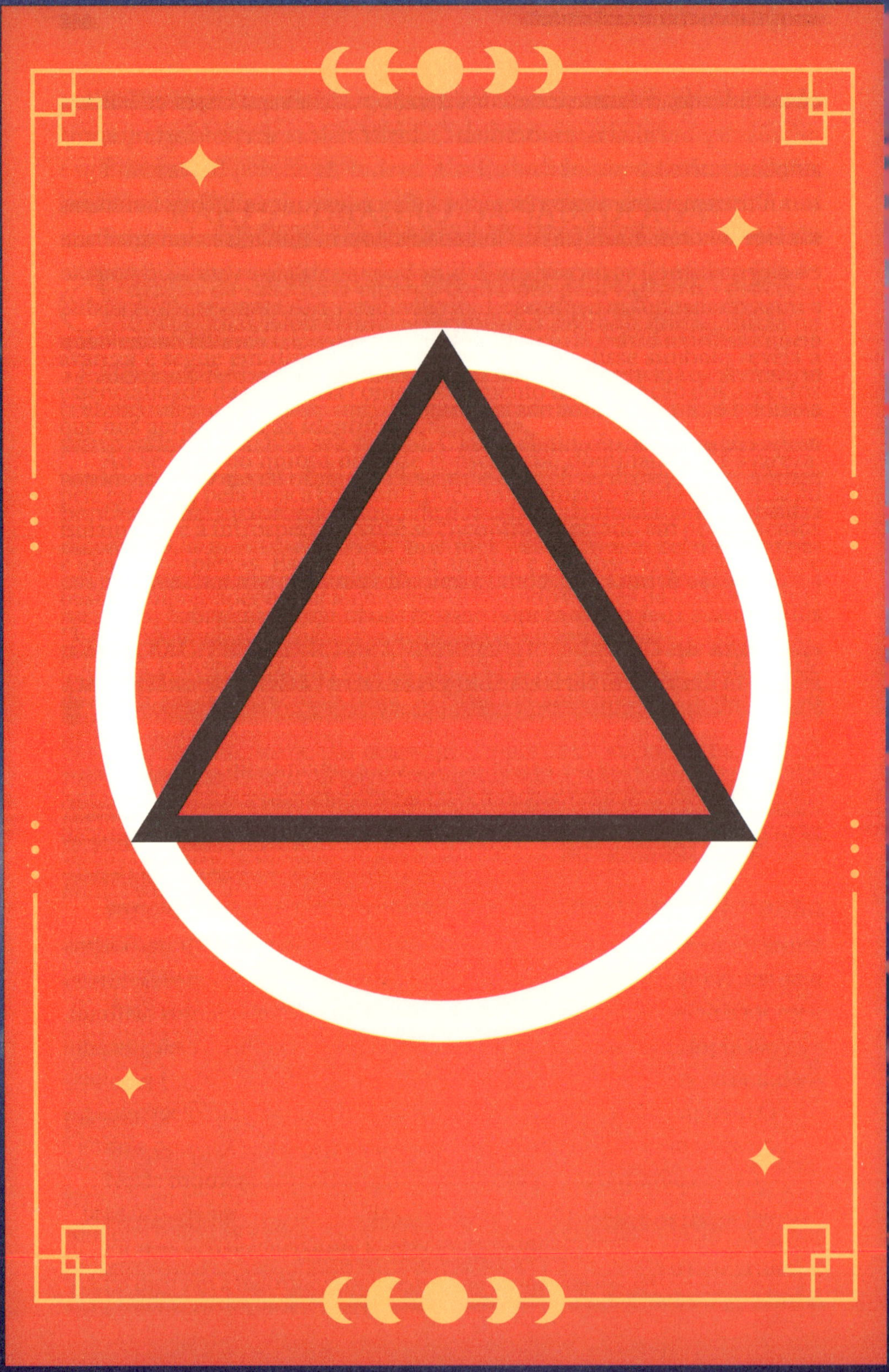

3ª DIMENSÃO DO PODER

A TRINDADE SAGRADA

Ninguém é igual a você, e esse é o seu maior poder!

A terceira dimensão da consciência é do poder, da força de vontade, com a capacidade de conquistar. Desfrutar a vida ao máximo, sem culpa nem remorso. Age com coragem, exige respeito, dita as regras e pode enganar para conseguir conquistar o que deseja. A cor vermelha foi associada a essa dimensão em função da cor do sangue, da energia intensa da coragem e das emoções quentes.

Aqui está a Lei do 3, representada pelo triângulo, simbolizando a trindade sagrada da força da criação, presente em várias filosofias e sistemas de crenças. Representa a estrutura viva em que três forças, muito diferentes, juntas produzem o equilíbrio, como começo, meio e fim; passado, presente e futuro; corpo, mente e espírito etc. A força ativa ou ação, a força passiva ou reação e a força mediadora ou neutralizante. Na religião cristã temos o Pai, o Filho e o Espírito Santo. Na religião hindu temos Brahma, Vishnu e Shiva. Na física temos os prótons, nêutrons e elétrons. Essa lei destaca a importância da harmonia e do equilíbrio entre três elementos distintos.

Na alquimia, esses elementos são princípios criadores, e não estados da matéria.

O mercúrio corresponde ao centro mental, um princípio passivo, que tem a capacidade de tornar os metais maleáveis, quebráveis ou voláteis, responsável pela parte superior do corpo: chacras laríngeo, frontal e coronário. Representa o universo invisível, mente, subjetividade, abstração, o plano das ideias, o movimento de expansão, o princípio volátil. Corresponde à influência lunar, composto de água e ar.

O sal corresponde ao centro emocional, um princípio que estabiliza e harmoniza os dois centros. Compreende a porção central do corpo, local dos chacras umbilical, cardíaco e laríngeo. Representa os quatro elementos. Responsável por fixar o espírito na matéria, é a área dos sentimentos, da integração, tem os movimentos de expansão e contração.

O enxofre corresponde ao centro corporal, o princípio ativo que tem a capacidade de queimar, responsável pela parte inferior do corpo, região dos chacras básico, esplênico e umbilical. Representa o universo visível, corpo, matéria, concretização, praticidade, o plano mais denso da matéria, o movimento de contração, composto de fogo e terra.

Assim, enxofre e mercúrio são opostos em sua influência, embora sejam complementares. Eles se combinam para formar a matéria-prima que contém tudo, um material que mantém sua consistência graças à vontade do sal.

São os três componentes da pedra filosofal e funcionam potentemente para transmutar qualquer metal básico ou personagem em perfeição dourada. Sem esses princípios, a cobiçada pedra filosofal é ineficaz em sua capacidade de alterar as taxas vibratórias.

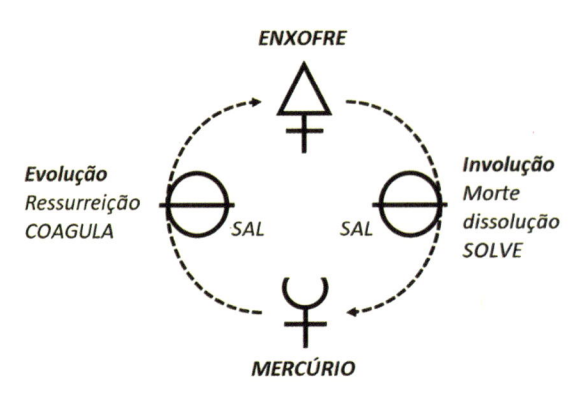

Tríade Mercúrio, Enxofre e Sal

Dimensão de consciência tóxica, as pessoas aqui tendem a ser egocêntricas, impulsivas e competitivas. Passamos a repetir certos comportamentos e pensamentos após vivências dolorosas e, quando nos damos conta, eles já se tornaram parte de nós. Entretanto, nem sempre eles são lógicos.

Primeira emergência de um eu distinto da tribo, poderoso, impulsivo, egocêntrico, heroico. Deuses e deusas arquetípicos, seres poderosos, forças com que se pode contar, tanto boas quanto más. Senhores feudais protegem os súditos em troca de obediência e trabalho. A base dos impérios feudais – poder e glória. O mundo é uma selva cheia de ameaças e de predadores. Conquista, engana e domina; aproveita ao máximo, sem pena ou remorso; aqui e agora.

Na perspectiva do eneagrama, é o nível de violação ou transgressão. Aqui há uma imprudência que nasce do desespero. Podemos estar inconscientes de que estamos sendo autodestrutivos, que estamos queimando pontes, que estamos em negação ou sendo exploradores, mas agora não temos muito que nos motivar a nos abster de ser ou fazer essas coisas.

A maioria ou todas essas teorias podem ser verdadeiras do ponto de vista do ego. Ainda assim, não é o fato de serem verdadeiras que nos faz descer de dimensão, mas nossa crença de que não há alternativas ou nenhuma redenção a ser obtida.

Nessa dimensão se manifestam as máscaras do ego ou mecanismos de defesa, meios de proteção criados pelo inconsciente para distanciar o indivíduo de eventos, atitudes, sentimentos, crenças, palavras ou pensamentos gerados por experiências traumáticas ou desagradáveis.

De acordo com a teoria psicanalítica, os mecanismos de defesa são manifestações do ego diante de acontecimentos e fatores que geraram sofrimento, são tentativas de contrariar ou refrear o estresse psicológico ou as emoções negativas, e, como geralmente ocorrem de maneira inconsciente, é difícil saber exatamente quando e por que eles estão sendo ativados.

O alto custo de usar um mecanismo de defesa é uma diminuição correspondente na autoconsciência e na inteligência emocional, pois passamos a repetir certos comportamentos e pensamentos após vivências dolorosas, e, quando nos damos conta, eles já se tornaram parte de nós, ou seja, nem sempre são lógicos ou coerentes com o momento atual. Quanto menor o nível de desenvolvimento do ego de uma pessoa, mais inconscientemente e automaticamente ela usa os mecanismos de defesa, e isso leva a comportamentos disfuncionais que geram consequências negativas.

No processo de estruturação da psique humana, a pessoa realiza, consciente ou inconscientemente, um movimento de repressão, bloqueando as negatividades do ego, pelo fato de que esses sentimentos geram uma aversão muito grande, tanto por parte da própria pessoa quanto dos outros.

Essa é uma atitude pouco inteligente emocionalmente, pois a pessoa mascara seus sentimentos, originando as chamadas máscaras do ego, caracterizadas pela tentativa do ego de parecer o que não é. Esse fato pode atrasar o processo do autoconhecimento.

Na maioria das vezes, a pessoa usa essas máscaras de forma involuntária, como uma tentativa de se proteger. Outras vezes, utiliza-as de forma bastante consciente, sabendo que está fugindo de alguma coisa.

As máscaras do ego devem ser lentamente liberadas de nossa personalidade por meio da aceitação dos nossos condicionamentos. Quanto mais cedo fizermos isso, melhor, pois, em vez de falsas virtudes, buscaremos desenvolver nossas virtudes essenciais.

Embora tenham o objetivo de cessar a ansiedade, o medo e a angústia, alguns mecanismos de defesa podem provocar outros sentimentos negativos ao longo do tempo. É importante saber reconhecê-los para determinar quais mecanismos estão atuando com eficiência e quais precisam ser ajustados para que você tenha uma vida mais feliz.

Aprender sobre as máscaras do ego permite:

Que você se torne mais consciente do momento em que forem ativadas de forma inadequada, em termos de produzir mais mal do que bem.

Que você desenvolva flexibilidade psicológica na escolha da estratégia de adaptação que é mais apropriada para a situação em questão.

Que você desconstrua gradualmente o sistema de mecanismos de defesa quando interferem na realização de seus objetivos, no caminho do autoaprimoramento e na construção de relações mais saudáveis.

Em resumo, destacamos os principais aspectos dessa dimensão de consciência:

- Surgiu há 10.000 anos, com os impérios e exploradores
- Competitividade, busca de autoridade e poder político
- Valores de poder pessoal e dominação
- É onde estão as máscaras do ego e os mecanismos de defesa
- Frequência vibracional: de 200 Hertz a 250 Hertz
- Corresponde a 20% da população, 5% de poder

Nessa dimensão, passamos por estes filtros no pensar, no sentir e no agir:

FILTROS	TÓXICO	SAUDÁVEL
Pensar	Paralisar nas hipóteses de passar vergonha e/ou ser abusado.	Parar e refletir sobre a insegurança da manifestação da vaidade excessiva.
Sentir	Fixação pela aparência ilusória. Supervalorização da própria aparência, com o objetivo de atrair admiração e elogios frequentes. Necessidade de se exibir, ostentar e contar vantagem. Desejo excessivo por admiração, seja ela física ou intelectual.	Forte impulso e sensação vibrante para estimular a vontade de ir além, ativando a coragem para realizar o que for preciso.
Agir	Realizar atividades que geram baixa vibração.	Praticar aventuras ousadas, sem a necessidade de divulgar ou de se autopromover.

3ª DIMENSÃO DO PODER

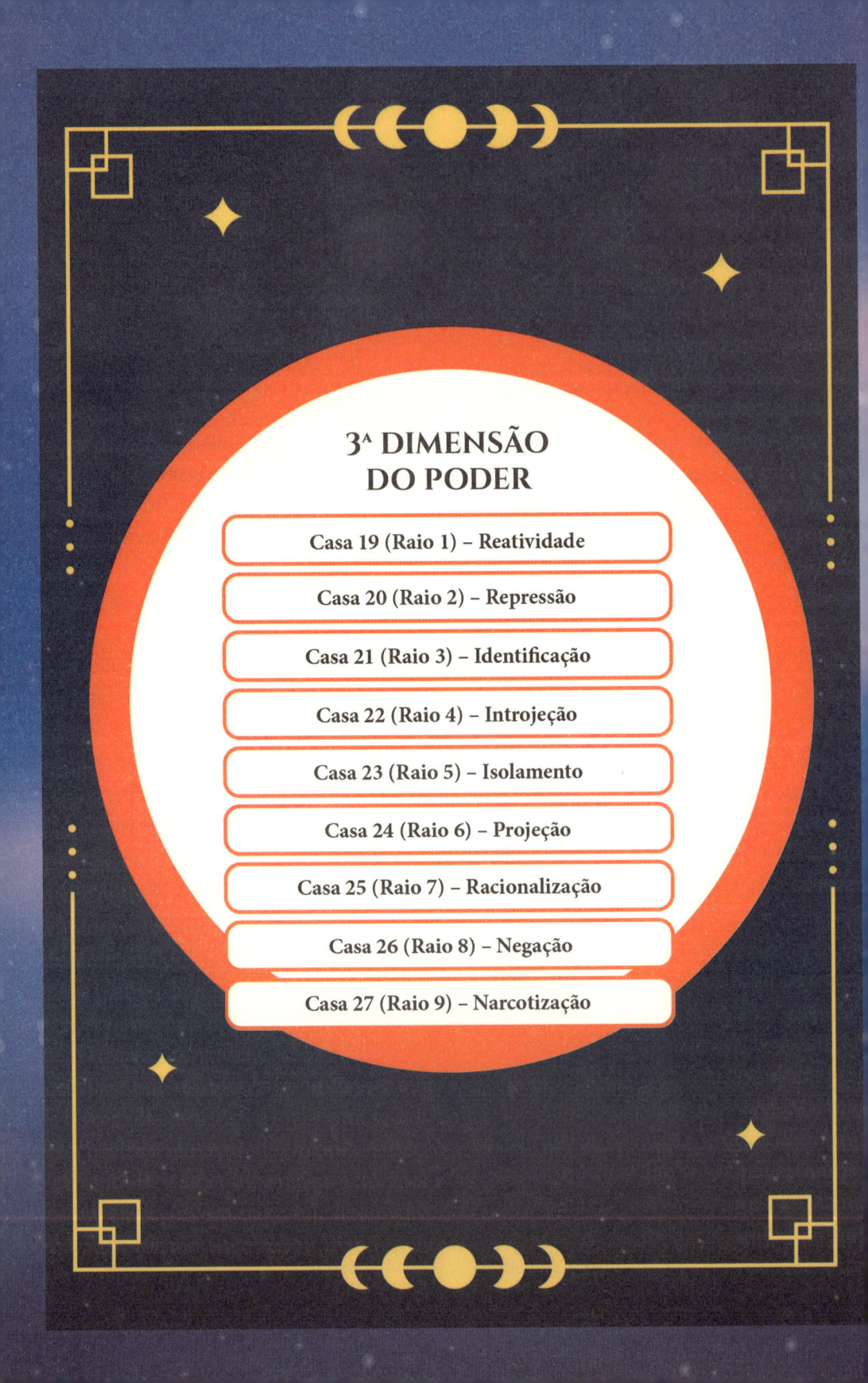

Casa 19 (Raio 1) – Reatividade

Casa 20 (Raio 2) – Repressão

Casa 21 (Raio 3) – Identificação

Casa 22 (Raio 4) – Introjeção

Casa 23 (Raio 5) – Isolamento

Casa 24 (Raio 6) – Projeção

Casa 25 (Raio 7) – Racionalização

Casa 26 (Raio 8) – Negação

Casa 27 (Raio 9) – Narcotização

CASA 19 (RAIO 1) – REATIVIDADE
REAÇÃO AUTOMÁTICA I IMPULSIVIDADE I INFLEXIBILIDADE

A reatividade é como um muro de contenção, que separa a pessoa de sua expressão genuína. Erguida para conter os impulsos considerados proibidos, a rigidez cria uma tensão palpável, enquanto a impulsividade tenta romper esse muro, resultando em uma luta interna entre a contenção excessiva e a espontaneidade essencial.

Na máscara do ego da reatividade está um mecanismo de defesa que se contrapõe às manifestações instintivas mais profundas. Essa dinâmica de defesa se manifesta ao conter impulsos, anseios e desejos provenientes do instinto primordial, como a raiva e os impulsos de prazer sexual.

No cerne da reatividade, testemunhamos uma reação automática que impede a expressão genuína desses impulsos. São julgados como incorretos, maus ou inadequados, desencadeando um conflito interno entre o desejo natural e o rígido julgamento moral. Esse é um esforço desesperado para controlar os impulsos corporais, resultando em grandes privações e tensões internas.

A inflexibilidade desse mecanismo de defesa é evidente na incapacidade de permitir a expressão saudável dos instintos, criando um estado de constante vigilância e supressão. A impulsividade, muitas vezes considerada uma resposta a esse controle excessivo, pode surgir quando a pressão interna se torna insustentável.

A compreensão profunda dessa máscara do ego requer uma análise cuidadosa das origens dessa reatividade, muitas vezes enraizada em normas sociais, crenças moralizantes e experiências que moldaram a visão distorcida dos impulsos naturais. A jornada de cura envolve a aceitação desses impulsos, a reconexão com a natureza instintiva e a busca por um equilíbrio saudável entre a expressão autêntica e os valores pessoais.

Reflexão primordial: como a reatividade tem influenciado sua relação com os impulsos naturais e a expressão autêntica de seus desejos ao longo de sua jornada?

Regra de Chumbo: no capítulo AS SERPENTES DAS NOVE DIMENSÕES, leia VENENO: A SERPENTE DA IMAGEM DA 3ª DIMENSÃO.

CASA 20 (RAIO 2) – REPRESSÃO
AUTOPUNIÇÃO ı INIBIÇÃO ı CONTENÇÃO

A repressão é como um cofre trancado que esconde seus tesouros mais profundos. Sua jornada de expansão é a chave para abrir esse cofre, permitindo que seu ouro interior brilhe livremente, espalhando sua riqueza pelo mundo.

A máscara do ego da repressão se revela na supressão das próprias necessidades e desejos. Esse processo psicológico leva a uma falta de consciência e de atenção em relação às suas próprias necessidades e exigências, especialmente no que diz respeito à necessidade de receber cuidados e atenção dos outros.

A autopunição desempenha um papel significativo nesse mecanismo, levando a pessoa a internalizar a crença de que não precisa de nada e de que não está sentindo falta da atenção alheia. Essa falta de autoconhecimento leva o indivíduo a acreditar genuinamente que está completamente autossuficiente, quando, na realidade, há uma necessidade não expressa de receber amor, afeto e reconhecimento.

A inibição se manifesta como uma restrição consciente ou inconsciente desses anseios legítimos, levando a uma dinâmica em que o sujeito nega a si mesmo a permissão para reconhecer e expressar suas necessidades emocionais. Esse processo, embora inicialmente pareça ser uma forma de proteção, cria uma desconexão entre o indivíduo e suas próprias demandas internas, gerando um ciclo de autonegação ou autonegligência.

A contenção, por sua vez, envolve a supressão ativa desses desejos, como se a pessoa estivesse contendo uma energia que poderia, de outra forma, fluir naturalmente em busca de cuidado e apoio. Esse comportamento repressivo pode levar a uma negação profunda das próprias necessidades emocionais, resultando em uma busca incessante por validação externa para preencher o vazio criado pela autorrepressão.

A compreensão profunda da dinâmica da repressão requer uma exploração cuidadosa das origens desse mecanismo defensivo, muitas vezes ligadas a padrões de relacionamento, autoimagem e experiências passadas.

A jornada de cura, nesse caso, envolve a aceitação das necessidades não atendidas, o desenvolvimento do autoconhecimento e a reconexão com a capacidade de expressar de forma autêntica as próprias necessidades emocionais.

Reflexão primordial: como a repressão tem influenciado sua relação com suas necessidades e a busca por cuidado ao longo de sua jornada?

Regra de Chumbo: no capítulo AS SERPENTES DAS NOVE DIMENSÕES, leia VENENO: A SERPENTE DA IMAGEM DA 3ª DIMENSÃO.

CASA 21 (RAIO 3) – IDENTIFICAÇÃO
ATUAÇÃO I ADAPTAÇÃO EXCESSIVA I DESPERSONALIZAÇÃO

A identificação é como um espelho que reflete o ator em um palco com constantes mudanças de cena. Essa peça teatral revela a troca do figurino, em que o ator se veste com expectativas alheias, perdendo a própria identidade. Sua jornada é a descoberta dos seus bastidores, permitindo-se viver a autenticidade e a beleza real escondida atrás das cortinas sociais.

Na máscara do ego da identificação, a pessoa se conecta de maneira profunda – e muitas vezes inconsciente – com diversos personagens, assumindo deles as características e comportamentos. É crucial compreender que a identificação é um processo extremamente ágil e, na maioria das vezes, ocorre de forma imperceptível para quem o vive. Ao contrário de uma escolha consciente de adotar as características de outra pessoa, a identificação ocorre sem que o indivíduo perceba que está sendo moldado por essas influências.

A atuação nesse contexto se manifesta quando a pessoa assume papéis e comportamentos sem questionar sua autenticidade, adaptando-se a diferentes contextos e personas sem uma reflexão profunda sobre quem ela realmente é. Esse processo pode ser uma resposta a pressões externas ou expectativas sociais, levando a uma perda gradual da identidade genuína.

A adaptação excessiva, por sua vez, é uma expressão desse mecanismo de defesa, resultando em uma sobrevalorização das expectativas alheias em detrimento da sua autenticidade pessoal. A pessoa se molda excessivamente às demandas externas, muitas vezes sacrificando seus próprios desejos e valores para se encaixar em padrões preestabelecidos.

A despersonalização, um aspecto significativo desse processo, ocorre quando a pessoa perde a conexão consigo mesma, deixando de reconhecer sua própria individualidade. Essa desconexão pode tornar desafiador responder à pergunta fundamental: "Quem eu realmente sou?", pois a pessoa está tão imersa na identificação com outros que sua verdadeira essência é obscurecida.

Explorar as origens da identificação envolve uma análise cuidadosa das influências externas, expectativas sociais e padrões de comportamento adotados ao longo do tempo. A jornada de cura, nesse caso, requer uma reconexão profunda consigo mesmo, a redescoberta da própria identidade e a capacidade de agir de maneira autêntica, alinhada aos valores pessoais.

Reflexão primordial: como a identificação tem influenciado sua autopercepção e a expressão genuína de quem você é ao longo de sua jornada?

Regra de Chumbo: no capítulo AS SERPENTES DAS NOVE DIMENSÕES, leia VENENO: A SERPENTE DA IMAGEM DA 3ª DIMENSÃO.

CASA 22 (RAIO 4) – INTROJEÇÃO
INTERNALIZAÇÃO I ABSORÇÃO I MELANCOLIA

A introjeção é como uma esponja que absorve as emoções do mundo, como se fossem gotas de chuva que se misturam às suas lágrimas. Essa absorção cria uma inundação, transformando a tristeza do mundo em um mar de melancolia. Sua jornada é aprender a navegar como capitão do navio, enquanto permanece aberto e sensível às ondas emocionais que permeiam o seu entorno.

A máscara do ego da introjeção é uma estratégia que envolve a internalização intensa de emoções e experiências externas. Essa dinâmica é impulsionada pela melancolia e pelo abandono, levando a pessoa a absorver os sentimentos do ambiente ao seu redor como se fossem os seus próprios. A introjeção se destaca pela capacidade de vivenciar emocionalmente as situações antes mesmo de interpretá-las cognitivamente.

A internalização, como aspecto fundamental desse processo, manifesta-se na absorção profunda das experiências externas, em que a pessoa incorpora os sentimentos alheios como se fossem originários de sua própria realidade emocional. Isso cria uma conexão íntima com as emoções do mundo ao redor, mergulhando-a em um reino interno, como a tartaruga que se recolhe em seu casco.

A absorção, por sua vez, refere-se à habilidade dessa pessoa de sugar os sentimentos externos e integrá-los à sua experiência subjetiva. Essa absorção é tão intensa que as fronteiras entre o que é pessoal e o que é externo tornam-se difusas, resultando em uma experiência emocional profundamente entrelaçada com o ambiente ao seu redor.

A melancolia, um elemento-chave desse mecanismo de defesa, surge da imersão constante nesse processo de introjeção. A pessoa pode sentir a tristeza e a desolação do mundo ao seu redor de maneira tão intensa que sua própria melancolia se torna uma expressão direta da tristeza externa que ela absorveu.

Explorar as origens da introjeção requer uma análise cuidadosa das dinâmicas emocionais, das relações interpessoais e das experiências que moldaram essa tendência.

A compreensão profunda dessa máscara do ego, nesse contexto, envolve o desenvolvimento da consciência emocional, o estabelecimento de fronteiras saudáveis entre o pessoal e o externo e a busca por um equilíbrio entre a empatia e a preservação da própria identidade emocional.

Reflexão primordial: como a introjeção tem influenciado sua relação com as emoções externas e internas ao longo de sua jornada?

Regra de Chumbo: no capítulo AS SERPENTES DAS NOVE DIMENSÕES, leia VENENO: A SERPENTE DA IMAGEM DA 3ª DIMENSÃO.

CASA 23 (RAIO 5) – ISOLAMENTO
AFASTAMENTO I SEPARAÇÃO I RETRAÇÃO

O isolamento é como uma ilha deserta, um refúgio isolado em meio ao oceano de sentimentos. Esse afastamento revela a busca por segurança nas águas calmas da lógica e da razão. Sua jornada é reconstruir a ponte que reconecta e traz equilíbrio entre a razão e a emoção.

A máscara do ego do isolamento é uma estratégia que envolve o afastamento automático das próprias emoções, especialmente nos relacionamentos. Essa dinâmica visa evitar a formação de vínculos afetivos profundos com os outros, criando uma barreira emocional que proporciona uma sensação de segurança no mundo da razão e da lógica.

O afastamento é a expressão desse mecanismo de defesa, manifestando-se como uma distância deliberada em relação às experiências emocionais imediatas. A pessoa tende a se refugiar no reino da mente, onde a lógica e a previsibilidade oferecem um terreno mais controlável do que o mundo irracional das emoções. Essa estratégia de autoproteção muitas vezes leva a uma desconexão emocional nas interações sociais, impedindo a formação de laços afetivos profundos.

A separação, por sua vez, refere-se à criação de uma barreira psicológica que isola a pessoa das complexidades emocionais da vida cotidiana. Ao se distanciar emocionalmente, a pessoa busca respostas e significados por meio de modelos mentais, pensamentos analíticos e análises lógicas das próprias emoções. Isso cria uma dinâmica em que a compreensão das emoções é adiada, requerendo privacidade para processar e entender o que está sendo experimentado internamente.

A retração completa esse processo, ao envolver a pessoa em uma busca por solidão e privacidade sempre que emoções intensas emergem. Esse recuo permite a exploração interna dos sentimentos, muitas vezes longe do escrutínio social, e é uma tentativa de encontrar um entendimento mais profundo das próprias experiências emocionais.

Compreender as origens do isolamento exige uma exploração cuidadosa das experiências emocionais vividas, traumas potenciais e padrões de relacionamento que contribuíram para o desenvolvimento desse mecanismo.

A compreensão profunda dessa máscara do ego, nesse contexto, envolve a reconexão com as emoções, a construção de relações mais autênticas e a busca por um equilíbrio saudável entre a razão e a expressão emocional.

Reflexão primordial: como o isolamento tem influenciado sua relação com suas próprias emoções e a capacidade de formar laços afetivos ao longo de sua jornada?

Regra de Chumbo: no capítulo AS SERPENTES DAS NOVE DIMENSÕES, leia VENENO: A SERPENTE DA IMAGEM DA 3ª DIMENSÃO.

CASA 24 (RAIO 6) – PROJEÇÃO
DESCONFIANÇA I CATASTROFIZAÇÃO I ANSIEDADE

A projeção é como uma lente embaçada, que amplifica seus medos internos em sombras projetadas sobre o mundo exterior. Essas sombras projetam seus receios, que se transformam em cenários imaginários catastróficos. Sua ação envolve limpar essa lente, buscando ver a paisagem e a realidade em uma perspectiva mais nítida.

A máscara do ego da projeção é uma estratégia inconsciente que reflete a tentativa da personalidade de validar seus medos ao atribuí-los ao mundo externo. Esse processo é alimentado pela percepção de um ambiente perigoso e imprevisível, repleto de pessoas em que não se pode confiar plenamente. A projeção mantém um radar mental afiado, constantemente alerta para qualquer sinal de perigo, resultando em um estado constante de desconfiança.

A desconfiança é um componente essencial desse mecanismo de defesa, manifestando-se como uma atitude cautelosa em relação aos outros e ao mundo ao redor. A pessoa projeta seus medos sobre os outros, criando uma narrativa de que o perigo reside nas intenções e ações dos demais, perpetuando um ciclo de desconfiança.

A catastrofização, por sua vez, é uma expressão dessa projeção, envolvendo a tendência de imaginar os piores cenários de forma catastrófica. A mente cria narrativas pessimistas e antecipações negativas, alimentando a ansiedade ao projetar o medo para fora e justificando-o em eventos hipotéticos extremamente negativos.

A ansiedade é um elemento-chave nesse processo, sendo alimentada pela constante vigilância e pela antecipação do perigo. A projeção cria um estado de apreensão constante, em que a pessoa vive sob a ameaça de eventos negativos iminentes, mesmo que não haja evidências concretas para sustentar tais preocupações.

Explorar as origens da projeção requer uma análise cuidadosa das experiências passadas, traumas potenciais e padrões de pensamento que contribuíram para o desenvolvimento desse mecanismo defensivo.

A compreensão profunda dessa máscara do ego, nesse contexto, envolve a construção de autoconfiança, a investigação dos medos subjacentes e a busca por uma perspectiva mais equilibrada diante das situações temidas.

Reflexão primordial: como a projeção tem influenciado sua relação com os outros e a interpretação do mundo ao seu redor ao longo de sua jornada?

Regra de Chumbo: no capítulo AS SERPENTES DAS NOVE DIMENSÕES, leia VENENO: A SERPENTE DA IMAGEM DA 3ª DIMENSÃO.

CASA 25 (RAIO 7) – RACIONALIZAÇÃO
FUNDAMENTAÇÃO I AUTOPERSUASÃO I FALSA JUSTIFICATIVA

A racionalização é como um maestro que conduz uma orquestra de justificativas eloquentes, transformando desafios em melodias otimistas. Essa partitura minimiza as notas dissonantes da vida e destaca os acordes positivos. Sua ação envolve afinar o instrumento a fim de perceber as mais sutis nuances da melodia, para que ela se apresente em sua totalidade.

A máscara do ego da racionalização é uma estratégia que opera como um programa mental rápido, destinado a fornecer explicações positivas para tudo, de maneira eloquente e persuasiva. Esse processo permite à pessoa convencer a si mesma de que todos os acontecimentos em sua vida têm um lado positivo, evitando, assim, o contato com qualquer dor, medo ou frustração que possa estar escondido em seu interior.

A fundamentação é a base desse mecanismo de defesa, manifestando-se na habilidade de construir argumentos lógicos e persuasivos para justificar as experiências de vida de uma maneira positiva. A pessoa, ao utilizar a racionalização, cria narrativas que minimizam as dificuldades e destacam os aspectos favoráveis de situações desafiadoras.

A autopersuasão é um componente fundamental desse processo, envolvendo a capacidade de convencer a si mesmo de que as interpretações positivas são não apenas válidas, mas também verdadeiras. Essa habilidade de persuadir a própria mente não apenas mascara, mas realmente altera a percepção da realidade, criando uma visão otimista que serve como um escudo contra experiências emocionais desconfortáveis.

A falsa justificativa completa esse ciclo, ao fornecer argumentos aparentemente sólidos e coerentes para as escolhas e comportamentos da pessoa. Essas justificativas, muitas vezes, servem como um mecanismo de evitação, impedindo o enfrentamento direto de medos e frustrações que podem estar presentes no inconsciente.

Para compreender a racionalização, é necessária uma análise cuidadosa das estratégias mentais, dos padrões de pensamento e das crenças subjacentes que contribuíram para o desenvolvimento desse mecanismo defensivo.

A compreensão profunda dessa máscara do ego, nesse contexto, envolve a disposição de explorar honestamente os sentimentos subjacentes, mesmo que desconfortáveis, e cultivar uma aceitação mais profunda da realidade emocional.

Reflexão primordial: como a racionalização tem influenciado sua interpretação dos eventos e sua capacidade de lidar com emoções desconfortáveis ao longo de sua jornada?

Regra de Chumbo: no capítulo AS SERPENTES DAS NOVE DIMENSÕES, leia VENENO: A SERPENTE DA IMAGEM DA 3ª DIMENSÃO.

CASA 26 (RAIO 8) – NEGAÇÃO
RECUSA I AUSÊNCIA I FUGA

A negação é como um escudo impenetrável que preserva a ilusão da invencibilidade. A jornada do guerreiro consiste em uma busca corajosa, que requer enfrentar as verdades desafiadoras, rompendo seu próprio escudo, enfrentando os monstros do seu passado, a si mesmo e a sua vulnerabilidade.

A máscara do ego da negação é uma estratégia que permite à pessoa conservar a ideia de força e a convicção de que sua perspectiva é verdadeira. Esse processo envolve a recusa em reconhecer a existência de suas fraquezas, o impacto que ela causa nos outros e até mesmo a negação do fato de buscar impor sua verdade.

A recusa é a expressão primordial desse mecanismo de defesa, manifestando-se na negação direta de aspectos que poderiam ameaçar a imagem de força e controle do indivíduo. Isso inclui a recusa em admitir fraquezas pessoais, erros ou o impacto negativo de suas ações nos outros.

A ausência refere-se à falta de reconhecimento ou de consciência em relação aos aspectos que estão sendo negados. A pessoa, muitas vezes de forma inconsciente, deixa de perceber ou de aceitar certas realidades que poderiam desafiar sua visão autopercebida de invulnerabilidade.

A fuga completa esse ciclo, envolvendo a evasão de situações ou reflexões que possam trazer à tona as áreas negadas. Essa negação é frequentemente inconsciente e se manifesta na forma de justificativas aparentemente lógicas para as ações ou pensamentos da pessoa. Essas justificativas, embora para ela pareçam plausíveis, servem como uma barreira protetora contra a aceitação de verdades inconvenientes.

Para compreender a negação, é necessária uma análise cuidadosa das defesas psicológicas, da autoimagem e das crenças subjacentes que contribuíram para o desenvolvimento desse mecanismo defensivo.

A compreensão profunda dessa máscara do ego, nesse contexto, envolve a disposição de enfrentar as verdades desconfortáveis, reconhecer a vulnerabilidade e explorar maneiras mais autênticas de interação com o mundo ao redor.

Reflexão primordial: como a negação tem influenciado sua relação com suas fraquezas e a percepção do impacto de suas ações nos outros ao longo de sua jornada?

Regra de Chumbo: no capítulo AS SERPENTES DAS NOVE DIMENSÕES, leia VENENO: A SERPENTE DA IMAGEM DA 3ª DIMENSÃO.

CASA 27 (RAIO 9) – NARCOTIZAÇÃO
ANESTESIA I CONGELAMENTO I DISSOCIAÇÃO

A narcotização é como uma névoa suave que envolve a mente, que faz com que ela se perca nas brumas do conforto imediato, como um sedativo suave. Sua jornada consiste em despertar do seu sono tranquilo, dissipando a névoa a fim de abraçar a clareza e a ação certa, para a realização dos seus desejos e sonhos.

A máscara do ego da narcotização é uma estratégia que se manifesta como uma forma mental, emocional e física de se anestesiar, desviando a atenção de tudo o que poderia gerar conflito, externo ou interno. Esse processo envolve uma espécie de adormecimento perante as demandas da vida, especialmente em relação à concretização de sonhos pessoais e ao enfrentamento das prioridades individuais.

A anestesia é a expressão primordial desse mecanismo de defesa, manifestando-se como uma sensação de entorpecimento mental e emocional que surge nos momentos em que a pessoa está prestes a dar passos importantes em direção à realização de seus próprios desejos e planos. Essa névoa mental impede uma visão clara do caminho, tornando-se um convite irresistível para se distrair com atividades mais agradáveis e menos desafiadoras.

O congelamento, por sua vez, representa a paralisação que ocorre quando a pessoa se depara com a perspectiva de agir em direção a seus objetivos pessoais. A canseira repentina, o bloqueio emocional e a falta de energia são sinais desse congelamento, que serve como uma maneira de evitar o enfrentamento das próprias prioridades de crescimento.

A dissociação completa esse ciclo, envolvendo a desconexão emocional e mental para evitar o confronto com as próprias necessidades e desejos. A pessoa, ao se narcotizar, posterga indefinidamente a busca por suas prioridades, optando por se envolver em distrações que proporcionam conforto imediato.

Para compreender a narcotização, é necessária uma análise cuidadosa dos padrões de evitação experiencial, das prioridades pessoais e das crenças subjacentes que contribuíram para o desenvolvimento desse mecanismo defensivo.

A compreensão profunda dessa máscara do ego, nesse contexto, envolve a conscientização das próprias necessidades, a superação do entorpecimento emocional e o comprometimento com a concretização dos objetivos pessoais.

Reflexão primordial: como a narcotização tem influenciado sua capacidade de enfrentar conflitos, agir em direção a seus objetivos pessoais e lidar com suas verdadeiras prioridades, ao longo de sua jornada?

Regra de Chumbo: no capítulo AS SERPENTES DAS NOVE DIMENSÕES, leia VENENO: A SERPENTE DA IMAGEM DA 3ª DIMENSÃO.

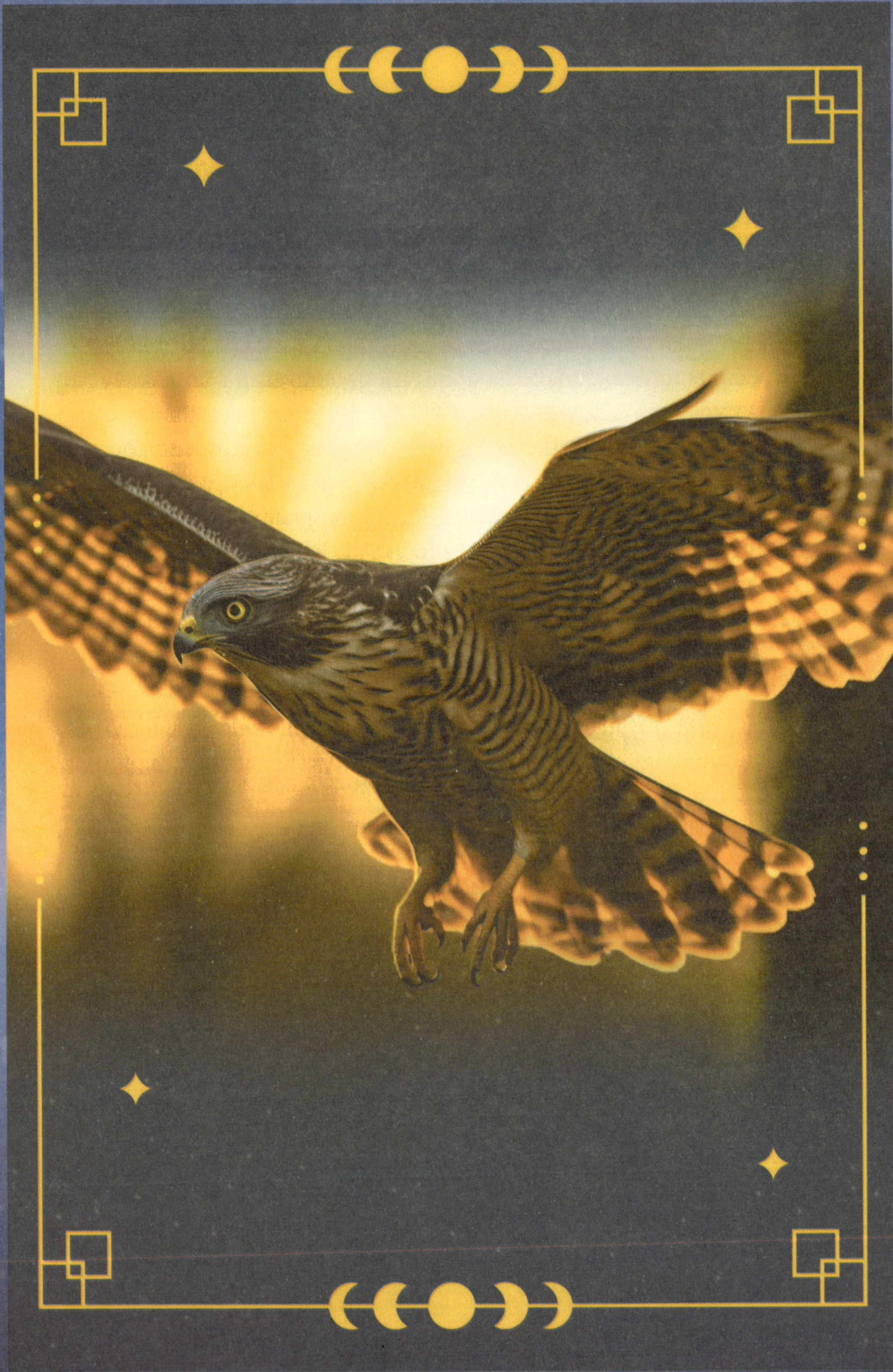

FASE 2 – ALBEDO

O VOO DA ÁGUIA AO AMANHECER

Assim como a águia que voa alto sobre o mar ao amanhecer, mas também enxerga longe e desce para agarrar sua presa, o aprendizado da albedo nos revela a capacidade de se elevar acima das sombras e enxergar a luz nos recantos mais profundos da própria alma.

Nessa fase começamos a encontrar a luz no fim do túnel. Durante esse período, os alquimistas procediam à lavagem dos instrumentos e dos materiais calcinados do nigredo. *Albedo* significa alvo, claro, branco, que é a cor das cinzas. No confronto com "a noite escura da alma", dá-se a *calcinatio*, operação alquímica de queima dos nossos desejos frustrados, com um efeito profundamente purificador.

A paixão pode ser comparada a uma operação alquímica chamada *solutio*, que está ligada à água e busca transformar aspectos estáticos da personalidade. Essa transformação ocorre pela dissolução desses aspectos, realizada por meio da análise do inconsciente e do questionamento das atitudes do ego.

Ao nos entregarmos à paixão, mergulhamos nas profundezas do inconsciente. Podemos sentir uma inundação de emoções tão intensas que quase nos afogamos nas águas da dor ou do desejo. Os sonhos relacionados a inundações muitas vezes se referem à *solutio*, uma fase em que nos sentimos dissolvidos, nossas expectativas não têm mais base e entramos em um processo de análise das partes conflitantes dentro de nós.

Do ponto de vista psicológico, nessa fase começamos a ter intuições e pistas mais profundas sobre como uma emoção surgiu, por que odiamos ou invejamos uma pessoa, por exemplo. Esse entendimento transforma a intensidade da emoção, através da alquimia. No albedo há um exame mais racional dos sentimentos. A pessoa começa a fornecer explicações para as suas reações, a entender o que as motivou. Há um afastamento das emoções que possibilita uma reinterpretação do que aconteceu.

Compreendemos que estamos perante uma vida nova, que, vista à luz do albedo, já não parece tão difícil nem tão sofrida. No albedo investigamos a nossa alma, e continua a ser importante partilhar essa busca com alguém. Nessa fase, compreendemos que somos outra pessoa, apesar de não sabermos ainda bem quem somos. Depois de termos sido vencidos pelo cansaço na fase anterior, aqui aprendemos a depor as armas, a não usar mais a nossa força contra nós, a aceitar o sentimento de impotência que nos vem ensinar que a vida não se deixa controlar pelas nossas ilusões. É um estado de transição, uma pausa em que é importante nos tornarmos mais receptivos para que a Obra possa continuar a crescer em nós.

Na albedo, precisamos também encarar o que não queremos mais, as compulsões, ideias, crenças, atitudes, relações que já não nos servem, e precisamos, com humildade, ir erradicando-as, para que não coagulem de novo em nós, de forma tóxica. Separar o que queremos do que já não nos serve é também um tempo de reorganização. É um período em que sentimos as coisas fluírem com mais facilidade e menos sofrimento.

Exercício: deitado na terra, na areia ou na relva, olhando o céu, relaxe por alguns momentos. Visualize o problema ou dificuldade que quer trabalhar e imagine-se saindo do seu corpo para a terra (como se destilasse). Sinta a energia sutil da terra e visualize-a agora ascendendo das entranhas da terra ao seu corpo, trazendo-lhe frescor, solidez e segurança.

Nessa fase, é importante que a pessoa não fique imobilizada na análise de si mesma, do sentido da vida e das relações. Que não fique imobilizada nas teorias e incapaz de ver ou agir em relação ao que acontece à sua volta. O risco no albedo, o que nos impede de passar à fase seguinte, é o de ficarmos ainda muito centrados em nós mesmos. De não sermos capazes de deixar aquilo que não queremos mais, de empilhar tudo isso num monte e de lhe atear fogo. Por exemplo, já percebemos que estamos numa relação afetiva na qual já não há vida nem estímulo, mas ainda não conseguimos partir; quando não conseguimos sair para trabalhar porque aquele local nos tira a energia – sabemos que a nossa vocação está noutra parte, em outra atividade, mas ainda não temos coragem de partir. Este é o risco, no albedo: o de não concluirmos o processo.

No albedo, idealmente, começamos a perceber que o caminho não é algo que acontece fora de nós, mas que nós e o caminho somos a mesma coisa, ou seja, o alquimista e o objetivo do seu trabalho, a iluminação, são o mesmo. Deixa de haver um sujeito e um objeto e passa a haver um processo.

Exercício: preferencialmente no escuro, entre numa banheira com água salgada e fique apenas com o rosto de fora. Coloque sua atenção na respiração e deixe que os seus pensamentos se acalmem. Gradualmente, permita que a experiência de rendição à fluidez da água desperte seus sentimentos – não resista, tome consciência deles e flua com eles. Seja água como a água.

- Quando o albedo está bem integrado, conquistamos:
- Vitalidade e sentido de propósito
- Consciência das sincronicidades
- Uso dos sonhos, da imaginação e da visualização criativa

Nessa fase 2 – Albedo (limitante) estão as seguintes dimensões da consciência:

FASE 2 (LIMITANTE) – ALBEDO
4ª Dimensão da Ordem
5ª Dimensão do Resultado
6ª Dimensão das Pessoas

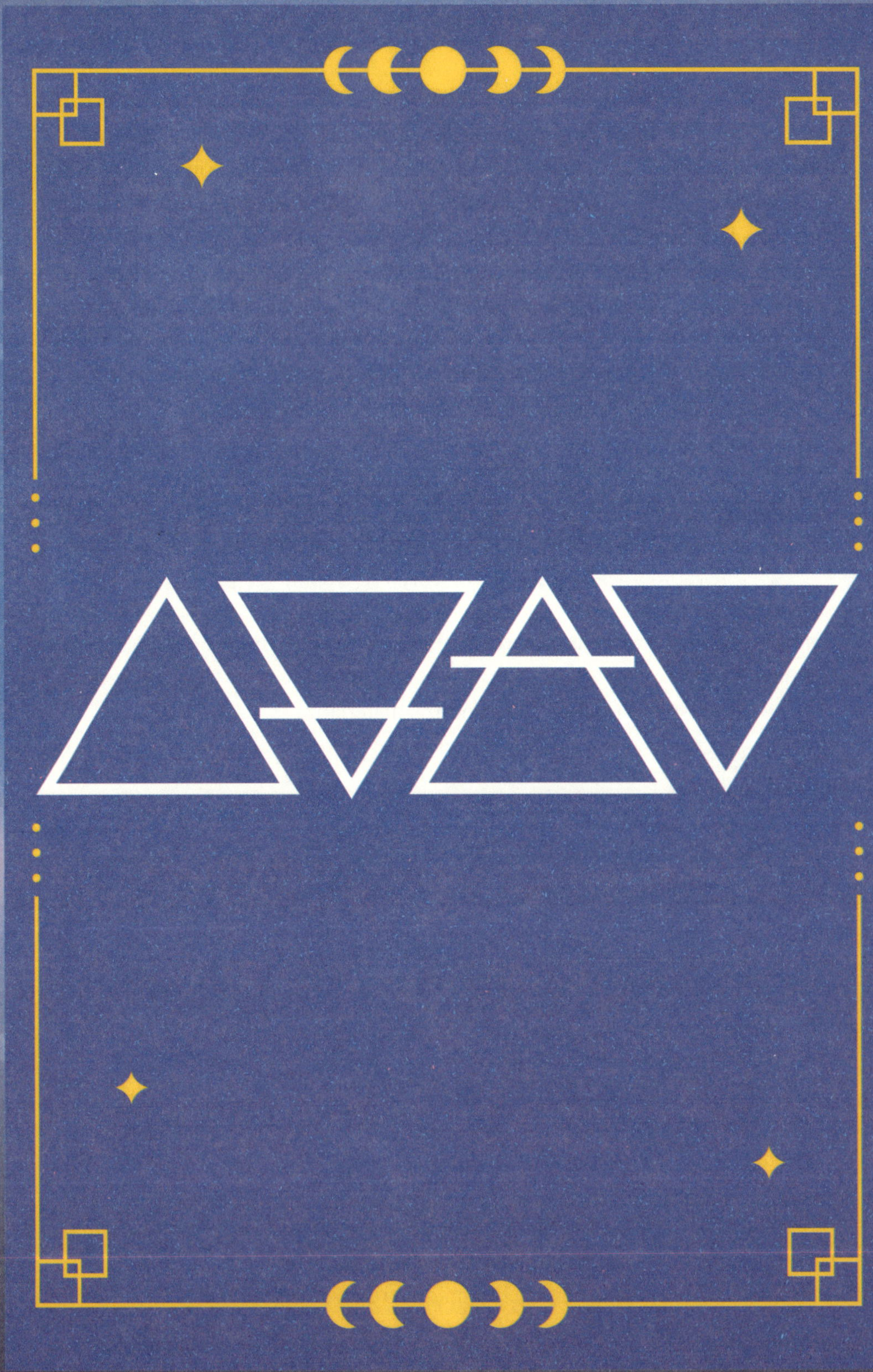

4ª DIMENSÃO DA ORDEM

A ORDEM DOS 4 ELEMENTOS

Lembre-se de que você é água
Deixe ir, flua, contorne os obstáculos, sinta, chore, limpe, lave a alma
Lembre-se de que você é fogo
Queime, aqueça, deseje, transmute, transforme, expanda
Lembre-se de que você é ar
Respire, observe, pense, comunique, movimente, transmita sua mensagem
Lembre-se de que você é como a terra
Dê, nutra, persista, construa, produza, materialize
Lembre-se de que você é espírito
Ouça a intuição, conheça-se, viva sua natureza, seja você
   (Trecho do livro *Revolução Sistêmica*, de Patricia Calazans)

A quarta dimensão da consciência é da ordem e da estrutura, com a capacidade de estabilizar. Aqui a vida tem significado, compromisso e responsabilidades. Sacrifica-se por uma verdade ou caminho por recompensas no futuro. Criam-se aqui os códigos de conduta e o impulso instintivo passa a ser controlado pela culpa.

A cor azul associada a essa dimensão remete à cor do céu e das estrelas. Na alquimia, o azul aos poucos vai surgindo do clareamento da fase nigredo, possibilitando que a obra atinja a albedo. A escuridão absorve para si todos os reflexos possíveis, já que, na ausência de luz, não há como refletir nem enxergar o que existe. Para os alquimistas, o azul representa a entrada de ar, de forma que a nigredo possa se transformar, trazendo uma forma mais arejada e nova de pensamento, possibilitando que o próprio estado sombrio reflita sobre si mesmo.

Portanto, a presença do azul mostra um início da diferenciação, porém ainda confuso e melancólico, pois está saindo do negrume. O azul nos lembra uma paisagem que avistamos bem ao longe, algo que parece se aproximar ou se distanciar de nós; indica um campo de profundidade. Ainda não é possível discernir, mas já existe alguma luz, que começa a aparecer ao longe.

Ele traz dúvidas e incertezas: não se sabe ainda o que acontecerá, se o branco afinal virá, pois o azul sugere uma reflexão que não se refere a um espelhamento do que é mental. Com o distanciamento da paisagem azul, com o necessário desprendimento e com observação, ficamos longe para ver melhor. A noção de profundidade e distância nos traz outra dimensão.

A matéria sofre até a nigredo desaparecer por completo, quando a aurora será anunciada pela *cauda pavonis* (cauda do pavão) e um novo dia nascerá, a albedo. A *cauda pavonis* representa todas as novas possibilidades que ampliam nossa visão para enxergar de diversas maneiras, com cores, formas e ângulos. É uma fase de transição, principalmente para mostrar que o branco não surge por acaso, mas a partir de sucessivas etapas.

Cauda do pavão

ALQUIMIA INTEGRAL

O número 4 também representa a ordem, as regras, a estrutura, a base, a estabilidade, a organização, a disciplina e o trabalho árduo. Na natureza temos os quatro elementos da alquimia (fogo, terra, ar e água) e, da mesma forma, temos esses elementos dentro de nós.

O elemento água representa nossas emoções, nossa fluidez, nossa capacidade de adaptação. O elemento fogo representa nossa energia, vontade, motivação, nossos ideais, o sentido da vida. O elemento ar representa nossos pensamentos, nossa capacidade de discernimento, nossa inspiração. O elemento terra representa nossa força, nossa capacidade de realização de nossos sonhos, a regeneração e o fortalecimento de nossa imunidade, para gerar prosperidade, obter recursos financeiros e materiais.

Essa dimensão de consciência é o limiar da fase tóxica para a limitante, em que os sabotadores mentais se manifestam em resposta às ameaças externas, tanto físicas quanto emocionais, que se apresentam em nossa vida.

Os sabotadores mentais nascem na nossa infância como guardiões, para vencer as ameaças reais e imaginárias, e ajudam na nossa sobrevivência física e emocional. Porém, uma vez adultos, teoricamente não necessitamos mais desses comportamentos reativos, pois podemos lidar com a maioria das situações e conflitos do dia a dia sem nos sentirmos realmente ameaçados por eles. No entanto, em vez de simplesmente sumir, os sabotadores acabam residindo em nossa mente, manifestando-se como crenças limitantes e suposições sobre a realidade, como lentes que filtram nosso olhar sobre a realidade e que podem distorcê-la.

Essa dimensão está centrada em moralidade e em ordem social, busca estabilidade por meio da ordem e dos sistemas hierárquicos. Nessa perspectiva, o mundo é racionalmente ordenado pela conformidade com regras e valores absolutos. A moralidade é altamente valorizada, muitas vezes com base em sistemas de crenças religiosas ou culturais.

Onde é encontrada: América puritana, China confucionista, Inglaterra dickensiana, Singapura, totalitarismo, códigos de cavalaria e de honra, obras de caridade, fundamentalismo religioso (por exemplo, cristão e islâmico), escoteiros e bandeirantes, maioria moralista, patriotismo.

Na perspectiva do eneagrama, esse é o nível de sobrecompensação. Se eu acreditar na propaganda do ego de que preciso afirmar o que resta dos meus bens para garantir que meu mundo continuará no caminho certo, não é nenhuma surpresa que eu acabe no nível da sobrecompensação.

Aqui o comportamento do indivíduo se tornará mais intrusivo e agressivo, à medida que continua a perseguir sua agenda do ego. A ansiedade está aumentando, a pessoa está cada vez mais disruptiva e focada em ter suas necessidades atendidas, independentemente do impacto nas pessoas ao seu redor.

Nossa natureza original e essencial está enterrada sob nossos esforços para defender o ego. Onde antes havia moral, coragem e verdadeira generosidade, agora somos econômicos com a verdade, dando desculpas para nós mesmos e basicamente sujeitando os outros aos nossos maiores medos.

Don Riso e Russ Hudson se referem a isso como a "regra de chumbo", em oposição à "regra de ouro", mais edificante, encontrada no cristianismo e em muitas outras tradições.

Em resumo, destacamos os principais aspectos dessa dimensão de consciência:
- Surgiu há 5.000 anos, em forma de estrutura de autoridade
- Valores de ordem, estabilidade e moralidade
- Obediência a regras, leis e hierarquia
- Religiosidade e valores morais rígidos
- É onde estão as crenças e os sabotadores mentais
- Frequência vibracional: de 250 Hertz a 300 Hertz
- Corresponde a 40% da população, 30% no poder

Nessa dimensão, passamos por estes filtros no pensar, no sentir e no agir:

FILTROS	TÓXICO	SAUDÁVEL
Pensar	Cobrança interna e/ou sensação de estar em dívida.	Descobrir imparcialmente a função do sentimento da inveja.
Sentir	Desgosto provocado pela felicidade e/ou prosperidade alheia. Desejo incontrolável de possuir ou usufruir o que é dos outros. Cria distanciamento nas relações.	Sacrifícios para estruturar e cumprir as tarefas que estão sob sua responsabilidade, ao assumir o compromisso perante algo maior.
Agir	Perder o controle e criar situações inconsequentes.	Honrar a si mesmo em primeiro lugar.

4ª DIMENSÃO DA ORDEM

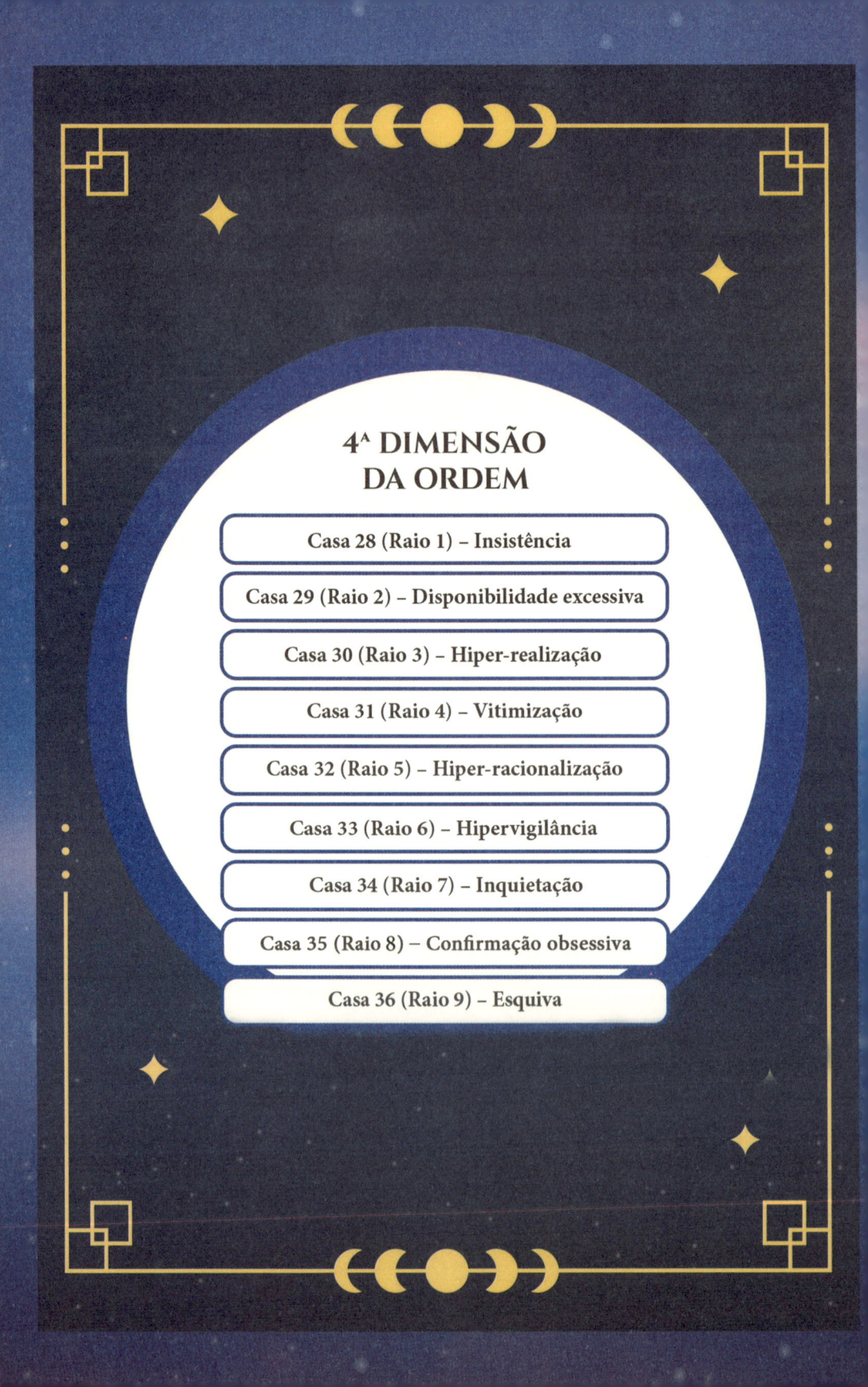

Casa 28 (Raio 1) – Insistência

Casa 29 (Raio 2) – Disponibilidade excessiva

Casa 30 (Raio 3) – Hiper-realização

Casa 31 (Raio 4) – Vitimização

Casa 32 (Raio 5) – Hiper-racionalização

Casa 33 (Raio 6) – Hipervigilância

Casa 34 (Raio 7) – Inquietação

Casa 35 (Raio 8) – Confirmação obsessiva

Casa 36 (Raio 9) – Esquiva

CASA 28 (RAIO 1) – INSISTÊNCIA
REPETIÇÃO I IRRITAÇÃO I IMPACIÊNCIA

O insistente é como uma árvore robusta, cujas raízes buscam a perfeição como solo fértil. Seus galhos, emaranhados na rigidez, na teimosia, resistem aos ventos da mudança, tornando-se tão firmes que nem a menor brisa os afeta. As folhas, marcadas pela repetição exaustiva, refletem a constante busca pela excelência, enquanto os frutos pendem sob o peso da autocrítica.

O sabotador insistente surge da necessidade exagerada de perfeição, ordem e organização levadas a sério demais. Manifesta-se por sua intensa busca pela excelência, mas essa busca muitas vezes o torna teimoso, tenso, irritável e sarcástico. A insistência nesse padrão de comportamento pode levar a dificuldades em trabalhos de equipe e a uma sensibilidade pronunciada à crítica.

Isso pode resultar em inflexibilidade diante de mudanças e resistência a estilos e perspectivas diferentes dos seus. O constante sentimento de decepção e frustração consigo mesmo e com os outros é uma marca desse sabotador.

A insistência oferece uma maneira de silenciar a voz constante da autocrítica e do medo da crítica dos outros, através da busca incessante pela perfeição. A crença subjacente é de que, ao fazer o que é certo, a pessoa estará além do alcance da interferência e da reprovação alheias. Isso pode ter sido gerado por uma sensação de ordem em meio a uma dinâmica familiar caótica, ou por ter ganhado aceitação e atenção de pais emocionalmente distantes ou exigentes ao se destacar como a criança irrepreensível.

Explorar a insistência exige uma compreensão profunda das expectativas internalizadas, dos padrões de autocrítica e da busca pela perfeição como um alívio temporário.

A jornada de integração desse sabotador envolve o desenvolvimento da autoaceitação, da flexibilidade diante das diferenças e da prática do amor incondicional e da autocompaixão, superando o medo de não atender a padrões mais elevados.

Reflexão primordial: como a insistência tem influenciado sua busca pela excelência e sua relação consigo mesmo e com os outros, ao longo de sua jornada?

Regra de Chumbo: volte para a 1ª DIMENSÃO – SOBREVIVÊNCIA e leia a CASA 1 (RAIO 1) – IRA.

Regra de Ouro: avance para a 7ª DIMENSÃO – CRESCIMENTO e leia a CASA 55 (RAIO 1) – RESPONSABILIDADE SISTÊMICA.

CASA 29 (RAIO 2) – DISPONIBILIDADE EXCESSIVA
PROATIVIDADE I MANIPULAÇÃO I SACRIFÍCIO

A disponibilidade excessiva é representada como um jardim generoso, em que a busca incessante por amor resulta em lindas flores de ações benevolentes. No entanto, suas próprias necessidades não atendidas são como ervas daninhas, emaranhadas em um labirinto de expectativas não expressas e ressentimentos silenciosos.

O sabotador da disponibilidade excessiva emerge na tentativa indireta de obter aceitação e afeição por meio de atos de ajuda, agrado, resgate ou elogio aos outros. A tendência desse padrão é a perda das próprias necessidades de vista, resultando em ressentimento e desgaste emocional.

Impulsionado por uma forte necessidade de ser amado, o indivíduo busca alcançar isso constantemente, agradando, resgatando ou elogiando outros. A expressão direta das suas próprias necessidades é evitada, recorrendo a abordagens indiretas, que geram a sensação de obrigação nas pessoas ao seu redor. A crença subjacente é de que, para ser uma boa pessoa, é necessário colocar as necessidades dos outros à frente das suas.

Expressar as próprias necessidades diretamente é encarado como egoísmo, e há um receio de que insistir nessas necessidades afaste os outros. A pessoa muitas vezes se ressente por não se sentir valorizada, mas enfrenta dificuldades para comunicar esse sentimento de maneira direta.

A mentira que frequentemente justifica esse sabotador é a negação do benefício próprio, alegando que ajuda os outros de maneira altruística, sem esperar nada em troca, com a convicção de que o mundo seria um lugar melhor se todos adotassem a mesma abordagem.

A jornada de integração desse sabotador envolve o reconhecimento e a expressão direta das próprias necessidades, superando o medo de afastar os outros ao fazê-lo. Isso inclui o desenvolvimento de uma compreensão saudável dos limites pessoais e a promoção do autocuidado.

Reflexão primordial: como a disponibilidade excessiva tem influenciado suas relações interpessoais, a expressão das suas necessidades e o equilíbrio entre ajudar os outros e cuidar de si mesmo ao longo da sua jornada?

Regra de Chumbo: volte para a 1ª DIMENSÃO – SOBREVIVÊNCIA e leia a CASA 2 (RAIO 2) – SOBERBA.

Regra de Ouro: avance para a 7ª DIMENSÃO – CRESCIMENTO e leia a CASA 56 (RAIO 2) – ALTRUÍSMO INCLUSIVO.

CASA 30 (RAIO 3) – HIPER-REALIZAÇÃO
CONQUISTAS I REALIZAÇÃO I AUTOVALIDAÇÃO CONDICIONAL

Como um alpinista obcecado em escalar picos imponentes, o hiper-realizador escala suas conquistas, em uma busca incansável pelo sucesso. Equipado com a fachada de um conquistador invencível, não consegue apreciar as paisagens emocionais e as relações autênticas, tomado por uma avalanche de trabalho incessante.

O sabotador hiper-realizador emerge da busca excessiva por desempenho e conquistas constantes como meio de garantir amor-próprio e autovalidação. Esse padrão é marcado por uma intensa focalização no sucesso, resultando em tendências *workaholic* insustentáveis e em uma desconexão das necessidades emocionais e de relações mais profundas.

O hiper-realizador é altamente competitivo, orientado à imagem e ao *status*. Habilidoso em mascarar suas inseguranças, ele se adapta para corresponder ao que seria mais impressionante para os outros. Sua atenção está fortemente direcionada aos objetivos, muitas vezes apresentando traços de vício em trabalho, priorizando aperfeiçoar a imagem pública em detrimento da introspecção. Pode envolver-se em autopromoção e manter uma distância segura das conexões emocionais.

A crença central é de que a autovalidação está condicionada ao sucesso contínuo. Sente a necessidade de ser o melhor, eficiente e eficaz, acreditando que o valor pessoal está intrinsicamente ligado ao sucesso e à aprovação alheia. As emoções são percebidas como distrações que podem interferir no alcance de objetivos.

A mentira que frequentemente justifica esse padrão é a visão de que o objetivo da vida é alcançar realizações e produzir resultados, e que mostrar uma boa imagem é crucial para atingir tais metas. Sentimentos são considerados meras distrações, e a paz e a felicidade são condicionadas a breves celebrações de conquistas.

A jornada de integração da hiper-realização envolve a reconexão com os sentimentos mais profundos, a aceitação do eu autêntico para além das conquistas externas e o desenvolvimento de relações mais íntimas e autênticas. Superar o medo da vulnerabilidade e cultivar a autoaceitação incondicional são passos essenciais para restabelecer um equilíbrio saudável.

Reflexão primordial: como a busca incessante por realizações tem influenciado a sua autoimagem, as suas relações emocionais e a sua busca pela aceitação ao longo da sua jornada?

Regra de Chumbo: volte para a 1ª DIMENSÃO – SOBREVIVÊNCIA e leia a CASA 3 (RAIO 3) – MENTIRA.

Regra de Ouro: avance para a 7ª DIMENSÃO – CRESCIMENTO e leia a CASA 57 (RAIO 3) – FLEXIBILIDADE ESTIMULANTE.

CASA 31 (RAIO 4) – VITIMIZAÇÃO
AUTOCOMPLACÊNCIA I DRAMATIZAÇÃO I FOCO EM SENTIMENTOS DOLOROSOS

A vítima encena uma peça dramática, enfatizando os sentimentos dolorosos para atrair a atenção da plateia. Vestida em autocomplacência e embalada pela melodia da autocomiseração, busca amor e aplausos por meio de um espetáculo temperamental. A jornada de integração é como desligar os holofotes da vitimização, permitindo que sua verdadeira expressão brilhe de forma autêntica, libertando-se da dependência da compaixão alheia.

O sabotador vítima emerge com uma expressão emocional e temperamental, para conquistar atenção e afeição. Com um foco extremo em seus sentimentos, principalmente os dolorosos, a vítima busca atrair simpatia por meio de um comportamento dramático e temperamental.

Esse comportamento está associado a uma experiência de infância de não se sentir visto ou aceito, o que leva o indivíduo a acreditar que há alguma coisa errada com ele. Torna-se uma estratégia para extrair um pouco de afeição das pessoas, que de outro modo não estariam prestando atenção. O estado de espírito imita um falso sentimento de estar vivo.

Quando enfrenta críticas ou mal-entendidos, a vítima tende a se retrair, fazer beicinho e ficar emburrada. Esse padrão de comportamento é marcado por uma propensão a desmoronar e desistir quando as coisas se tornam difíceis, sufocando a raiva, o que resulta em depressão, apatia e fadiga constantes. Inconscientemente, a vítima se vincula a dificuldades, atraindo atenção ao manifestar problemas emocionais e ser temperamental e mal-humorada.

A autopercepção da vítima é frequentemente centrada em uma sensação de não ser compreendida, com um tom de autocomiseração. Expressa a crença de que coisas terríveis sempre acontecem com ela e pode desenvolver uma visão distorcida de si mesma, identificando-se predominantemente com sentimentos negativos.

A vítima remói sentimentos negativos por longos períodos, sentindo-se solitária, mesmo na presença de pessoas íntimas. O padrão é alimentado por melancolia, sentimento de abandono, inveja e comparações negativas.

A mentira que frequentemente justifica esse comportamento é a ideia de que, ao expressar tristeza de maneira dramática, a vítima receberá amor e a atenção que acredita merecer. A tristeza é apresentada como algo nobre e sofisticado, indicativo de profundidade excepcional, discernimento e sensibilidade.

A jornada de integração da vítima envolve a reconexão com uma perspectiva mais equilibrada dos próprios sentimentos, buscando expressar emoções de maneira mais autêntica e construtiva. Superar a tendência à autocomiseração e desenvolver estratégias para lidar com desafios de maneira mais assertiva são passos cruciais nesse processo.

Reflexão primordial: como a vitimização tem influenciado sua percepção de si mesmo, suas relações interpessoais e sua busca por amor e atenção ao longo da sua jornada?

Regra de Chumbo: volte para a 1ª DIMENSÃO – SOBREVIVÊNCIA e leia a CASA 4 (RAIO 4) – INVEJA.

Regra de Ouro: avance para a 7ª DIMENSÃO – CRESCIMENTO e leia a CASA 58 (RAIO 4) – CRIATIVIDADE INSPIRADORA.

CASA 32 (RAIO 5) – HIPER-RACIONALIZAÇÃO
EXCESSO DE LÓGICA I DISTANCIAMENTO EMOCIONAL I FOCO NA MENTE

Como um observador distante em sua torre de marfim, o hiper-racionalizador examina a paisagem caótica da vida com a lente da lógica. Suas muralhas mentais, impenetráveis e organizadas, oferecem uma sensação de proteção contra os tumultos emocionais ao seu redor. Na jornada de integração, é preciso abrir as janelas da torre, permitindo que a luz das emoções inunde a sala fria da razão, criando uma atmosfera harmoniosa entre mente e coração.

O sabotador hiper-racionalizador surge com um foco intenso e exclusivo no processamento racional de todas as situações. Esse padrão de comportamento pode ser percebido pelas pessoas como frio, distante e intelectualmente arrogante. O hiper-racionalizador tem uma mente intensa e ativa; seu perfil reservado o impede de compartilhar seus sentimentos mais profundos, o que o leva a expressar suas emoções principalmente através da paixão pelas ideias.

Essa é uma estratégia de sobrevivência em circunstâncias de desordem e ambiente caótico na infância. A fuga para a mente racional limpa e organizada gera uma sensação de segurança ou de superioridade intelectual. Assim o indivíduo também ganha atenção e elogios ao se mostrar como a pessoa mais inteligente presente.

Preferindo observar a loucura ao seu redor, o hiper-racionalizador pode perder a noção do tempo, devido à sua intensa concentração. Há uma tendência forte para o ceticismo e o debate, valorizando a sabedoria, o entendimento e o discernimento como aspectos centrais da sua identidade.

A mente racional é vista como o domínio principal, enquanto os sentimentos são percebidos como irrelevantes e perturbadores. A crença subjacente é de que as necessidades e emoções dos outros atrapalham seus projetos, por isso ele busca eliminar invasões e proteger a mente racional de interferências indesejadas.

Frustrado com a aparente irracionalidade e emoção dos outros, o hiper-racionalizador sente-se diferente, sozinho e incompreendido. Costuma adotar uma postura cínica diante das interações emocionais.

A mentira que frequentemente justifica esse padrão é a ideia de que a mente racional é a coisa mais importante, e que por isso deve ser protegida contra a invasão das emoções e necessidades confusas das pessoas, a fim de que o trabalho possa ser concluído de maneira eficiente.

A jornada de integração do sabotador da hiper-racionalização envolve a expansão da compreensão emocional e a abertura para a experiência plena dos sentimentos. Superar o distanciamento emocional, permitindo uma maior flexibilidade nos relacionamentos e reconhecendo a importância equilibrada entre razão e emoção, é um passo crucial nesse processo.

Reflexão primordial: como a hiper-racionalização tem influenciado sua abordagem nos relacionamentos, a sua compreensão emocional e o equilíbrio entre razão e emoção ao longo da sua jornada?

Regra de Chumbo: volte para a 1ª DIMENSÃO – SOBREVIVÊNCIA e leia a CASA 5 (RAIO 5) – AVAREZA.

Regra de Ouro: avance para a 7ª DIMENSÃO – CRESCIMENTO e leia a CASA 59 (RAIO 5) – PERSPECTIVA VISIONÁRIA.

CASA 33 (RAIO 6) – HIPERVIGILÂNCIA
EXCESSO DE PRECAUÇÃO I ESTADO DE ALERTA I CAUTELA

O hipervigilante é como um guarda-costas constante, mantendo-se sempre alerta diante de perigos inimagináveis. Essa vigilância intensa, embora traga proteção, pode criar uma atmosfera ansiosa e desconfiada, obscurecendo a possibilidade de confiança e relaxamento diante da jornada da vida.

O sabotador hipervigilante manifesta-se por meio de uma ansiedade contínua e intensa em relação a todos os perigos da vida, concentrando-se intensamente no que pode dar errado. Esse padrão é marcado por um estado de alerta permanente, gerando uma sensação de apreensão.

O hipervigilante vive constantemente ansioso, com dúvidas crônicas a respeito de si mesmo e dos outros. Possui uma sensibilidade extraordinária aos sinais de perigo, mantendo uma expectativa constante em relação a contratempos e ameaças. Desconfiança em relação às ações dos outros é uma característica marcante, com a crença central de que as pessoas têm o potencial de arruinar tudo. Em busca de tranquilidade e orientação, o hipervigilante pode recorrer a regras, autoridades e instituições.

A frequente pergunta "quando a próxima coisa ruim vai acontecer?" ilustra a natureza preocupada e apreensiva do hipervigilante. O medo de críticas por cometer erros é uma constante, e, embora deseje confiar nas pessoas, a desconfiança em relação às intenções alheias persiste. O hipervigilante sente a necessidade de conhecer as regras, mesmo que nem sempre as siga.

O hipervigilante experimenta uma vida desafiadora. A ansiedade constante consome uma grande quantidade de energia vital, que poderia ser utilizada de maneiras mais produtivas. A tendência de ver perigo onde não existe prejudica a credibilidade, levando os outros a evitar o hipervigilante, devido à intensidade da energia nervosa.

A origem do padrão hipervigilante pode remontar a experiências precoces de vida, em que a fonte de segurança era imprevisível e não confiável, ou pode surgir de eventos dolorosos e inesperados, que fizeram a vida parecer ameaçadora e insegura.

A jornada de integração do hipervigilante envolve o desenvolvimento de estratégias para gerenciar a ansiedade, cultivar a confiança em si mesmo e nos outros e reconhecer quando a vigilância excessiva se torna prejudicial. Superar as origens traumáticas e encontrar fontes seguras de apoio são passos cruciais nesse processo.

Reflexão primordial: como a hipervigilância tem influenciado suas relações, a sua autoconfiança e a utilização da sua energia vital ao longo da sua jornada?

Regra de Chumbo: volte para a 1ª DIMENSÃO – SOBREVIVÊNCIA, e leia a CASA 6 (RAIO 6) – MEDO PARALISANTE.

Regra de Ouro: avance para a 7ª DIMENSÃO – CRESCIMENTO, e leia a CASA 60 (RAIO 6) – CONFIANÇA INTELIGENTE.

CASA 34 (RAIO 7) – INQUIETAÇÃO
AGITAÇÃO I AGONIA I DESASSOSSEGO

Como uma inquieta libélula que é incapaz de pousar e saborear a doçura de cada momento, sua busca incessante por novidade é um furacão que deixa seu rastro frenético. A jornada de integração deve permitir que suas asas pousem e encontrem calma, levando à descoberta de que a verdadeira riqueza está em apreciar a paisagem da natureza.

O sabotador da inquietação é caracterizado pela agitação constante, sempre em busca de maior excitação na próxima atividade. Dificilmente encontra paz ou satisfação no momento presente, pois sua atenção é constantemente direcionada para o que está por vir. Essa é a tendência de comportamento que busca novos estímulos incessantemente, evitando sentimentos desagradáveis e buscando variedade em detrimento de conforto e segurança.

Distração é uma palavra-chave para o inquieto, que se dispersa facilmente em várias tarefas e planos, pulando rapidamente de uma atividade para outra. A impaciência com o presente é evidente, alimentada pelo medo de perder experiências mais emocionantes. A constante insatisfação leva o inquieto a mentir para si mesmo, justificando a necessidade de viver intensamente e não perder nada na vida.

Por trás da busca por diversão e excitação, o inquieto revela uma fuga subjacente, baseada na ansiedade de estar verdadeiramente presente e vivenciar cada momento, inclusive os desagradáveis. Essa estratégia de evitar um foco real e duradouro em assuntos e relacionamentos importantes dificulta a construção de algo sustentável, gerando frenesi e caos ao seu redor.

A inquietude pode estar enraizada em experiências precoces de atenção inadequada dos pais ou em circunstâncias dolorosas. A complacência do inquieto serve como uma fuga para evitar lidar com a ansiedade e a dor associadas a um foco mais profundo e significativo.

A jornada de integração do inquieto envolve reconhecer sua fuga constante, cultivar a capacidade de estar presente nos momentos desafiadores e encontrar formas saudáveis de lidar com sentimentos difíceis. Superar as origens dolorosas desse padrão é essencial para construir relacionamentos mais profundos e verdadeiros.

Reflexão primordial: como a constante busca por novas experiências tem influenciado suas relações, seu comprometimento com assuntos importantes e a forma como você lida com a inquietude ao longo de sua jornada?

Regra de Chumbo: volte para a 1ª DIMENSÃO – SOBREVIVÊNCIA e leia a CASA 7 (RAIO 7) – GULA.

Regra de Ouro: avance para a 7ª DIMENSÃO – CRESCIMENTO e leia a CASA 61 (RAIO 7) – SIMPLICIDADE GENIAL.

CASA 35 (RAIO 8) – CONFIRMAÇÃO OBSESSIVA
CONTROLE EXCESSIVO I AGRESSIVIDADE I FALTA DE TATO

Como um maestro que rege uma orquestra com a batuta do controle, impondo sua melodia a cada movimento, seus gestos assertivos ressoam como notas agressivas, tentando moldar o ritmo de acordo com sua vontade. Na jornada de integração, é preciso suavizar os movimentos da batuta, descobrindo que a verdadeira harmonia emerge quando há espaço para a colaboração e a aceitação das diferenças.

O sabotador da confirmação obsessiva é caracterizado por uma necessidade ansiosa de assumir a responsabilidade e controlar situações, buscando forçar as ações das pessoas de acordo com sua própria vontade. Quando isso não se cumpre, a compulsão resulta em elevada ansiedade e impaciência.

O indivíduo demonstra uma forte necessidade de controlar, estabelecendo conexões através de competição, desafio, atos físicos ou conflitos, em vez de agir por meio de emoções mais sutis. Determinado, confrontador e direto, busca levar as pessoas além de suas zonas de conforto, encontrando satisfação ao realizar o impossível e desafiar as probabilidades. Esse padrão encontra estímulo em conflitos, mas muitas vezes o sujeito se surpreende quando os outros se magoam, pois a comunicação direta é interpretada como raiva ou crítica.

A crença central do controlador obsessivo é a de que está no controle – ou fora de controle, acreditando que, ao trabalhar arduamente, pode e deve dominar as situações conforme sua vontade, achando que os outros querem e precisam que assuma o controle. Essa necessidade é justificada por mentiras como "sem mim, você não consegue fazer muita coisa" ou "preciso ser forte, senão serei controlado".

A busca incessante pelo controle gera alta ansiedade quando as coisas não ocorrem como desejado, resultando em frustração ou explosão quando os outros não seguem suas direções. O controlador obsessivo revela impaciência em relação aos sentimentos e estilos diferentes dos seus, muitas vezes sentindo-se magoado e rejeitado, mesmo que raramente o admita.

Por baixo dessa fachada reside um medo oculto de ser controlado por outros ou pela vida, frequentemente associado a experiências precoces, em que a criança foi forçada a amadurecer rapidamente, ficar sozinha e assumir o controle de um ambiente caótico ou perigoso para sobreviver, física e/ou emocionalmente. Esse padrão também está relacionado a experiências de ser magoado, rejeitado ou traído, levando à decisão de evitar a vulnerabilidade.

A jornada de integração do controlador obsessivo envolve reconhecer sua necessidade excessiva de controle, aprender a lidar com a ansiedade resultante da falta de controle e desenvolver a habilidade de se conectar emocionalmente com os outros de maneira mais delicada. Superar as experiências traumáticas do passado e permitir-se ser vulnerável são passos cruciais nesse processo.

Reflexão primordial: como a busca incessante pelo controle tem influenciado suas relações interpessoais, a sua capacidade de lidar com a ansiedade e a disposição para se permitir ser vulnerável ao longo da sua jornada?

Regra de Chumbo: volte para a 1ª DIMENSÃO – SOBREVIVÊNCIA e leia a CASA 8 (RAIO 8) – LUXÚRIA.

Regra de Ouro: avance para a 7ª DIMENSÃO – CRESCIMENTO e leia a CASA 62 (RAIO 8) – LIDERANÇA TRANSPARENTE.

CASA 36 (RAIO 9) – ESQUIVA
EVITAÇÃO I AFASTAMENTO I ESCAPE

Como uma dançarina que evita os passos difíceis da confrontação, deslizando suavemente ao redor de conflitos e desafios, seus movimentos graciosos escondem a ansiedade pela verdade não dita. A jornada de integração implica assumir o centro do palco, enfrentando os desafios que surgem com coragem, descobrindo que a verdadeira harmonia emerge quando se dança conforme o ritmo que a vida apresenta.

O sabotador esquivo direciona seu foco de maneira extrema para o positivo e agradável, buscando evitar tarefas e conflitos desconfortáveis. Essa tendência leva a evitar conflitos, a concordar com coisas que não deseja verdadeiramente e a minimizar a importância de problemas reais, muitas vezes recorrendo a uma resistência passivo-agressiva em vez da confrontação direta. A procrastinação de tarefas desagradáveis é comum, assim como se perder em rotinas e hábitos reconfortantes.

O esquivo frequentemente justifica suas ações com mentiras como "você é uma boa pessoa por poupar os sentimentos dos outros" ou "nada de bom pode resultar de um conflito". A busca por equilíbrio e a resistência à confrontação direta são maneiras de manter a paz, mesmo que isso signifique adiar a tomada de decisão ou não manifestar sua opinião. O medo de perder a ligação com os outros e a busca por um equilíbrio estável são motivadores centrais para o esquivo.

Apesar de parecer equilibrado, o esquivo sente ansiedade pelo que foi evitado ou procrastinado. O receio de interromper a paz conquistada com dificuldade e a repressão da raiva e do ressentimento são aspectos comuns desse padrão.

Negar conflitos e negatividade o impede de lidar com eles e transformá-los em oportunidades de crescimento. A evitação de conflitos mantém os relacionamentos em um nível superficial, reduzindo o nível de confiança dos outros, que podem se sentir inseguros com o fato de a informação negativa estar sendo omitida.

A origem do padrão esquivo pode variar, surgindo tanto de uma infância tranquila, em que a flexibilidade para lidar com emoções difíceis não foi desenvolvida, quanto de uma infância de altos conflitos, em que o esquivo atua como pacificador, para evitar adicionar mais negatividade às tensões familiares existentes.

A jornada de integração do sabotador esquivo envolve enfrentar os conflitos, aprender a lidar com emoções difíceis de forma construtiva e estabelecer relacionamentos mais profundos e autênticos. Superar o medo de perturbar a paz superficial e reconhecer a importância da confrontação saudável são passos cruciais nesse processo.

Reflexão primordial: como a evitação de conflitos e tarefas desagradáveis tem influenciado suas relações interpessoais, a sua capacidade de lidar com emoções difíceis e a busca pela harmonia ao longo da sua jornada?

Regra de Chumbo: volte para a 1ª DIMENSÃO – SOBREVIVÊNCIA e leia a CASA 9 (RAIO 9) – PREGUIÇA.

Regra de Ouro: avance para a 7ª DIMENSÃO – CRESCIMENTO e leia a CASA 63 (RAIO 9) – DEMOCRACIA PROFUNDA.

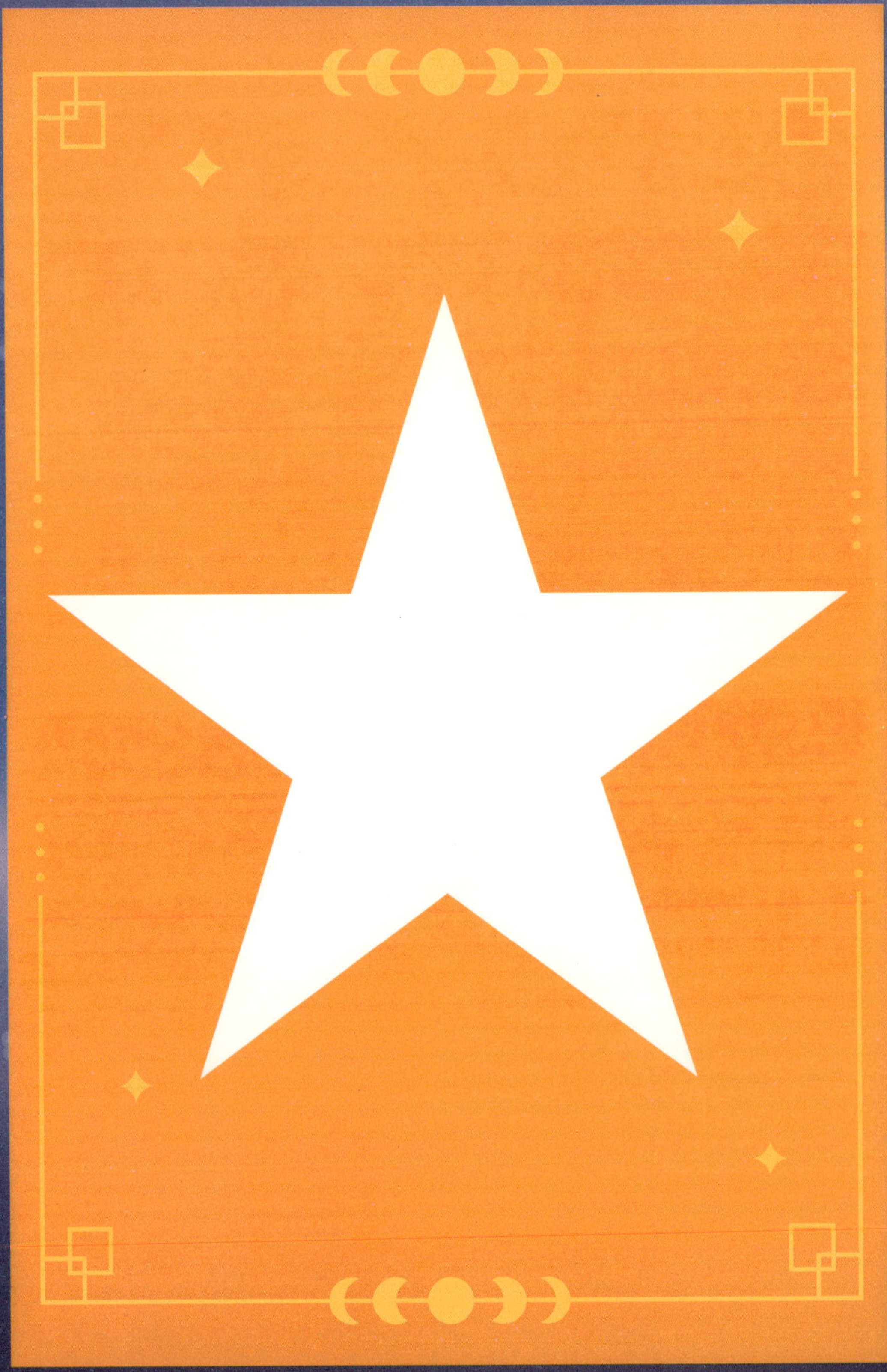

5ª DIMENSÃO DO RESULTADO

A ESTRELA E O MOVIMENTO DA VIDA

> Eis a fórmula da abundância – extrair a raiz de cinco é extrair a quintessência comum a todos os quatro elementos, os quatro estados energéticos da matéria, para reconectar essa alma ou quintessência ao espírito-unidade, 1 da equação, donde ela saiu, formando a harmonia do triângulo. Em seguida, dividir tudo isso por dois é aplicar a lei do binário equilibrante ou balança, conforme a chave do caduceu de Hermes, na medida justa e perfeita que só a dualidade em linha precisa de equilíbrio pode executar. Feito isso, a Magna Obra está concluída, o número da vida é alcançado no corpo, na mente e no espírito, e se viverá para sempre!
>
> **A Equação da Vida**

Depois da construção de uma base sólida da 4ª dimensão, surge a expansão do número 5, que deseja se libertar das regras do número anterior, pois sabe que muitas vezes as regras engessam o processo de evolução. Na 5ª dimensão, do resultado, reside a energia de exploração dos limites, buscam-se novos conhecimentos e movimentação. Depois de ter uma casa, o homem vai explorar o seu entorno, conhecer outros lugares, experimentar a liberdade e alterar as coisas para melhorá-las.

O número 5 é representado pelos cinco sentidos, os cinco elementos e os cinco dedos da mão. É simbolizado pela estrela de cinco pontas ou pentagrama, que representa a energia que se movimenta rápido, com inteligência, usando o corpo físico, muitas vezes, expandindo os seus limites de forças e possibilidades.

O Homem Vitruviano, de Leonardo da Vinci, figura humana de

braços e pernas abertos, com suas proporções exatas, circunscrito a um quadrado e a um círculo, tornou-se um ícone, com a proposta de focalizar a inteligência na busca pela perfeição – cujo ideal mais exaltado residia no próprio homem tomado como centro de contemplação do universo e medida-padrão de todas as coisas que sua consciência era capaz de observar.

O Homem Vitruviano reproduz a união dos dois mundos e, ao mesmo tempo, procura solucionar a quadratura do círculo no segredo das relações herméticas com o quinto elemento, o eixo que faz girar a grande roda, ou seja, o universo e seus quatro elementos. Conectado pela estrela de cinco pontas, raiz geométrica do número de ouro (Phi) dentro do pentagrama e da cruz que sustentam o Homem Vitruviano neles inserido, está relacionado ao mesmo tempo com o quadrado (terra, matéria, mundo 3D visível) e com o círculo (céu, energia, espírito, mundo invisível).

Homem Vitruviano, de Leonardo da Vinci

A quinta dimensão da consciência é a do desempenho, do dinamismo e dos resultados, ativa nossa capacidade de progredir. A sociedade prospera pela estratégia, pela tecnologia e pela competitividade. Tudo pode ser aprendido e tudo pode ser melhorado, com a força da concretização. A cor laranja associada a essa dimensão remete ao brilho do metal incandescente e ao uso da energia.

O elemento éter, representado pela estrela, é associado ao espaço e ao quinto elemento, que transcende os quatro elementos tradicionais. É considerado o elemento que permeia e conecta todos os outros. A estrela de cinco pontas simboliza os cinco elementos, a transcendência e a conexão com a espiritualidade.

Dimensão de consciência orientada para as conquistas e o sucesso, valoriza a inovação, o empreendedorismo e a obtenção de resultados tangíveis. Aqui estão as identificações do ego. Nessa perspectiva, as pessoas são orientadas para metas e buscam a eficiência e a excelência. O mundo está cheio de riquezas, oferecendo possibilidades inimagináveis para cada indivíduo e para culturas inteiras.

Nessa onda, o indivíduo escapa da mentalidade de rebanho do nível azul e procura a verdade e o significado em termos individualistas e científicos. O mundo é uma máquina racional, bem lubrificada, com leis naturais que podem ser aprendidas, controladas e manipuladas visando a interesses próprios. Altamente orientado para a conquista de objetivos, especialmente na América, para ganhos materiais. As leis da ciência regulam a política, a economia e os acontecimentos humanos. O mundo é um tabuleiro de xadrez em que os vencedores conquistam superioridade e privilégios em detrimento dos perdedores. Alianças de mercado; manipulação dos recursos naturais visando a ganhos estratégicos. Base dos estados corporativos.

Onde é encontrada: no Iluminismo; em *A Revolta de Atlas,* romance de Ayn Rand em que um homem diz que pararia o motor do mundo – e o faz; Wall Street; classe média emergente em todo o mundo; indústria de cosméticos; caça a troféus; colonialismo; Guerra Fria; indústria da moda; materialismo; sistema capitalista de mercado; autointeresse liberal.

Na perspectiva do eneagrama, esse é o nível de controle interpessoal. Onde as características dos tipos de personalidade são mais evidentes. Essa dimensão está exatamente entre a libertação e a destrutividade patológica; há uma mudança sutil de "tentar ser o melhor produto que podemos ser" para "tentar salvar o que podemos".

Existe uma sensação de que estamos tirando as máscaras, e, em nossa busca para criar o resultado que desejamos, somos menos sensíveis a qualquer efeito colateral que possa surgir como resultado dos aspectos de sombra, que agora estão aparecendo com mais clareza. Experimentamos alguma forma de pressão ou falta e injetamos mais energia nas atividades que acreditamos que nos devolverão o controle (mas inadvertidamente apenas adicionamos mais combustível aos medos).

O medo que pode surgir aqui é o de perder qualquer medida de controle que acreditamos ter alcançado e de que a direção que nossa vida está tomando é, na verdade, exatamente o oposto de aonde queremos ir.

Em resumo, destacamos os principais aspectos dessa dimensão de consciência:
- Surgiu há 300 anos, com os empreendedores
- Valores centrados em metas, sucesso material e progresso
- É onde estão as principais identificações do ego
- Individualismo e racionalismo
- Valorização do empreendedorismo e da inovação
- Frequência vibracional: de 300 Hertz a 400 Hertz
- Corresponde a 30% da população, 50% de poder

Nessa dimensão, passamos por estes filtros no pensar, no sentir e no agir:

FILTROS	TÓXICO	SAUDÁVEL
Pensar	Ficar preso nas insuficiências ou fracassos.	Investigar os reais motivos da mentalidade da avareza.
Sentir	Apego excessivo ao dinheiro. Mesquinho e miserável. Acha que todos querem seus valores materiais. Desejo ardente de acumular riquezas.	Sensação de ter a capacidade de analisar, definir metas e concretizar tudo para alcançar todos os seus objetivos materiais.
Agir	Fazer compensações por não reconhecer seu valor.	Investir dinheiro nos seus sonhos.

5ª DIMENSÃO DO RESULTADO

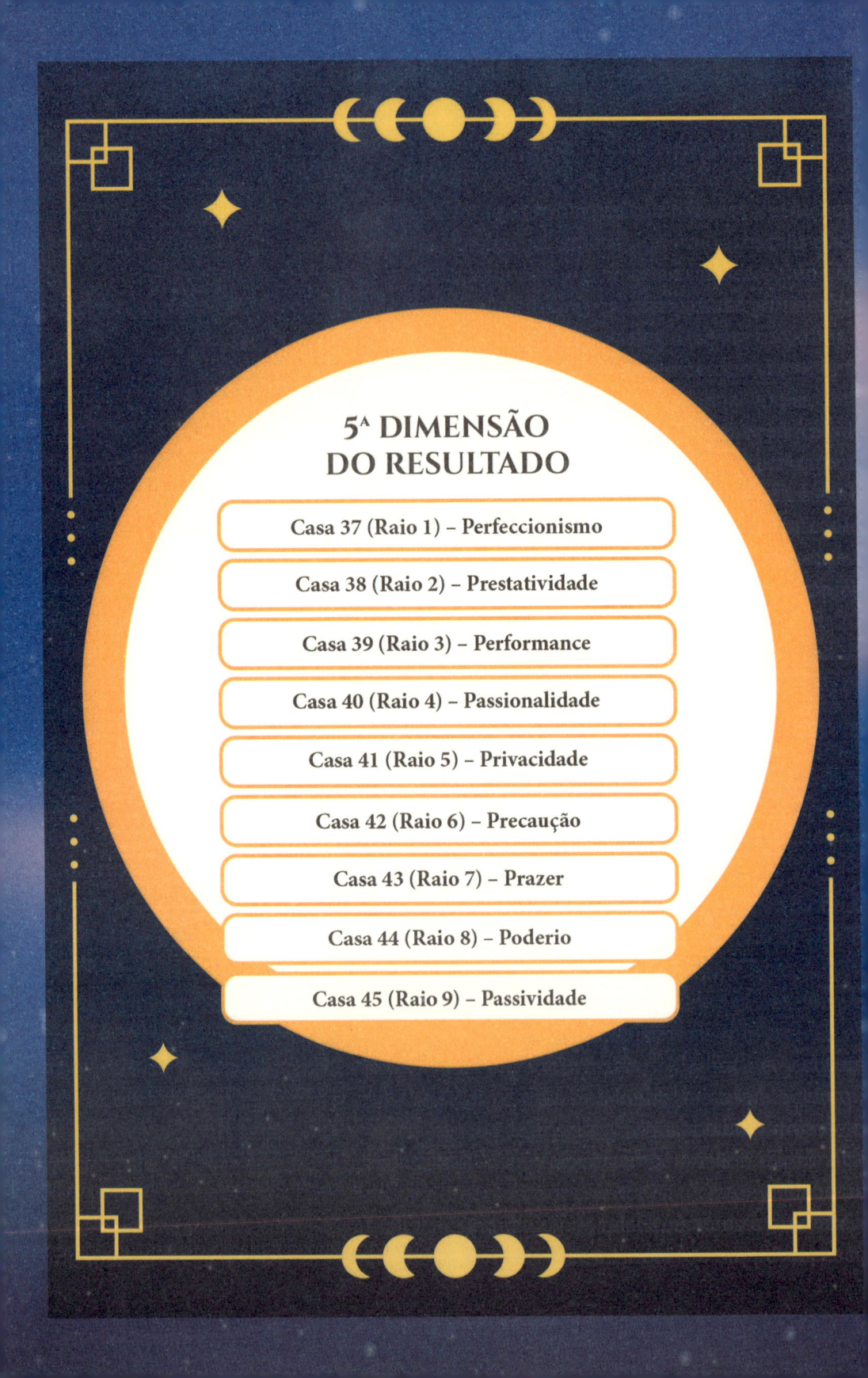

- Casa 37 (Raio 1) – Perfeccionismo
- Casa 38 (Raio 2) – Prestatividade
- Casa 39 (Raio 3) – Performance
- Casa 40 (Raio 4) – Passionalidade
- Casa 41 (Raio 5) – Privacidade
- Casa 42 (Raio 6) – Precaução
- Casa 43 (Raio 7) – Prazer
- Casa 44 (Raio 8) – Poderio
- Casa 45 (Raio 9) – Passividade

CASA 37 (RAIO 1) – PERFECCIONISMO
DETALHISMO I MINÚCIA I METICULOSIDADE

Como um escultor meticuloso, o perfeccionista esculpe cada detalhe da própria existência, buscando criar sua obra-prima. No entanto, a argila da autocrítica excessiva pode tornar-se pesada, obscurecendo a visão da beleza nas imperfeições. A jornada de integração implica suavizar os contornos, descobrindo que a verdadeira maestria reside na aceitação amorosa do processo imperfeito da escultura da vida.

O perfeccionista é aquele que busca incessantemente ser bom e fazer a coisa certa, impulsionado por uma necessidade urgente de ser virtuoso, responsável e infalível. Esse impulso serve como uma proteção em um mundo que valoriza o comportamento adequado, recompensa a virtude e pune o mau comportamento.

Podemos entender o perfeccionismo como uma expressão do superego, a parte da psique que incorpora a voz de autoridade dos pais como o crítico interno. Essa força interna exerce seu poder para conter os excessos provenientes de impulsos, instintos animais e formas irrestritas de autoexpressão. Em essência, o perfeccionista personifica a busca por corresponder aos elevados padrões de bom comportamento como uma maneira de provar a própria dignidade. Essa postura arquetípica prioriza o cumprimento das regras como um meio de alcançar um bem maior, percebido por meio da invocação de uma ordem superior.

O perfeccionismo busca incessantemente a excelência em todas as áreas da vida, aderindo a padrões elevados e rigorosos de qualidade. Quando direcionado de maneira saudável, o perfeccionismo pode impulsionar a realização de projetos com dedicação, competência e criatividade. No entanto, torna-se um obstáculo significativo quando leva à imposição de exigências excessivas sobre si mesmo e sobre os outros, resultando em ansiedade, frustração e insatisfação.

O perfeccionista vive em constante avaliação de suas ações, temendo a possibilidade de cometer erros. A ansiedade associada a esse padrão de comportamento pode consumir uma quantidade considerável de energia vital, levando a uma sensação de inadequação. A desconfiança em relação aos próprios padrões elevados também pode afetar negativamente as relações interpessoais, tornando-o crítico consigo mesmo e com os outros.

A jornada de integração do perfeccionismo envolve o desenvolvimento de uma compreensão mais equilibrada do próprio valor, independentemente dos padrões externos. Isso inclui reconhecer a importância de aceitar as imperfeições, tanto as próprias quanto as dos outros, e cultivar uma abordagem mais compassiva em relação aos erros. A busca pela excelência pode ser direcionada de maneira mais saudável quando acompanhada por uma aceitação realista das limitações humanas.

Reflexão primordial: como o perfeccionismo tem influenciado suas interações, a sua autoestima e a maneira como utiliza sua energia vital ao longo da sua jornada?

Regra de Chumbo: volte para a 2ª DIMENSÃO – SEGURANÇA e leia a CASA 10 (RAIO 1) – INJUSTIÇA.

Regra de Ouro: avance para a 8ª DIMENSÃO – CONTRIBUIÇÃO e leia a CASA 64 (RAIO 1) – SERENIDADE.

CASA 38 (RAIO 2) – PRESTATIVIDADE
PROATIVIDADE I DOAÇÃO ESTRATÉGICA I BUSCA DE APROVAÇÃO

Como um jardineiro atencioso, o prestativo cultiva relações, regando-as com generosidade e nutrindo-as com apoio estratégico. No entanto, com sua tendência em doar floresce um emaranhado de expectativas. Na jornada de integração, é preciso podar delicadamente o que não é mais necessário, permitindo que tanto as próprias raízes quanto as dos outros cresçam livremente.

O prestativo busca agradar como meio de conquistar afeto. O impulso subjacente é obter reconhecimento dos outros por meio de métodos indiretos, como sedução e doação estratégica. Essa abordagem visa angariar aprovação e apoio emocional sem a necessidade de solicitá-los diretamente.

A estratégia também serve como uma forma de tentar fazer com que outros cuidem do prestativo, ao mesmo tempo que ele se protege da dor associada à rejeição direta ao solicitar atendimento para as suas necessidades. Embora ele possa ser de qualquer gênero, o arquétipo reflete o conceito junguiano de *anima*, representando o feminino interior. Jung descreve a *anima* como uma "sedutora glamorosa, possessiva, temperamental e sentimental", conectada aos arquétipos da Grande Mãe ou Grande Deusa, simbolizando a mulher poderosa, nutridora, que oferece calor, receptividade, sensibilidade emocional e abertura ao outro.

A crença central é de que apenas se fizer algo pelos outros ele receberá aprovação e terá direitos. Como resultado, os prestativos são atenciosos, encorajadores e orientados para os relacionamentos. No entanto, também podem manifestar características como orgulho, intrusão e manipulação.

A prestatividade, quando equilibrada, se manifesta como dedicação aos outros, oferecendo ajuda, apoio e orientação. Essa atitude pode ser saudável quando proporciona uma sensação de utilidade, generosidade e valorização pessoal. No entanto, pode se tornar um obstáculo significativo quando leva à negligência das próprias necessidades, sentimentos e opiniões.

A jornada de integração do prestativo envolve encontrar um equilíbrio saudável entre a dedicação aos outros e o cuidado consigo mesmo. Desenvolver a capacidade de reconhecer e atender às próprias necessidades, bem como estabelecer limites saudáveis nos relacionamentos, são passos cruciais nesse processo.

Reflexão primordial: como a prestatividade tem influenciado suas relações interpessoais, a percepção de si mesmo e a gestão das suas próprias necessidades ao longo da sua jornada?

Regra de Chumbo: volte para a 2ª DIMENSÃO – SEGURANÇA e leia a CASA 11 (RAIO 2) – HUMILHAÇÃO.

Regra de Ouro: avance para a 8ª DIMENSÃO – CONTRIBUIÇÃO e leia a CASA 65 (RAIO 2) – HUMILDADE.

CASA 39 (RAIO 3) – PERFORMANCE
RESULTADOS I REALIZAÇÃO I IMAGEM DE SUCESSO

Como um ator de teatro, ele sobe ao palco da vida, criando meticulosamente seu personagem a cada ato para impressionar sua audiência. Por trás das cortinas, sua jornada de integração implica despir a máscara do personagem e permitir que sua verdadeira luz brilhe, superando a necessidade constante de aplausos.

A performance representa o arquétipo da pessoa que busca criar uma imagem de valor e sucesso para conquistar a admiração dos outros, tanto no trabalho quanto na aparência. Esse impulso atua como uma defesa em um mundo que recompensa a realização e a atratividade, enfatizando a importância das aparências. Esse arquétipo também se conecta ao conceito de Jung de "persona", que é o sistema de adaptação do indivíduo, a máscara que usamos para lidar com o mundo.

Derivado do termo usado para descrever a máscara de um ator, a persona é nossa face social externa consciente, o papel que desempenhamos e a imagem que projetamos para os outros, moldando nosso sentido externo de identidade. A persona assume sua forma e função a partir do mundo externo e da realidade coletiva, refletindo a maneira como todos nós adotamos uma personalidade como uma face pública para sobreviver no mundo, fazendo a mediação entre o eu e o ambiente social. Essa postura arquetípica prioriza a aparência e a assimilação dos ideais sociais de valor e *status* como meios de se sentir aceito e obter aprovação.

A crença central é de que a realização e o sucesso são essenciais para ser reconhecido. Como resultado, os adeptos da performance são trabalhadores, diligentes, rápidos, orientados para metas e eficientes. No entanto, também podem ser propensos a esquecer os sentimentos, mostrar impaciência e ser guiados pela imagem.

A busca pela performance, quando equilibrada, manifesta-se como o desejo saudável de alcançar o sucesso, o reconhecimento e a admiração, estimulando o indivíduo a viver seu potencial, desafiar-se e superar limites. No entanto, a performance pode se tornar um obstáculo significativo quando leva à dependência excessiva da aprovação externa, competição excessiva, sentimentos de inadequação e medo do fracasso.

A jornada de integração do adepto da performance envolve encontrar um equilíbrio saudável entre o desejo de sucesso e a aceitação de si mesmo, independentemente das expectativas alheias. Desenvolver uma imagem autêntica, baseada em valores próprios, e reconhecer a importância do equilíbrio emocional são passos cruciais nesse processo.

Reflexão primordial: como a busca pela performance tem influenciado sua autoimagem, a maneira como você lida com o sucesso e o reconhecimento ao longo da sua jornada?

Regra de Chumbo: volte para a 2ª DIMENSÃO – SEGURANÇA e leia a CASA 12 (RAIO 3) – REJEIÇÃO.

Regra de Ouro: avance para a 8ª DIMENSÃO – CONTRIBUIÇÃO e leia a CASA 66 (RAIO 3) – AUTENTICIDADE.

CASA 40 (RAIO 4) – PASSIONALIDADE
ROMANTISMO I DESEJO INSACIÁVEL I INTENSIDADE

Como um pintor apaixonado pelas cores mais intensas, o passional pinta sua jornada com pinceladas de emoção, buscando preencher as telas vazias da existência. Na busca ardente por criar uma obra única, descobre que sua verdadeira obra-prima reside na apreciação e na celebração autêntica da sua arte.

A passionalidade representa a pessoa que experimenta uma sensação de carência e um desejo ardente pelo que percebe como faltante, mas pode dificultar a realização do que proporcionaria satisfação. O impulso desse arquétipo é concentrar-se naquilo que está faltando como uma etapa para recuperar a integridade e a conexão. No entanto, o foco intenso na experiência da própria imperfeição pode levar à convicção de uma deficiência que impede seu discernimento.

A identificação exacerbada com essa sensação de frustração e privação torna difícil assimilar aquilo que traria satisfação. Mesmo ao tentar reformular essa deficiência como algo "especial" ou "único" para se valorizar superficialmente, a identificação mais profunda é com um eu percebido como deficiente, em vez de um eu idealizado. Esse arquétipo reflete a tendência que todos temos de nos sentir insatisfeitos com quem somos, lamentando o que falta em nossas vidas e desenvolvendo um complexo de inferioridade, o que dificulta que nos sintamos bem com nós mesmos e que reconheçamos as coisas boas da vida.

A crença central é de que é preciso alcançar uma situação ideal para ser reconhecido e valorizado. Consequentemente, os passionais são idealistas e sensíveis. No entanto, também podem ser propensos a dramatizar, ter oscilações emocionais intensas e, por vezes, podem sentir-se superiores ou inferiores, por meio de suas ondas emocionais.

A expressão da passionalidade, quando equilibrada, manifesta-se como a capacidade de vivenciar emoções de forma intensa, espontânea e criativa, adicionando alegria e beleza à vida. No entanto, pode tornar-se um obstáculo significativo quando resulta em oscilações extremas, fixação em sensações e distração excessiva com estímulos.

A jornada de integração do passional envolve encontrar um equilíbrio saudável entre a expressão emocional intensa e a capacidade de cultivar a inteligência emocional. Reconhecer as próprias qualidades e aprender a apreciar a vida, independentemente de circunstâncias idealizadas, são passos cruciais nesse processo.

Reflexão primordial: como a passionalidade tem influenciado sua maneira de lidar com as emoções, a percepção de si mesmo e a busca por satisfação ao longo da sua jornada?

Regra de Chumbo: volte para a 2ª DIMENSÃO – SEGURANÇA e leia a CASA 13 (RAIO 4) – ABANDONO.

Regra de Ouro: avance para a 8ª DIMENSÃO – CONTRIBUIÇÃO e leia a CASA 67 (RAIO 4) – EQUANIMIDADE.

CASA 41 (RAIO 5) – PRIVACIDADE
INTROSPECÇÃO I INDEPENDÊNCIA I BUSCA DE CONHECIMENTO

Como uma biblioteca silenciosa no coração da cidade, o apreciador da privacidade navega pelas estantes da introspecção, encontrando refúgio entre os volumes do conhecimento próprio. No entanto, percebe que, para criar um best-seller, é necessário compartilhar algumas páginas e permitir que outros contem e compartilhem suas histórias.

A privacidade representa a pessoa que busca se retirar para pensar e se desconectar emocionalmente como forma de encontrar refúgio no mundo interior. Essa abordagem funciona como um meio de alcançar segurança, minimizando necessidades e gerenciando recursos de maneira eficiente para controlar e limitar as demandas externas. O impulso central é encontrar privacidade e liberdade em um mundo percebido como intrusivo, negligente ou avassalador.

Nesse contexto, a necessidade natural de conexão social pode ser substituída por uma busca por conhecimento, em que o suporte interno vem por meio de informações e estabelecimento de fronteiras sólidas, em vez de conexões sociais. Esse arquétipo representa a tendência em todos nós de nos vermos como separados e desconectados, levando à necessidade de nos retirar e nos apegar ao que acreditamos ser essencial para nossa sobrevivência.

A crença central é a de que é preciso se proteger de um mundo que exige muito e oferece pouco. Como resultado, os adeptos da privacidade buscam autossuficiência, evitam pedir ajuda, são analíticos, não invasivos, mas também podem ser contidos, desconectados e excessivamente reservados.

A expressão da privacidade, quando equilibrada, manifesta-se como a preservação da intimidade, da autonomia e do conhecimento. Esse comportamento pode ser saudável quando valoriza a individualidade e a sabedoria. No entanto, a privacidade pode se tornar um obstáculo significativo quando leva ao isolamento, à desconfiança e à retenção excessiva de informações.

A jornada de integração do adepto da privacidade envolve encontrar um equilíbrio saudável entre a busca por autonomia e a valorização das conexões interpessoais. Reconhecer a importância de compartilhar informações, confiar nos outros e encontrar apoio emocional são passos cruciais nesse processo.

Reflexão primordial: como a privacidade tem influenciado sua capacidade de se conectar com os outros, sua busca por autonomia e a forma como você lida com as demandas do mundo ao longo da sua jornada?

Regra de Chumbo: volte para a 2ª DIMENSÃO – SEGURANÇA e leia a CASA 14 (RAIO 5) – VAZIO INTERIOR.

Regra de Ouro: avance para a 8ª DIMENSÃO – CONTRIBUIÇÃO e leia a CASA 68 (RAIO 5) – PROSPERIDADE SISTÊMICA.

CASA 42 (RAIO 6) – PRECAUÇÃO
CAUTELA I PREOCUPAÇÃO I LUTA CONTRA AMEAÇAS

Como um artesão habilidoso, o precavido tece sua tapeçaria de proteção, entrelaçando fios de preocupação para criar uma trama firme contra as ameaças que assombram o mundo. No entanto, ao perceber que algumas ameaças são apenas sombras passageiras, aprende a deixar entrar a luz, permitindo que a tapeçaria se torne uma trama equilibrada entre a proteção e a liberdade.

A precaução representa a pessoa que, movida pelo medo de ameaças iminentes, busca segurança na proteção de pessoas ou em suas próprias habilidades. O impulso é enfrentar os perigos de um mundo assustador, administrando defensivamente o medo e a ansiedade por meio de estratégias de luta, fuga ou conexões sociais. Isso reflete a tendência inerente em todos nós de buscar segurança diante dos medos naturais que surgem ao tentarmos nos desidentificar de nossa personalidade.

Embora cada tipo de personalidade sinta medo de maneiras distintas, a ideia central é que, "enquanto estivermos identificados com nossa estrutura de personalidade, viveremos com medo". O crescimento além do medo e da ansiedade ocorre apenas quando alcançamos a consciência do "self árvore", deixando para trás a limitação do "self semente".

A crença central é a da necessidade de obter proteção e segurança em um mundo considerado perigoso e não confiável. Consequentemente, aqueles inclinados à precaução são confiáveis, inquisitivos e bons amigos. No entanto, também podem manifestar dúvidas excessivas, acusações e medo.

A expressão saudável da precaução ocorre quando há ação com cautela, moderação e lealdade, possibilitando o planejamento, o cumprimento de compromissos e a valorização das relações. No entanto, a precaução pode tornar-se um obstáculo significativo quando leva à evitação de riscos, à perda da espontaneidade e ao sacrifício pessoal excessivo pelos outros.

A jornada de integração daqueles que preferem a precaução envolve encontrar um equilíbrio saudável entre a cautela necessária e a capacidade de arriscar, abraçando a vida com mais espontaneidade. Desenvolver a confiança nas próprias habilidades para enfrentar desafios e questionar as crenças limitantes são passos cruciais nesse processo.

Reflexão primordial: como a precaução tem influenciado a forma como você lida com o medo, constrói relacionamentos e equilibra a segurança com a necessidade de correr riscos ao longo da sua jornada?

Regra de Chumbo: volte para a 2ª DIMENSÃO – SEGURANÇA e leia a CASA 15 (RAIO 6) – DESAMPARO.

Regra de Ouro: avance para a 8ª DIMENSÃO – CONTRIBUIÇÃO e leia a CASA 69 (RAIO 6) – CORAGEM PSICOLÓGICA.

CASA 43 (RAIO 7) – PRAZER
DIVERSÃO I ENTRETENIMENTO I EVITAÇÃO DE DIFICULDADES

O prazer é como um malabarista habilidoso que equilibra as alegrias coloridas da vida, lançando-as para escapar das suas sombras. Descobrindo que a verdadeira maestria está em sorrir para as adversidades, ele transforma o entretenimento fugaz em uma sinfonia encantadora entre a leveza da diversão e a profundidade da vida.

O prazer representa a pessoa que busca o deleite de várias formas como uma maneira de se distrair do desconforto, da escuridão e dos aspectos negativos da vida. O objetivo é defender-se contra a experiência da dor, utilizando inteligência, imaginação, charme e entusiasmo, evitando o medo ao manter uma perspectiva otimista. Esse arquétipo alinha-se ao conceito junguiano de "puer", ou "criança", simbolizando esperanças futuras, potencialidade da vida, frivolidade, prazer e brincadeira. Jung o descreve como a eterna criança, que, resistindo ao crescimento, tenta evitar assumir responsabilidades, compromissos e dificuldades associadas ao amadurecimento.

A crença central é a da convicção de que nunca se deve desanimar e que é essencial manter-se aberto para enxergar o lado positivo da vida. Consequentemente, os adeptos do prazer são otimistas, buscam constantemente o deleite e são aventureiros. No entanto, também podem evitar situações dolorosas e decisões difíceis, ter dificuldades com compromissos e ser excessivamente autorreferentes.

A expressão saudável do prazer ocorre quando se busca a satisfação, o conforto e o bem-estar, apreciando, desfrutando e agradecendo as coisas boas da vida. No entanto, o prazer pode tornar-se um obstáculo significativo quando leva ao consumo excessivo, à acumulação desnecessária e ao desperdício de recursos.

A jornada de integração daqueles que buscam o prazer envolve encontrar um equilíbrio saudável entre a busca pela alegria e a disposição para enfrentar as dificuldades da vida. Desenvolver a capacidade de lidar com desafios, fazer escolhas conscientes e cultivar relacionamentos significativos são passos cruciais nesse processo.

Reflexão primordial: como a busca pelo prazer tem influenciado sua perspectiva sobre a vida, suas escolhas e a maneira como lida com desafios ao longo da sua jornada?

Regra de Chumbo: volte para a 2ª DIMENSÃO – SEGURANÇA e leia a CASA 16 (RAIO 7) – SOFRIMENTO.

Regra de Ouro: avance para a 8ª DIMENSÃO – CONTRIBUIÇÃO e leia a CASA 70 (RAIO 7) – PRESENÇA PLENA.

CASA 44 (RAIO 8) – PODERIO
PODER I CONTROLE I ASSERTIVIDADE

O poderio é como um trovão que ressoa na vastidão do céu, anunciando sua presença imponente. Como um raio, ilumina a escuridão, revelando seu rastro. No entanto, é na sutileza dos ventos que ele encontra equilíbrio, reconhecendo que, por vezes, a força se revela nas brisas mais suaves.

O poderio representa a pessoa que nega fraqueza e vulnerabilidade, buscando refúgio no destemor e na força. Esse arquétipo expressa os impulsos instintivos de maneira menos inibida, reprimindo qualquer coisa que possa limitá-los. A personalidade associada a esse arquétipo concentra-se em afirmar o controle de maneira dominante e intensa, identificando-se com um eu glorificado em vez de um senso diminuído de si mesmo. Essa abordagem ecoa conceitos como o "id" de Freud e as ideias de Jung sobre a libido, que descrevem a força energética por trás dos impulsos centrais do instinto humano.

A crença central é a da convicção de que ser forte e poderoso é essencial para assegurar proteção e respeito em um mundo desafiador. Consequentemente, os adeptos do poderio buscam justiça, são diretos, fortes e orientados para a ação. No entanto, também podem ser excessivamente impactantes, intensos e, por vezes, impulsivos.

A expressão saudável do poderio ocorre quando se utiliza o poder, a influência e a liderança para assumir, proteger e inspirar as pessoas ao redor. No entanto, o poderio pode tornar-se um obstáculo significativo quando leva à dominação, ao controle e à intimidação dos outros.

A jornada de integração daqueles que seguem o caminho do poderio envolve equilibrar a assertividade com a empatia, reconhecendo a importância da vulnerabilidade e da colaboração. Desenvolver uma abordagem mais ponderada, que considera o impacto das ações nos outros, é crucial nesse processo.

Reflexão primordial: como o desejo de poder e controle tem influenciado sua abordagem da liderança, suas relações interpessoais e a forma como lida com desafios ao longo da sua jornada?

Regra de Chumbo: volte para a 2ª DIMENSÃO – SEGURANÇA e leia a CASA 17 (RAIO 8) – TRAIÇÃO.

Regra de Ouro: avance para a 8ª DIMENSÃO – CONTRIBUIÇÃO e leia a CASA 71 (RAIO 8) – PUREZA VULNERÁVEL.

CASA 45 (RAIO 9) – PASSIVIDADE
HARMONIA I PAZ I PASSIVO-AGRESSIVO

A passividade é como um rio que flui suavemente, buscando harmonia para contornar os obstáculos do terreno sinuoso que o envolve. No entanto, reconhece que, para manter a paz, é necessário estar em movimento e encontrar seu próprio ritmo.

A passividade representa a pessoa que busca harmonizar-se com o meio externo como uma maneira de manter conforto e tranquilidade, mesmo que isso resulte na perda de contato com o mundo interno. Similar ao conceito de união, o impulso é manter uma sensação de calma e conexão por meio da fusão com o externo, diminuindo a consciência do conteúdo interno.

Essa tendência envolve desligar-se do conhecimento interno e seguir o fluxo sem perturbar a estabilidade. Representa o desejo de permanecer confortável, resistir às mudanças e escolher o caminho mais fácil, mesmo que isso signifique se perder para manter boas relações com os outros. Reflete a propensão humana universal de agir automaticamente e permanecer adormecido de si mesmo.

A crença central é a convicção de que é necessário harmonizar-se e concordar para ser valorizado e manter boas relações. Consequentemente, os adeptos da passividade muitas vezes se esquecem de si mesmos ao buscar a harmonia, mantêm o conforto e a estabilidade, mas também evitam conflitos e, por vezes, são teimosos.

A expressão saudável da passividade ocorre quando o indivíduo se aceita, se adapta e se harmoniza com as situações, promovendo a cooperação, a compreensão e a pacificação dos conflitos. No entanto, a passividade pode tornar-se um obstáculo significativo quando leva à conformidade, à submissão ou à autonegação.

A jornada de integração para aqueles que seguem o caminho da passividade envolve encontrar um equilíbrio saudável entre a busca pela harmonia externa e a afirmação do *self*. Desenvolver a capacidade de se afirmar, expressar suas necessidades e participar ativamente da própria vida são passos cruciais nesse processo.

Reflexão primordial: como a tendência à passividade tem influenciado sua capacidade de se posicionar, expressar suas necessidades e participar ativamente da sua própria vida?

Regra de Chumbo: volte para a 2ª DIMENSÃO – SEGURANÇA e leia a CASA 18 (RAIO 9) – DESVALOR.

Regra de Ouro: avance para a 8ª DIMENSÃO – CONTRIBUIÇÃO e leia a CASA 72 (RAIO 9) – ENGAJAMENTO REGENERATIVO.

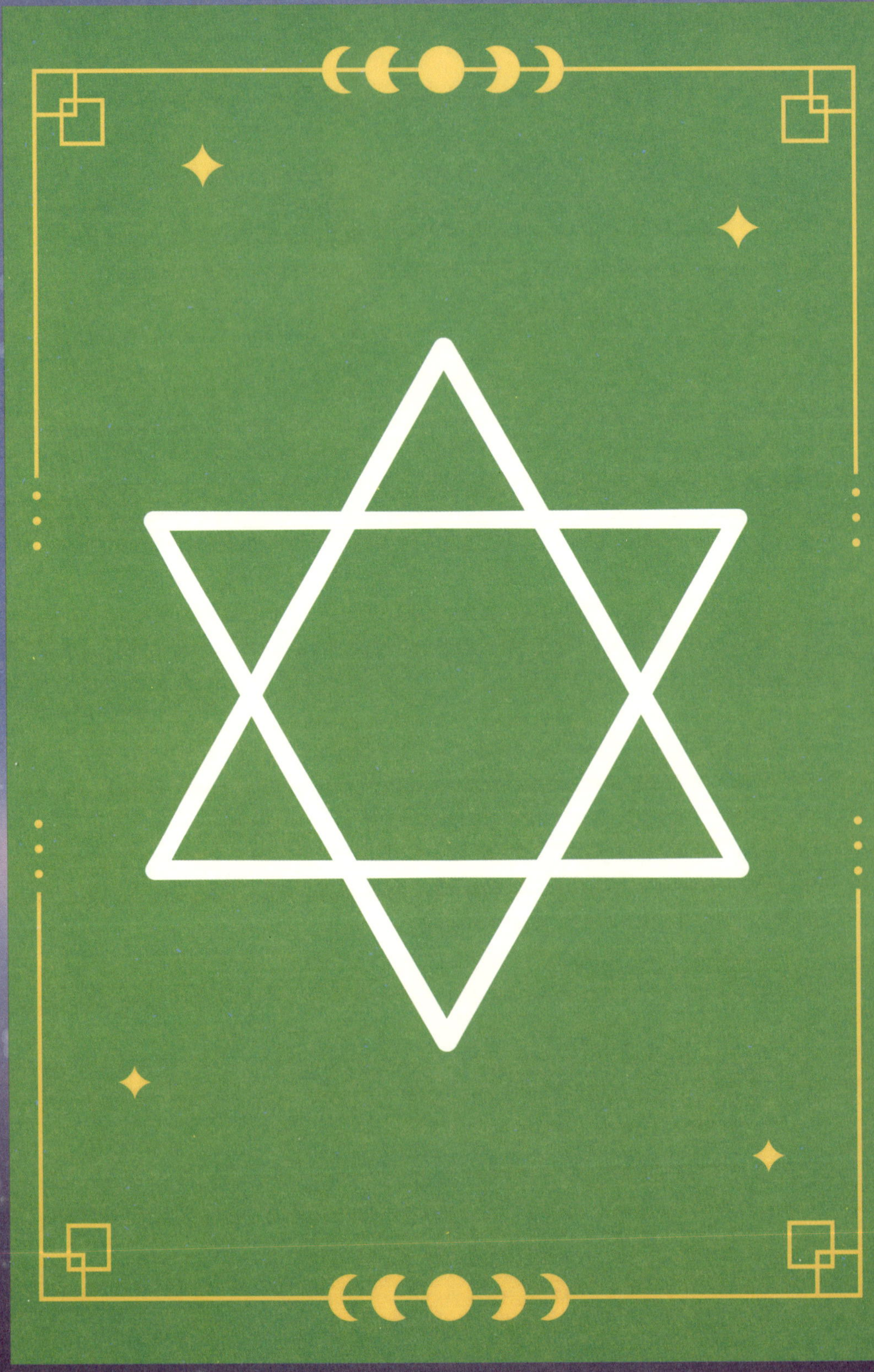

6ª DIMENSÃO DAS PESSOAS

O SELO DE SALOMÃO

> "Tenha cuidado com o que você pensa, pois a sua vida é dirigida pelos seus pensamentos. Nunca fale mentiras, nem diga palavras perversas. Olhe firme para a frente, com toda a confiança; não abaixe a cabeça, envergonhado. Pense bem no que você vai fazer, e todos os seus planos darão certo. Evite o mal e caminhe sempre em frente; não se desvie nem um só passo do caminho certo."
>
> **(Provérbios 4:23-27)**

Nascido por volta de 974 a.C., Salomão foi coroado rei de Israel com apenas 12 anos de idade. Segundo o Antigo Testamento, Deus apareceu para ele e ofereceu lhe dar o que quisesse, mas o jovem pediu apenas sabedoria para governar seu povo. Fascinado com tamanha humildade, Deus o transformou no homem mais rico, sábio e vitorioso de todos os tempos.

Salomão agia de acordo com elevados princípios, que foram registrados no Livro dos Provérbios e que servem de inspiração para aqueles que desejam construir uma vida feliz, íntegra e bem-sucedida.

Alguns dos seus principais ensinamentos:
- Para construir uma felicidade duradoura e consistente, é preciso desenvolver um coração grato, destruir as sementes da ganância e da inveja e viver com sabedoria.
- O sucesso depende de visão (ter clareza de seus desejos e um plano detalhado para concretizá-los) e de esperança (uma firme crença de que suas metas serão alcançadas).

- Para alcançar um resultado extraordinário, é necessário que se tenha dedicação, meticulosidade e honestidade.
- Devemos ter atenção com as palavras que usamos e com nossa capacidade de ouvir e de persuadir os outros, pois nossos relacionamentos e negócios dependem muito disso.
- Precisamos de parceiros e conselheiros com quem possamos compartilhar nossas ideias e que ofereçam conselhos e críticas sempre que necessário.

O Selo de Salomão é representado por dois triângulos sobrepostos, o que retrata a transformação dos processos alquímicos, união do triângulo de pé (fogo) e do triângulo invertido (água), simboliza a fusão da imanência e da transcendência, a síntese das energias cósmicas.

O Selo de Salomão é chamado assim pelo fato de que o rei Salomão tinha um anel com esse desenho, o qual utilizava como forma de afastar os maus espíritos, simbolizando, assim, a proteção divina.

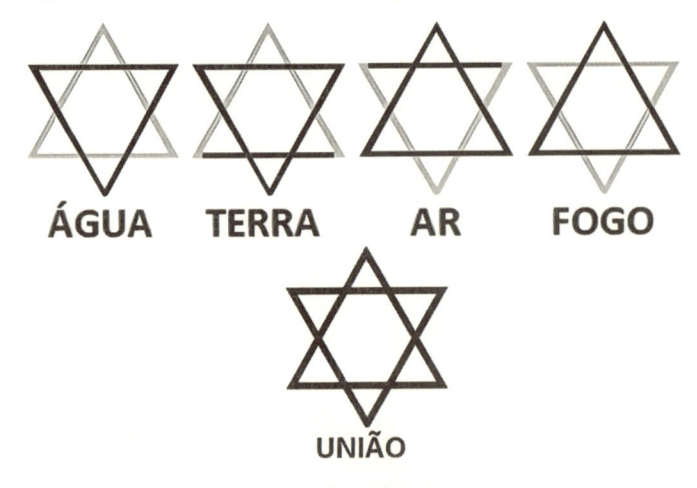

ÁGUA   TERRA   AR   FOGO

UNIÃO

Selo de Salomão

A sexta dimensão da consciência é a das pessoas e dos relacionamentos, ativa a nossa capacidade de cuidar. Mais sensibilidade e espaço para falar dos sentimentos. Decisões com base em consenso. Oportunidades e recursos distribuídos igualmente entre todos. Todos devem participar com colaboração. A diversidade é importante. A cor verde, associada a essa dimensão, remete à natureza, à ecologia e às plantas.

Dimensão de consciência limitante, em que acontece a definição dos papéis sociais. Nessa perspectiva, inicia-se a descoberta dos valores humanos, como a igualdade, a diversidade, a compaixão e a sustentabilidade. As pessoas se preocupam com questões sociais e ambientais, buscando o consenso e a cooperação. Essa dimensão valoriza o bem-estar de todos.

Na perspectiva do eneagrama, é o nível do papel social. A pessoa parece relativamente elevada, mas viola seus próprios interesses e seu desenvolvimento. O ego é reforçado, as defesas são aumentadas e os desequilíbrios são introduzidos. Diminuição da capacidade de autoconsciência e presença.

O papel social se refere às responsabilidades atribuídas na relação com determinados grupos sociais, ou seja, as ações que a sociedade espera de uma pessoa que ocupa aquela posição. É o resultado da socialização, pois desenvolvem-se comportamentos e características de acordo com o papel e o *status* social. Em cada ambiente (escolar, religioso, familiar, trabalho, lazer etc.) há um padrão comportamental e, por isso, o papel social define o conjunto de normas, direitos e deveres que precisam ser seguidos. Esse tipo de percepção gera os chamados "padrões de normalidade". E aqueles que não os seguem ficam suscetíveis a reações como exclusão social ou preconceito.

Nessa perspectiva, as pessoas são levadas a determinadas maneiras de pensar, sentir ou agir devido a forças externas (consciência coletiva).

Desse modo, independentemente das vontades e escolhas individuais, as pessoas adotam hábitos de acordo com o que é preestabelecido pela sociedade – os fatos sociais são exteriores ao sujeito, pois quando ele nasce a sociedade já é baseada em regras, e cabe apenas aprendê-las e segui-las.

Podemos cair na armadilha de tentar fabricar um eu que satisfaça os nossos anseios e os das pessoas com as quais nos relacionamos. Ironicamente, quanto mais tentarmos corresponder ao molde de quem pensamos que deveríamos ser, mais fraca será a nossa conexão com nossos verdadeiros dons essenciais e, portanto, também a nossa ligação com o que somos se enfraquece.

Usamos nossas habilidades a ponto de elas se transformarem em obsessões. Parece de alguma forma perigoso desviar-se do ideal (por mais que isso pareça para o nosso tipo de personalidade específico). Nós ainda somos, em grande parte, pessoas decentes, mas de alguma forma menos tranquilas. É mais óbvio o que valorizamos, o que achamos que podemos oferecer e o que pensamos que merecemos. Nossa identificação com a persona que construímos é forte, porém, infelizmente, nossa identificação com o medo de falhar também é.

Nessa dimensão, o mundo exterior começa a alimentar os medos do ego, e é fácil começar a nos preocupar com o fato de os outros ou o mundo em geral não nos responderem da forma que desejamos, quer deixando de nos dar algo, quer vindo até nós com algo que queremos evitar. Isso nos deixa ainda mais emaranhados na teia do ego, e, se não for controlado, pode nos fazer descer uma dimensão.

O espírito humano deve se livrar da ganância, dos dogmas, das divergências; sentimentos e cuidados substituem a fria racionalidade. Contra hierarquias, estabelece vínculos por meio do eu permeável relacional e com inter-relacionamento de grupos. Ênfase no diálogo e nos relacionamentos. Base das comunidades coletivas (isto é, afiliações baseadas em sentimentos comuns, escolhidas livremente). Decide através da reconciliação e do consenso.

Renova a espiritualidade, cria harmonia, enriquece o potencial humano. Fortemente igualitário, anti-hierárquico, valores pluralistas, construção social da realidade, diversidade, multiculturalismo, sistemas de valores relativos. Essa visão de mundo é frequentemente denominada de "relativismo pluralista". Pensamento subjetivo, não linear, demonstra um alto grau de calor humano, sensibilidade e cuidado pela Terra e por todos os seus habitantes.

Onde é encontrada: ecologia profunda, pós-modernismo, idealismo holandês, terapia rogeriana, sistema de saúde canadense, psicologia humanista, teologia da libertação, cooperativismo, Conselho Mundial de Igrejas, Greenpeace, ecopsicologia, direitos dos animais, ecofeminismo, pós-colonialismo, Foucault/Derrida, o politicamente correto, movimentos de diversidade, temas de direitos humanos.

Em resumo, destacamos os principais aspectos dessa dimensão de consciência:
- Surgiu há 150 anos, com as comunidades
- Valores de igualdade, humanismo e cuidado com os outros
- Valorização da diversidade e da sustentabilidade
- Ênfase na cooperação e na resolução de conflitos
- É onde estão os papéis sociais

- Frequência vibracional: de 400 Hertz a 500 Hertz
- Corresponde a 10% da população, 15% de poder

Nessa dimensão, passamos por estes filtros no pensar, no sentir e no agir:

FILTROS	TÓXICO	SAUDÁVEL
Pensar	Obsessão por pensar na falta de apoio e/ou desconfiança em tudo.	Analisar com quem compartilhar as angústias e paranoias.
Sentir	Ansiedade e angústia excessivas, o que leva a paranoia, manifestação de ciúmes, acusações falsas, mania de perseguição e falta completa de confiança nas relações.	Facilidade em gerenciar aspectos técnicos e comportamentais, na própria vida e também nas suas atuações e interações, sejam pessoais e/ou profissionais, facilitando a colaboração entre todos.
Agir	Não abrir espaço para ser escutado e apoiado.	Escutar as vozes internas com respeito profundo.

6ª DIMENSÃO DAS PESSOAS

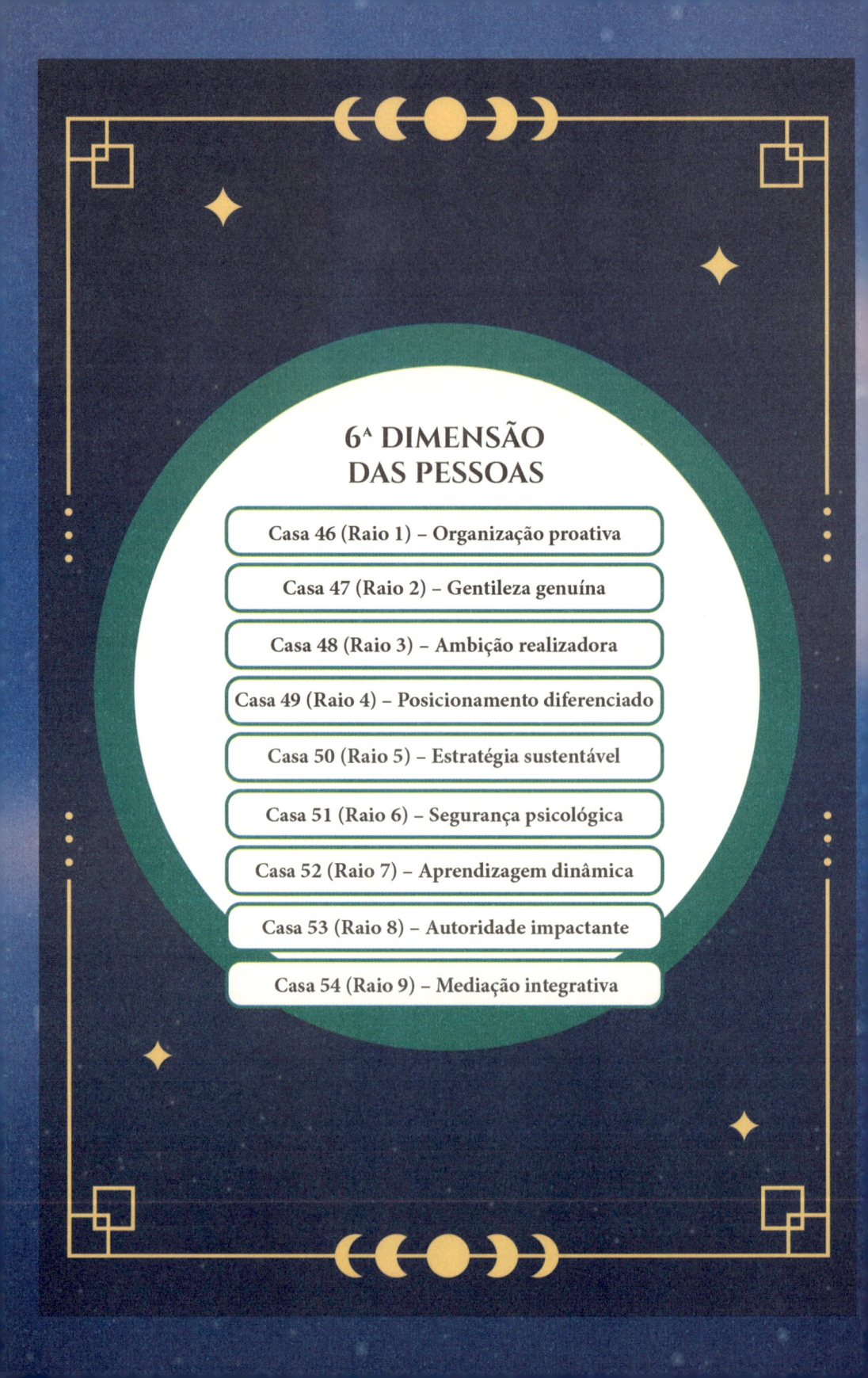

- Casa 46 (Raio 1) – Organização proativa
- Casa 47 (Raio 2) – Gentileza genuína
- Casa 48 (Raio 3) – Ambição realizadora
- Casa 49 (Raio 4) – Posicionamento diferenciado
- Casa 50 (Raio 5) – Estratégia sustentável
- Casa 51 (Raio 6) – Segurança psicológica
- Casa 52 (Raio 7) – Aprendizagem dinâmica
- Casa 53 (Raio 8) – Autoridade impactante
- Casa 54 (Raio 9) – Mediação integrativa

CASA 46 (RAIO 1) – ORGANIZAÇÃO PROATIVA
RESPONSABILIDADE I EFICIÊNCIA I ESTRUTURAÇÃO

A organização proativa é como um maestro habilidoso que rege uma sinfonia meticulosamente planejada, garantindo que cada nota seja executada no tempo certo. No entanto, é preciso lembrar que, em meio à partitura estruturada, a música da vida muitas vezes se revela em acordes improvisados, pedindo uma melodia flexível, a fim de sintonizar as surpresas que a jornada apresenta.

A organização proativa representa a habilidade de parar, pensar, planejar, executar e avaliar as ações necessárias para alcançar os objetivos pessoais e coletivos. Essa capacidade pode ser facilitadora quando permite agir com eficiência e responsabilidade. No entanto, embora auxilie na realização de sonhos, também pode limitar a capacidade de aproveitar as oportunidades e surpresas da vida.

Acredita-se que, ao agir de maneira organizada e proativa, é possível alcançar efetivamente metas pessoais e coletivas. Isso envolve uma abordagem disciplinada e focada, buscando eficiência e responsabilidade em todas as ações em direção aos objetivos desejados.

No entanto, é crucial reconhecer que, em alguns casos, a rigidez excessiva na busca da organização pode levar à perda de flexibilidade e à incapacidade de se adaptar a mudanças inesperadas. A organização proativa, quando não equilibrada, pode resultar em uma abordagem excessivamente estruturada e na perda de oportunidades que surgem fora do plano previamente estabelecido.

A jornada de integração para aqueles que trilham o caminho da organização proativa envolve encontrar um equilíbrio entre a eficiência planejada e a abertura para as surpresas que a vida oferece. Desenvolver a capacidade de se adaptar a mudanças e abraçar os imprevistos e as oportunidades inesperadas é crucial nesse processo.

Reflexão primordial: como a busca pela organização tem influenciado sua capacidade de se adaptar a mudanças e abraçar oportunidades não planejadas ao longo da sua jornada?

Regra de Chumbo: volte para a 3ª DIMENSÃO – PODER e leia a CASA 19 (RAIO 1) – REATIVIDADE.

Regra de Ouro: avance para a 9ª DIMENSÃO – SINGULARIDADE e leia a CASA 73 (RAIO 1) – ACEITAÇÃO DIVINA.

CASA 47 (RAIO 2) – GENTILEZA GENUÍNA
AMABILIDADE I CORTESIA I SOLIDARIEDADE

A gentileza genuína é como um sol que toca todos ao seu redor com calor e luz No entanto, é vital lembrar que, assim como a luz solar é benéfica na dose certa, em excesso pode queimar e fazer grandes estragos.

A gentileza genuína é a habilidade de ser amável, cortês e solidário sem esperar nada em troca. Essa qualidade pode ser facilitadora quando nos inspira a tratar os outros com respeito, carinho e compaixão. No entanto, é importante estar atento, pois a gentileza genuína pode se tornar um desafio quando leva à negligência das próprias necessidades, sentimentos e opiniões.

Ao agir com gentileza autêntica, é possível criar relações saudáveis, promovendo um ambiente de respeito e empatia. Isso envolve expressar amor e preocupação pelos outros de maneira genuína, sem esperar reciprocidade.

No entanto, é essencial reconhecer que a gentileza genuína, quando desequilibrada, pode resultar em sacrificar as próprias necessidades em prol dos outros, levando à falta de autenticidade e à negação dos próprios sentimentos.

A jornada de integração para aqueles que trilham o caminho da gentileza genuína envolve encontrar um equilíbrio saudável entre cuidar dos outros e atender às próprias necessidades. Desenvolver a capacidade de ser gentil consigo mesmo, estabelecer limites saudáveis e expressar as próprias opiniões é crucial nesse processo.

Reflexão primordial: como a busca pela gentileza genuína tem influenciado sua capacidade de atender às suas próprias necessidades e expressar suas opiniões ao longo da sua jornada?

Regra de Chumbo: volte para a 3ª DIMENSÃO – PODER e leia a CASA 20 (RAIO 2) – REPRESSÃO.

Regra de Ouro: avance para a 9ª DIMENSÃO – SINGULARIDADE e leia a CASA 74 (RAIO 2) – PROVIDÊNCIA DIVINA.

CASA 48 (RAIO 3) – AMBIÇÃO REALIZADORA
EMPREENDEDORISMO I SUCESSO I CRESCIMENTO

A ambição realizadora é como um navio, desbravando os mares do sucesso e da realização. No entanto, como todo navegador experiente, é crucial ajustar as velas para enfrentar as tempestades, mantendo o equilíbrio entre o alcance de novos horizontes e a preservação das relações com sua tripulação, navegando com consciência emocional em um mar mais calmo.

A ambição realizadora é a habilidade de buscar a prosperidade, o sucesso e a realização pessoal e profissional. Pode ser uma facilitadora quando impulsiona o crescimento, incentivando a saída da zona de conforto e o desejo de alcançar mais. No entanto, é essencial observar que a ambição realizadora pode se transformar em uma fraqueza quando leva à ganância, prejudicando as relações pessoais, resultando em uma busca incessante para provar o próprio valor, em competição excessiva e em um esforço desmedido motivado pelo medo do fracasso.

Ao perseguir metas ambiciosas, é possível alcançar o sucesso pessoal e profissional, proporcionando satisfação e realização. Contudo, é importante equilibrar essa ambição, pois o excesso pode levar a uma negligência emocional, a um desgaste nas relações interpessoais e a uma busca incessante por validação externa ou até a um *burnout*.

A jornada de integração para aqueles que trilham o caminho da ambição realizadora envolve encontrar um equilíbrio saudável entre a busca pelo sucesso e a valorização das relações humanas. Desenvolver a consciência emocional e cultivar relações autênticas são passos cruciais nesse processo.

Reflexão primordial: como a busca pela realização e pelo sucesso tem impactado suas relações interpessoais e a sua própria jornada de autodescobrimento?

Regra de Chumbo: volte para a 3ª DIMENSÃO – PODER e leia a CASA 21 (RAIO 3) – IDENTIFICAÇÃO.

Regra de Ouro: avance para a 9ª DIMENSÃO – SINGULARIDADE e leia a CASA 75 (RAIO 3) – ESPERANÇA DIVINA.

CASA 49 (RAIO 4) – POSICIONAMENTO DIFERENCIADO
INDIVIDUALIZAÇÃO I DIFERENCIAÇÃO I MARCA ÚNICA

O posicionamento diferenciado é como uma nota única em uma sinfonia, enriquecendo a melodia com sua singularidade. No entanto, é vital sintonizar essa nota com a harmonia coletiva, garantindo que cada tom contribua de forma especial para a beleza da melodia completa.

O posicionamento diferenciado é a habilidade de se destacar, de se expressar e se posicionar de maneira única no meio social. Essa capacidade pode ser facilitadora quando permite revelar seus dons, potenciais e originalidade. No entanto, é crucial observar que o posicionamento diferenciado pode se transformar em um obstáculo quando leva à arrogância, ao individualismo excessivo ou à demonstração de superioridade.

Ao se destacar e expressar seu posicionamento único, é possível contribuir de maneira singular para o meio social, promovendo o crescimento pessoal e coletivo. No entanto, é essencial equilibrar essa diferenciação, evitando comportamentos que possam alienar os outros e prejudicar as relações interpessoais.

A jornada de integração para aqueles que trilham o caminho do posicionamento diferenciado envolve a consciência da importância da empatia e da colaboração. A valorização das contribuições individuais, aliada à compreensão das necessidades coletivas, torna-se fundamental nesse processo.

Reflexão primordial: como seu modo único de se posicionar tem afetado suas relações e a colaboração em seu ambiente social?

Regra de Chumbo: volte para a 3ª DIMENSÃO – PODER e leia a CASA 22 (RAIO 4) – INTROJEÇÃO.

Regra de Ouro: avance para a 9ª DIMENSÃO – SINGULARIDADE e leia a CASA 76 (RAIO 4) – BELEZA DIVINA.

CASA 50 (RAIO 5) – ESTRATÉGIA SUSTENTÁVEL
VISÃO ESTRATÉGICA I IMPLEMENTAÇÃO I ANÁLISE AMBIENTAL

A estratégia sustentável é como um arquiteto visionário, desenhando planos para uma cidade próspera. No entanto, deve evitar a construção de castelos, garantindo que cada tijolo seja assentado com pragmatismo, evitando a armadilha do idealismo excessivo – que poderia fazer desmoronar os alicerces da sustentabilidade.

A estratégia sustentável é a habilidade de planejar, implementar e analisar soluções que visam o bem-estar social, ambiental e econômico. Essa capacidade pode ser facilitadora quando impulsiona a ação com visão estratégica, responsabilidade e inovação. No entanto, é necessário estar atento, pois a estratégia sustentável também pode se transformar em um desafio quando resulta em utopia ou idealismo excessivo.

Ao aplicar uma abordagem estratégica e sustentável, é possível contribuir para o desenvolvimento equilibrado e duradouro das comunidades, do meio ambiente e da economia. Contudo, é essencial equilibrar essa abordagem, evitando a criação de soluções que, apesar de bem-intencionadas, podem se tornar irrealistas ou ineficazes na prática.

A jornada de integração para aqueles que trilham o caminho da estratégia sustentável envolve a busca constante por soluções realistas, aliadas ao compromisso com a preservação dos recursos e à promoção do bem-estar coletivo.

Reflexão primordial: como suas estratégias para o bem-estar social, ambiental e econômico têm impactado positivamente sua comunidade e quais ajustes podem torná-las mais práticas e eficazes?

Regra de Chumbo: volte para a 3ª DIMENSÃO – PODER e leia a CASA 23 (RAIO 5) – ISOLAMENTO.

Regra de Ouro: avance para a 9ª DIMENSÃO – SINGULARIDADE e leia a CASA 77 (RAIO 5) – ABUNDÂNCIA DIVINA.

CASA 51 (RAIO 6) – SEGURANÇA PSICOLÓGICA
AMBIENTE ACOLHEDOR I EXPRESSÃO LIVRE I BEM-ESTAR SOCIAL

A segurança psicológica é como um abraço caloroso que acolhe cada pensamento e cada emoção com consideração. No entanto, é preciso cuidado para não gerar uma gentileza falsa ou superficial, mantendo um equilíbrio entre o acolhimento seguro e o espaço para que cada ideia floresça em sua singularidade.

A segurança psicológica é a crença de que um membro de uma equipe não será punido nem humilhado por expor ideias, dúvidas, preocupações ou erros, e que a equipe está segura para assumir riscos interpessoais, em um ambiente que permite que as pessoas sejam francas, segundo a pesquisadora de Harvard Amy Edmondson.

Representa a habilidade de criar um ambiente seguro e tranquilo, onde as pessoas se sintam verdadeiramente vistas, ouvidas e protegidas. Essa capacidade pode ser facilitadora ao estabelecer condições para que as pessoas se sintam confortáveis, evitando exposições excessivas e situações de risco. No entanto, é importante observar que a segurança psicológica também pode apresentar desafios quando contribui para acomodação e dependência emocional.

Acredita-se que, ao proporcionar um ambiente acolhedor e protetor, é possível fomentar o bem-estar mental, promovendo relações saudáveis e a expressão autêntica das emoções. No entanto, é necessário equilibrar esse cuidado com a autonomia e o desenvolvimento individual, evitando criar uma dependência excessiva.

A jornada de integração para aqueles que cultivam a segurança psicológica envolve o entendimento da importância da autonomia emocional e a promoção de um ambiente que estimule o crescimento pessoal.

Reflexão primordial: como suas práticas para criar um ambiente de segurança psicológica podem ser ajustadas para promover tanto o conforto emocional quanto o desenvolvimento das potencialidades individuais?

Regra de Chumbo: volte para a 3ª DIMENSÃO – PODER e leia a CASA 24 (RAIO 6) – PROJEÇÃO.

Regra de Ouro: avance para a 9ª DIMENSÃO – SINGULARIDADE e leia a CASA 78 (RAIO 6) – FÉ DIVINA.

CASA 52 (RAIO 7) – APRENDIZAGEM DINÂMICA
INOVAÇÃO I POSTURA DE APRENDIZ I DESENVOLVIMENTO CONTÍNUO

A aprendizagem dinâmica é como um rio em constante movimento, fluindo pela vastidão do conhecimento. Contudo, assim como as águas que encontram seu caminho, é essencial ter cuidado com a correnteza da dispersão e manter a profundidade, para que as águas sigam seu curso natural.

A aprendizagem dinâmica representa o processo contínuo de desenvolvimento de conhecimentos e habilidades ao longo da vida. É a habilidade de aprender de forma autônoma, colaborativa e criativa, permitindo aprimorar constantemente seus recursos, para enfrentar desafios e participar de um *continuum* de desenvolvimento.

Essa capacidade é facilitadora quando estimula a inovação, o compartilhamento de ideias e conhecimentos e a aplicação prática de novas habilidades. No entanto, é crucial estar atento para não cair na armadilha da dispersão, da superficialidade e da insaciabilidade, que podem acompanhar o desejo incessante por aprender.

A jornada de integração para aqueles que buscam a aprendizagem dinâmica envolve equilibrar a busca por conhecimento com a aplicação efetiva desses aprendizados na vida cotidiana, promovendo não apenas o acúmulo de informações, mas também a experimentação e a sabedoria prática.

Reflexão primordial: como você pode canalizar seu desejo contínuo de aprender para uma aplicação significativa e equilibrada em sua jornada pessoal e profissional?

Regra de Chumbo: volte para a 3ª DIMENSÃO – PODER e leia a CASA 25 (RAIO 7) – RACIONALIZAÇÃO.

Regra de Ouro: avance para a 9ª DIMENSÃO – SINGULARIDADE e leia a CASA 79 (RAIO 7) – INTUIÇÃO DIVINA.

CASA 53 (RAIO 8) – AUTORIDADE IMPACTANTE
LIDERANÇA ASSERTIVA I INFLUÊNCIA POSITIVA I PODER RESPONSÁVEL

A autoridade impactante é como um farol que orienta o navio em uma tempestade, guiando-o com clareza. No entanto, assim como a luz intensa pode cegar, é crucial moderar sua intensidade, para evitar ofuscar aqueles que buscam orientação e permitir que todos sob sua luz encontrem seu próprio caminho.

A autoridade impactante representa a habilidade de exercer poder, influência e liderança de maneira construtiva e ética. Aqui, a liderança assertiva é fundamental para inspirar, proteger e assumir responsabilidades diante das pessoas ao seu redor.

No entanto, é importante reconhecer que essa forma de autoridade pode se tornar um problema quando utilizada de maneira desmedida, resultando em domínio, controle excessivo e intimidação dos outros.

A jornada de integração para aqueles que exercem a autoridade impactante envolve o refinamento da abordagem de liderança. Isso significa equilibrar a firmeza na condução de equipes com empatia, compreensão e consideração pelas necessidades e perspectivas dos colaboradores. Ao criar um ambiente que valoriza a colaboração e o respeito mútuo, a liderança se torna mais eficaz e benéfica para todos.

Reflexão primordial: como você pode utilizar sua autoridade de maneira construtiva, promovendo um ambiente de crescimento e cooperação em sua esfera de influência?

Regra de Chumbo: volte para a 3ª DIMENSÃO – PODER e leia a CASA 26 (RAIO 8) – NEGAÇÃO.

Regra de Ouro: avance para a 9ª DIMENSÃO – SINGULARIDADE e leia a CASA 80 (RAIO 8) – VERDADE DIVINA.

CASA 54 (RAIO 9) – MEDIAÇÃO INTEGRATIVA
CONSENSO I RESOLUÇÃO COOPERATIVA I COMUNICAÇÃO EFICAZ

A mediação integrativa é como um delicado bordado, em que cada ponto representa a expressão única de pensamentos e sentimentos. No entanto, é preciso cuidado para não perder o fio da comunicação eficaz, pois a confiança tece a resolução cooperativa que sustenta a trama das relações.

A mediação integrativa é uma prática imparcial que oferece a todas as partes envolvidas em um conflito a oportunidade e o espaço necessários para buscar soluções que atendam a cada pessoa. Nesse processo, as partes são convidadas a expressar seus pensamentos, pontos de vista e necessidades, visando encontrar um consenso de maneira cooperativa.

Essa habilidade envolve conduzir e resolver conflitos entre pessoas ou grupos com suavidade, considerando os ritmos naturais das interações. A mediação integrativa é facilitadora quando promove a cooperação, a compreensão mútua e a pacificação das situações. No entanto, pode tornar-se problemática quando não proporciona espaço para a expressão individual ou quando a confiança mútua é prejudicada.

Na jornada de integração, é essencial aprimorar as habilidades de comunicação eficaz, a empatia e a construção de relações de confiança.

Isso permite que a mediação integrativa cumpra seu propósito de maneira mais completa, promovendo relações saudáveis e soluções duradouras.

Reflexão primordial: como você pode aprimorar sua capacidade de criar um espaço seguro para a expressão, promover a compreensão e construir a confiança, garantindo que todos os envolvidos se sintam respeitados e ouvidos no processo?

Regra de Chumbo: volte para a 3ª DIMENSÃO – PODER e leia a CASA 27 (RAIO 9) – NARCOTIZAÇÃO.

Regra de Ouro: avance para a 9ª DIMENSÃO – SINGULARIDADE e leia a CASA 81 (RAIO 9) – UNIDADE DIVINA.

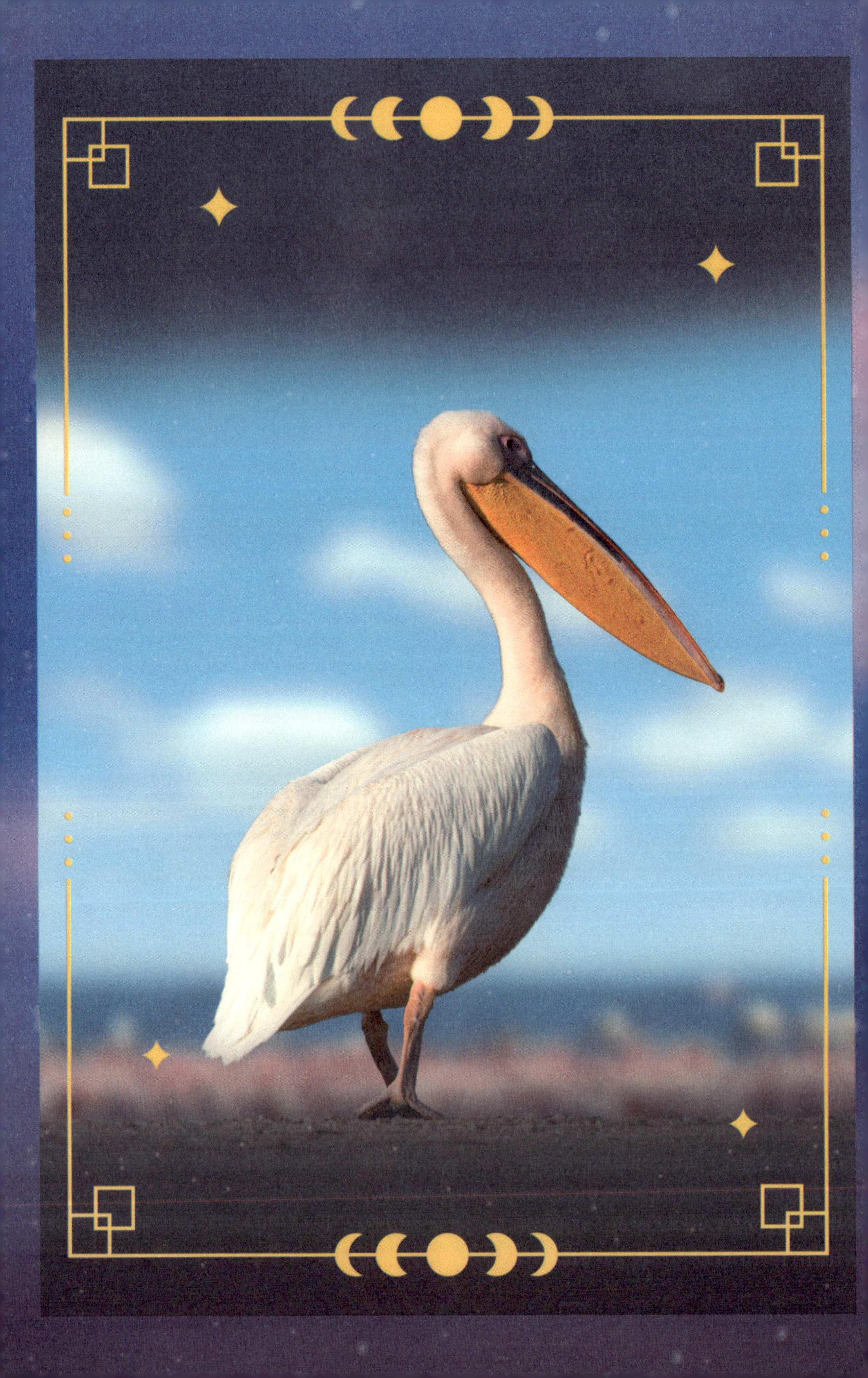

FASE 3 – CITREDO

O PELICANO RADIANTE SOB A LUZ DO SOL

Assim como o pelicano radiante sob a luz do sol, que generosamente arranca pedaços da própria carne para alimentar seus filhotes, o aprendizado da citredo nos ensina a compartilhar os nossos tesouros do amadurecimento integral com as pessoas, oferecendo expansão da consciência por meio da abertura inclusiva, compartilhando experiências valiosas de nossa jornada para nutrir as relações ao nosso redor.

O amarelo representa o processo de amadurecimento, significa que o branco do albedo amarelou, envelheceu, como um papel branco que fica amarelado com o tempo.

O psicanalista americano James Hillman afirmou que a fase amarela interrompe a fase em que a pessoa só pensa em si mesma. Agora, já não é apenas o que interessa à própria realidade que tem importância para a pessoa.

Há uma maior abertura emocional e mental: essa etapa está ligada à educação, aos ensinamentos, à aprendizagem. É dedicada ao estudo, a uma revisão de conceitos e de preconceitos em que, por nos entendermos melhor, podemos compreender melhor os outros nos seus próprios dramas e desafios. Nessa fase, compreendemos melhor as semelhanças entre os nossos processos e os processos dos outros, o que possibilita um novo olhar sobre os seus comportamentos, referências e escolhas. Percebemos que o outro busca, afinal, o mesmo que nós, só que o faz por caminhos diferentes.

Começamos a olhar para além de nós próprios, e uma nova compreensão emerge nos nossos relacionamentos. Desponta uma vontade genuína de partilharmos as nossas experiências e de estarmos mais próximos dos outros, de ajudá-los. Renovamos a nossa eficácia na esfera social, alcançando um novo nível de pacificação nos nossos relacionamentos. Cumpre-se um trabalho profundo sobre o nosso ego. O amarelo torna-se então radiante, dourado, como os raios de sol da aurora que anunciam um novo dia. Inicia-se a fase vermelha, o renascimento do entusiasmo, fogo e ardor. Estamos próximo de nos tornar uma nova pessoa.

Exercício: respire profunda e conscientemente durante dez minutos. Concentre-se na inspiração e expiração e na alquimia de vida que o ar produz em você. Pode repetir esse exercício diariamente. Espalhe notas pela sua casa, para se lembrar de respirar bem.

Quando a citredo está integrada, conquistamos:
- Abertura emocional e mental
- Compreensão profunda sobre as nossas relações (eu, nós e coletivo)
- Relacionamentos saudáveis

Nessa fase 3 – Citredo (saudável) estão as seguintes dimensões da consciência:

FASE 3 (SAUDÁVEL) – CITREDO
7ª Dimensão do Crescimento
8ª Dimensão da Contribuição

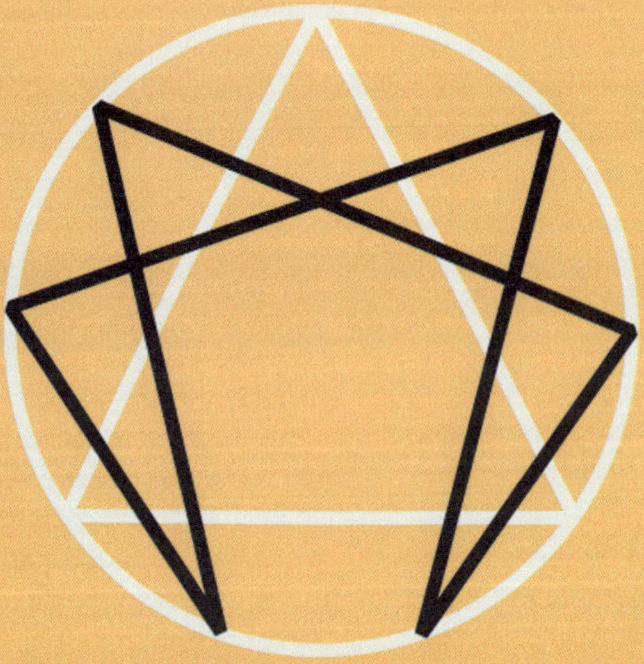

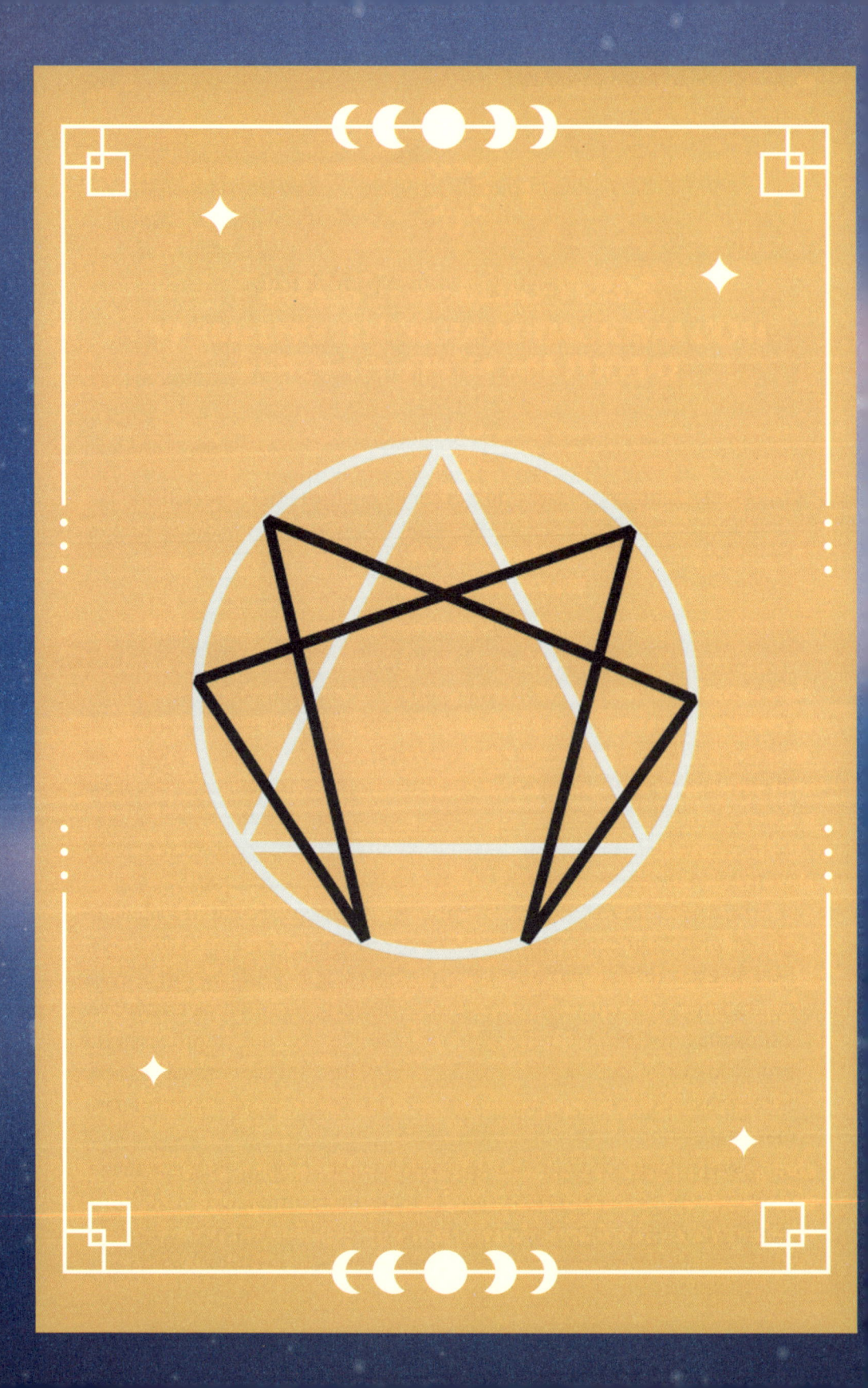

7ª DIMENSÃO DO CRESCIMENTO

A HÉXADE SAGRADA

O sete é uma combinação do três com o quatro. O três, representado por um triângulo, é o espírito. O quatro, representado por um quadrado, é a matéria. O sete, podemos dizer, é o espírito na terra, apoiado nos quatro elementos, ou a matéria "iluminada pelo espírito". É a alma servida pela natureza.

A sétima dimensão da consciência é a do crescimento e do desenvolvimento, ativa nossa capacidade de integrar. Conhecimento e competência são mais importantes que posição, poder e *status*. As diferenças podem ser integradas em fluxos interdependentes, sinérgicos e naturais. A continuidade da vida em sua completude deve ser valorizada acima das posses materiais. A cor amarela associada a essa dimensão se relaciona à cor da energia solar e das tecnologias alternativas.

A Lei do 7, representada pelo símbolo da héxade, refere-se à ideia de que os processos evolutivos ou ciclos ocorrem em sete etapas distintas. Essa lei está relacionada com a ideia de sete estágios de desenvolvimento ou transformação, e é frequentemente associada a sistemas esotéricos e filosofias que reconhecem padrões cósmicos. Explica o processo de evolução e até se encontra nos ciclos lunares. Também se verifica nas sete notas musicais, nos sete dias da semana, nas sete cores do arco-íris ou na matemática ($1 \div 7 = 0{,}14285714\ldots$).

Essa lei demonstra que todo fenômeno evolui ao longo do tempo numa série de passos sequenciais. Essa sequência, no entanto, não é uniforme; existem períodos de aceleração e de desaceleração, ou, ainda, a energia que impulsiona o surgimento do fenômeno torna-se alternadamente mais forte e mais fraca. Existem, portanto, pontos cruciais nessa sequência em que energias adicionais devem ser colocadas para que não ocorram desvios que possam impedir a concretização do fenômeno.

A esses pontos dá-se o nome de "choques". Quando uma energia adicional não é colocada no ponto de choque, ocorre um desvio na evolução do fenômeno que o distancia da sua concretização.

Héxade sagrada do eneagrama

Dimensão de consciência saudável marcada pela visão sistêmica, por flexibilidade mental e busca de conhecimento, em que se busca compreensão e crescimento pessoal, em que os talentos são cultivados, gerando um processo natural de amadurecimento e desenvolvimento, com a ativação predominante do neocórtex.

Essa perspectiva representa uma mudança significativa na consciência, um salto quântico, à medida que as pessoas começam a ver a complexidade do mundo de forma mais clara. O pensamento sistêmico e a busca por soluções holísticas se tornam importantes. Pessoas nessa dimensão são adaptáveis e buscam uma compreensão mais profunda das questões existenciais.

Na alquimia, os sete metais são tradicionalmente associados aos sete planetas, classificados aqui por ordem de densidade:

♄　♃　♂　♀　☿　☽　☉

Saturno　Júpiter　Marte　Vênus　Mercúrio　Lua　Sol
chumbo　*estanho*　*ferro*　*cobre*　*mercúrio*　*prata*　*ouro*

+ espesso　　　　　　　　　　　　　　　　　　+ sutil

Sete metais e planetas na alquimia

A doutrina alquímica relaciona dois setenários, o que pode parecer misterioso. Na realidade, não se trata de dois sistemas de esferas distintas, mas de uma mesma realidade manifestada sob dois modos diferentes:

O primeiro modo (denominado "setenário superior") é um despertar progressivo do ser humano por meio da ascensão das esferas, antes de descer novamente para reencontrar o seu ser completo, total, equilibrado e alinhado com a lei divina.

Inversamente, o segundo modo (denominado "setenário inferior") evoca uma descentralização, ou seja, a aparência de um poder do "eu" corruptor, vulgar, desconectado de Deus. Como consequência direta, a verdadeira luz está oculta: é o sono do ser humano. As Sete Esferas são então os Sete Selos (ou o dragão com sete cabeças), que evitam que seres não despertos e não regenerados percebam o fogo divino.

Na perspectiva do eneagrama, esse é o nível de valor social. Na faixa saudável, as pessoas expressam seus valores de forma ao mesmo tempo construtiva e generosa. Há aqui o ativismo positivo e bem-sucedido, apenas como exemplo de como usamos nossos verdadeiros dons e talentos para um bem maior, mas também com algum interesse investido no resultado, estimulando a nós mesmos, em certo sentido. Aqui é provável que sejamos úteis e contribuamos positivamente para nós mesmos e para os outros.

O medo que pode aparecer aqui é bem capturado pela frase "você não está fazendo o suficiente". Até agora, o ego praticamente cumpriu nossas ordens, ou pelo menos é o que parece. Parece amigável, como se estivesse do nosso lado. De certo modo, temos a falsa sensação de segurança, visto que o ego pode realmente saber o que está fazendo. Esse medo, então, é basicamente uma versão retocada do nosso medo básico (o primeiro que se apoderou de nós) e nos obriga a fazer mais.

Esse medo Don Riso também denominou de chamado do despertar, pois ameaça causar uma leve mudança de equilíbrio para os níveis limitantes. Além disso, é claro, serve exatamente para isso: um sistema de alarme, que, se aproveitado, poderemos usar para nos manter saudáveis.

Já não basta nos vermos de uma certa forma para contrariar as ansiedades subjacentes. Em vez disso, desejamos mostrar aos outros quem somos para reforçar nossa autoimagem. Nessa dimensão, nos relacionamos com os outros principalmente (mas não exclusivamente) por meio de nossas qualidades e dons.

Queremos compartilhar nossos dons, talentos e habilidades, acreditando que eles terão um impacto positivo naqueles que nos rodeiam. Procuramos nutrir nos outros as mesmas qualidades com as quais nos identificamos. Queremos ajudar, ensinar e fortalecer os outros para que atinjam todo o seu potencial e compartilhamos o prazer do sucesso dos outros.

Apesar de um profundo desejo de mostrar aos outros quem somos, não buscamos validação de nossa autoimagem. Não há necessidade de fazê-lo, porque sabemos que nosso comportamento saudável é uma manifestação direta das qualidades e se sustenta por si só. Simplesmente expressando nossa autoimagem por meio da ação nós a reforçamos. Ao interagir com outras pessoas, criamos e sustentamos relacionamentos e sistemas de apoio. Acreditamos que esses relacionamentos ajudarão a atender nossas necessidades.

Nessa dimensão, estamos confiantes em nossa própria capacidade de lidar com o mundo. Não porque sejamos orgulhosos ou egoístas, mas porque acreditamos em nossos valores. Acreditamos que eles são o caminho para a realização, e nesse nível cremos que expressar essas qualidades nos fará sentir realizados. No entanto, não somos tão apegados à nossa autoimagem a ponto de só ver as coisas de uma maneira. Não temos medo de ser diferentes ou de questionar o *status quo*.

A autoestima desempenha um papel nessa dimensão de consciência. Começamos a nos sentir bem com nós mesmos quando estamos nos comportando de maneira consistente com nossa autoimagem. Nossas qualidades servem como um conjunto de princípios orientadores que aplicamos a nós mesmos. Desde que sigamos essas diretrizes, sentimos que somos boas pessoas.

Não basta pensar em nós mesmos de uma determinada maneira, temos que agir com coerência. A autoestima reforça essas ações, pois nos faz sentir bem quando agimos dessa forma. Se escolhermos nos comportar de forma diferente, podemos ficar ansiosos ou menos confiantes em nós mesmos.

Em resumo, destacamos os principais aspectos dessa dimensão de consciência:

- Surgiu há 50 anos, com os sistemas integrativos
- Salto quântico de consciência para a 2ª camada
- Início do conceito de ecologia integral
- Aprendizagem contínua e compreensão de sistemas complexos
- Adaptação à mudança e flexibilidade mental
- É onde se manifestam os talentos cultivados
- Pensamento sistêmico e soluções criativas
- Frequência vibracional: de 500 Hertz a 600 Hertz
- Corresponde a 1% da população, 5% de poder

Nessa dimensão, passamos por estes filtros no pensar, no sentir e no agir:

FILTROS	TÓXICO	SAUDÁVEL
Pensar	Buscar prazer para não enfrentar a realidade.	Compreender a origem sistêmica da necessidade das compulsões.
Sentir	Ter prazer compulsivo pela busca da felicidade no exagero, seja na alimentação, no consumismo, ambição e/ou trabalho.	Entusiasmo para fazer acontecer e criar as condições para inovar e produzir soluções completas, simples e efetivas para o contexto.
Agir	Ficar sozinho e focar as compulsões.	Aprender a lidar com o vazio, realizando desapego.

7ª DIMENSÃO DO CRESCIMENTO

- Casa 55 (Raio 1) – Responsabilidade sistêmica
- Casa 56 (Raio 2) – Altruísmo inclusivo
- Casa 57 (Raio 3) – Flexibilidade estimulante
- Casa 58 (Raio 4) – Criatividade inspiradora
- Casa 59 (Raio 5) – Perspectiva visionária
- Casa 60 (Raio 6) – Confiança inteligente
- Casa 61 (Raio 7) – Simplicidade genial
- Casa 62 (Raio 8) – Liderança transparente
- Casa 63 (Raio 9) – Democracia profunda

CASA 55 (RAIO 1) – RESPONSABILIDADE SISTÊMICA
PRINCÍPIOS I ÉTICA ABRANGENTE I IMPACTO CONSCIENTE

A responsabilidade sistêmica é como ser o guardião de um ecossistema, entendendo que cada organismo contribui para o equilíbrio da natureza. Agir com ética abrangente é como cuidar das florestas e dos rios, reconhecendo que nossas escolhas reverberam e impactam toda a teia da vida.

A responsabilidade sistêmica é a habilidade de compreender as interdependências entre as partes que compõem o todo, a consciência e o comprometimento das partes envolvidas em manter o equilíbrio e o funcionamento saudável do sistema. Isso implica considerar não apenas as ações individuais, mas também o impacto delas no sistema como um todo. Essa aptidão se manifesta quando se age de forma ética, consciente e com foco na longevidade, reconhecendo que todas as ações geram impactos e consequências para os indivíduos, as relações e o sistema.

Essa abordagem se torna facilitadora quando há uma consciência interconectada, capaz de enxergar o panorama completo e integrado da realidade, e não apenas os detalhes de forma isolada. No entanto, é fundamental observar que a responsabilidade sistêmica pode se tornar um desafio quando não considera devidamente as complexidades e nuances envolvidas nas interações.

A jornada evolutiva para aqueles dotados da habilidade de responsabilidade sistêmica envolve o contínuo aprimoramento da percepção das interconexões, buscando agir de maneira ética e consciente em todas as situações. Isso implica uma constante busca pela compreensão dos impactos das ações em diferentes níveis, promovendo um equilíbrio entre as partes e o todo.

Reflexão primordial: como praticante da responsabilidade sistêmica, como você pode aprimorar sua capacidade de enxergar as interdependências e agir de maneira ética e sistêmica, considerando o impacto de suas ações em todos os níveis?

Regra de Chumbo: no capítulo AS SERPENTES DAS NOVE DIMENSÕES, leia VENENO: A SERPENTE DA ESCASSEZ DA 1ª DIMENSÃO.

Regra de Ouro: no capítulo OS DRAGÕES DOS NOVE RAIOS, leia o RAIO 1 – DRAGÃO DO AUTOPERDÃO.

CASA 56 (RAIO 2) – ALTRUÍSMO INCLUSIVO
COMPREENSÃO EMPÁTICA I SOLIDARIEDADE I DIVERSIDADE RESPEITADA

O altruísmo inclusivo é como um mosaico humano, em que cada peça é única e essencial para formar o conjunto da diversidade. Expressar solidariedade é a cola que une os pequenos pedaços de maneira específica para formar uma composição visual única e coesa. Respeitar as diferenças é reconhecer a contribuição de cada pedaço para a beleza da composição artística.

O altruísmo inclusivo é a habilidade de se colocar no lugar do outro, de sentir e expressar compaixão e de promover a diversidade nos diferentes contextos. Essa aptidão se manifesta quando se demonstra solidariedade diante das dores e alegrias alheias, celebrando as diferenças e semelhanças entre as pessoas e grupos com características específicas e traços tribais.

Essa postura se torna facilitadora quando há uma compreensão empática, capaz de estabelecer conexões profundas com as experiências alheias. Contudo, é crucial estar ciente de que o altruísmo inclusivo pode se tornar desafiador quando não reconhece as nuances e particularidades das diversas situações.

A jornada evolutiva para aqueles que possuem a habilidade do altruísmo inclusivo consiste em aprimorar constantemente a capacidade de se conectar emocionalmente com o próximo e de promover um ambiente que respeite e valorize a diversidade. Isso envolve não apenas sentir compaixão, mas também agir de maneira inclusiva, contribuindo para a construção de uma sociedade mais justa e harmônica.

Reflexão primordial: como praticante do altruísmo inclusivo, como você pode aprofundar ainda mais sua compreensão empática e promover a diversidade de maneira ativa em seu meio social?

Regra de Chumbo: no capítulo AS SERPENTES DAS NOVE DIMENSÕES, leia VENENO: A SERPENTE DO APEGO DA 2ª DIMENSÃO.

Regra de Ouro: no capítulo OS DRAGÕES DOS NOVE RAIOS, leia o RAIO 2 – DRAGÃO DA COMPAIXÃO.

CASA 57 (RAIO 3) – FLEXIBILIDADE ESTIMULANTE
ADAPTAÇÃO DINÂMICA I OTIMISMO I RESILIÊNCIA

A flexibilidade estimulante é como o bambu que se move ao sabor do vento, adaptando-se com graça às mudanças da brisa. Sua adaptabilidade permite que se curve sem se quebrar, enquanto o otimismo flui como uma seiva, alimentando um crescimento vibrante em meio aos desafios do solo da vida.

A flexibilidade estimulante é a habilidade de se adaptar às mudanças, explorar novas possibilidades, aprender com possíveis falhas e desfrutar do processo com entusiasmo. Essa aptidão se revela quando se demonstra otimismo diante dos desafios, explorando horizontes e aproveitando as oportunidades de crescimento.

Essa postura se torna facilitadora quando há uma adaptabilidade, permitindo uma abertura para a aprendizagem contínua e uma atitude exploratória diante das circunstâncias. No entanto, é importante estar ciente de que a flexibilidade estimulante pode se tornar um desafio quando não se consegue equilibrar o otimismo com a realidade nem aprender com as experiências.

A jornada evolutiva para aqueles que possuem a habilidade da flexibilidade estimulante envolve a contínua exploração de oportunidades, a aprendizagem constante com as experiências vividas e a manutenção de um otimismo equilibrado. Esse processo visa alcançar um estado de harmonia entre a disposição para o crescimento e a aceitação das mudanças da vida.

Reflexão primordial: como praticante da flexibilidade estimulante, de que maneira você pode manter um otimismo equilibrado e a resiliência em meio aos desafios da vida, a fim de promover o progresso para todos?

Regra de Chumbo: no capítulo AS SERPENTES DAS NOVE DIMENSÕES, leia VENENO: A SERPENTE DA IMAGEM DA 3ª DIMENSÃO.

Regra de Ouro: no capítulo OS DRAGÕES DOS NOVE RAIOS, leia o RAIO 3 – DRAGÃO DO FLOW.

CASA 58 (RAIO 4) – CRIATIVIDADE INSPIRADORA
INOVAÇÃO EXPRESSIVA I INSPIRAÇÃO TRANSFORMADORA I BELEZA CRIATIVA

A criatividade inspiradora é como um laboratório de alquimia onde ideias originais são cuidadosamente misturadas, transformando a inspiração em inovação expressiva. Cada experimento revela uma expressão única, contribuindo para a beleza do mundo, como uma fórmula que inspira e transforma.

A criatividade inspiradora é a habilidade de gerar ideias originais, recriar possibilidades, expressar a própria essência, inspirar os outros e contribuir para a transformação do mundo. Essa aptidão se manifesta quando se compartilha uma visão única, estimula os outros a se expressarem criativamente e contribui para a beleza e a inovação.

Essa postura se torna facilitadora quando há uma inovação expressiva, promovendo a originalidade na expressão pessoal e nas ideias. No entanto, é importante estar ciente de que a criatividade inspiradora pode se tornar um desafio quando a expressão criativa é prejudicada por autocrítica excessiva ou quando as ideias não são devidamente compartilhadas.

A jornada evolutiva para aqueles que possuem a habilidade da criatividade inspiradora envolve o constante desenvolvimento da expressão pessoal, o estímulo à criatividade nos outros e a contribuição para a beleza e inovação no mundo. Esse processo visa alcançar um estado de equilíbrio entre a originalidade expressiva e a colaboração criativa.

Reflexão primordial: como praticante da criatividade inspiradora, de que maneira você pode cultivar e compartilhar suas ideias originais, estimulando a criatividade em si mesmo e nos outros, para contribuir para a beleza e a inovação ao seu redor?

Regra de Chumbo: no capítulo AS SERPENTES DAS NOVE DIMENSÕES, leia VENENO: A SERPENTE DA COMPARANOIA[1] DA 4ª DIMENSÃO.

Regra de Ouro: no capítulo OS DRAGÕES DOS NOVE RAIOS, leia o RAIO 4 – DRAGÃO DA GRATIDÃO.

---

[1] O termo "comparanoia" se refere ao fenômeno psicológico de comparar-se constantemente com outras pessoas de maneira obsessiva e prejudicial.

CASA 59 (RAIO 5) – PERSPECTIVA VISIONÁRIA
PERSPICÁCIA I VER ALÉM I VISÃO DE FUTURO

A perspectiva visionária é como uma águia voando nas alturas, com perspicácia incomparável. Com sua visão aguçada, ultrapassa limites, antecipa correntes invisíveis e traça novos caminhos para o futuro. No entanto, é preciso voar com destreza, evitando a armadilha da paralisia e do distanciamento pelo excesso de altura.

A perspectiva visionária é a habilidade de ir além do óbvio, antecipar tendências, planejar o futuro e criar condições para concretizar sonhos individuais, coletivos e sistêmicos. Essa aptidão se manifesta na análise prospectiva de cenários, na identificação de oportunidades, na definição de objetivos e na execução de ações.

Essa postura se torna facilitadora quando há uma habilidade notável de análise de cenários e uma capacidade eficaz de transformar visões em realidade. No entanto, é importante estar atento para evitar o excesso de planejamento, que pode levar à paralisia.

A jornada evolutiva para aqueles que possuem a habilidade da perspectiva visionária envolve a constante melhoria na análise prospectiva, a adaptação contínua às mudanças e a efetivação dos sonhos através da ação. Buscar um equilíbrio entre a visão de futuro e a realização prática é essencial para o desenvolvimento contínuo.

Reflexão primordial: como praticante da perspectiva visionária, de que maneira você pode aprimorar sua análise de cenários e, ao mesmo tempo, agir de maneira decisiva para transformar suas visões em realidade, contribuindo para o alcance de objetivos individuais e coletivos?

Regra de Chumbo: no capítulo AS SERPENTES DAS NOVE DIMENSÕES, leia VENENO: A SERPENTE DA INDEPENDÊNCIA DA 5ª DIMENSÃO.

Regra de Ouro: no capítulo OS DRAGÕES DOS NOVE RAIOS, leia o RAIO 5 – DRAGÃO DA SABEDORIA.

CASA 60 (RAIO 6) – CONFIANÇA INTELIGENTE
INTEGRIDADE RELACIONAL I INTENÇÃO I CONEXÃO

A confiança inteligente é como um grupo de araras em um voo harmonioso, cada uma confiando na outra para manter a formação. Com integridade e clareza de intenção, formam um campo integrado, criando juntas um espetáculo no céu que enche seus corações de alegria.

A confiança inteligente é a integração do caráter e da competência, segundo os estudos e pesquisas realizadas pelo Stephen R. Covey que fortalecem diversas formas de confiança: pessoal, relacional, organizacional, econômica e social. Essa aptidão se manifesta por meio da demonstração consistente de integridade, clareza nas intenções, habilidades aprimoradas e a entrega efetiva de resultados em todas as áreas de atuação, gerando ambientes altamente confiáveis.

Essa postura se torna facilitadora quando há um equilíbrio harmônico entre a palavra e a ação, criando uma base sólida para o estabelecimento e a manutenção de confiança. No entanto, é fundamental evitar promessas vazias e assegurar uma comunicação transparente.

A jornada evolutiva para aqueles que possuem a habilidade da confiança inteligente envolve o contínuo aprimoramento da integridade, o refinamento das intenções, o desenvolvimento das capacidades e a entrega consistente de resultados. Buscar uma confiança sólida e bem fundamentada é essencial para o crescimento e a evolução pessoal e coletiva.

Reflexão primordial: como praticante da confiança inteligente, de que maneira você pode fortalecer ainda mais sua integridade, aprimorar suas intenções, desenvolver suas capacidades e garantir resultados consistentes em suas interações e responsabilidades, contribuindo para a construção de ambientes confiáveis?

Regra de Chumbo: no capítulo AS SERPENTES DAS NOVE DIMENSÕES, leia VENENO: A SERPENTE DA SALVAÇÃO DA 6ª DIMENSÃO.

Regra de Ouro: no capítulo: OS DRAGÕES DOS NOVE RAIOS, leia o RAIO 6 – DRAGÃO DA MATURIDADE.

CASA 61 (RAIO 7) – SIMPLICIDADE GENIAL
ESSENCIALISMO I ACESSIBILIDADE I FACILIDADE DE APRENDIZAGEM

A simplicidade genial é como um livro de contos em que cada página revela sabedoria de forma clara e acessível. Eliminando os excessos, como um editor experiente, essa habilidade cria um enredo que todos podem absorver, tornando o aprendizado tão natural quanto folhear as páginas de uma história cativante.

A simplicidade genial é a aptidão de tornar compreensíveis até mesmo os conceitos mais complexos, eliminando o desnecessário e concentrando-se no vital para promover a expansão e o crescimento saudável. Essa habilidade se destaca ao organizar ideias de maneira tão clara que todos os estilos de aprendizagem e níveis de consciência podem absorver facilmente o que é essencial para colocar em prática.

Essa competência é facilitadora quando a comunicação é descomplicada, promovendo entendimento universal e permitindo a aplicação prática do conhecimento. No entanto, é importante evitar superficialidades e garantir que a simplicidade não sacrifique a profundidade ou a precisão.

A jornada evolutiva para aqueles que possuem a habilidade da simplicidade genial envolve a contínua busca pela clareza, o aprimoramento da essencialidade nas mensagens e o refinamento da facilidade de ensino. Buscar a simplicidade genial é um caminho para a evolução pessoal e para contribuir significativamente no processo de aprendizado de outros.

Reflexão primordial: como praticante da simplicidade genial, de que maneira você pode aprimorar sua habilidade de comunicar ideias complexas de maneira simples e acessível, garantindo que a essência seja compreendida por diversos públicos e facilitando o processo de aprendizagem coletivo?

Regra de Chumbo: no capítulo AS SERPENTES DAS NOVE DIMENSÕES, leia VENENO: A SERPENTE DA NORMOSE DA 7ª DIMENSÃO.

Regra de Ouro: no capítulo OS DRAGÕES DOS NOVE RAIOS, leia o RAIO 7 – DRAGÃO DA FELICIDADE.

CASA 62 (RAIO 8) – LIDERANÇA TRANSPARENTE
EXEMPLO I CLAREZA NA COMUNICAÇÃO I ESTÍMULO ENERGÉTICO

A liderança transparente é como um guia experiente em uma trilha desafiadora, apontando os caminhos com sabedoria. Ao guiar com transparência e exemplo, torna-se uma bússola confiável que direciona os peregrinos, cultivando uma atmosfera enérgica e contagiante.

A liderança transparente é a habilidade de guiar pelo exemplo, comunicar com clareza, delegar eficientemente e cultivar um ambiente contagiante e de alta energia. Essa competência se destaca ao estabelecer expectativas claras, dar crédito e confiar na equipe, seja no âmbito familiar ou profissional, reconhecendo os méritos de forma consistente.

Essa habilidade é facilitadora quando a liderança é exercida com autenticidade, promovendo uma cultura organizacional transparente, confiável e inspiradora. No entanto, é importante evitar a manipulação da transparência para objetivos pessoais ou para criar ambientes excessivamente competitivos.

A jornada evolutiva para aqueles que possuem a habilidade de liderança transparente envolve o contínuo aprimoramento da clareza na comunicação, da promoção da transparência e a criação de um ambiente estimulante. Buscar a liderança transparente é um caminho para evoluir como líder e contribuir para o desenvolvimento positivo de equipes e ambientes.

Reflexão primordial: como praticante da liderança transparente, de que maneira você pode fortalecer ainda mais sua capacidade de influência e comunicar com clareza, delegar eficientemente e criar um ambiente contagiante e de alta energia?

Regra de Chumbo: no capítulo AS SERPENTES DAS NOVE DIMENSÕES, leia VENENO: A SERPENTE DO PROPÓSITO DA 8ª DIMENSÃO.

Regra de Ouro: no capítulo OS DRAGÕES DOS NOVE RAIOS, leia o RAIO 8 – DRAGÃO DA PURIFICAÇÃO.

CASA 63 (RAIO 9) – DEMOCRACIA PROFUNDA
COMPROMISSO COLETIVO I ESCUTA PLENA I SOLUÇÃO INTEGRAL

A democracia profunda é como uma sinfonia harmoniosa, em que cada instrumento tem sua contribuição singular para a riqueza do concerto. Nessa orquestra, com uma rica diversidade de vozes e harmônicos, a busca por soluções integrais é a partitura que conduz todos os músicos, proporcionando uma experiência significativa.

O termo "democracia" tem raízes etimológicas no grego, em que *dêmos* significa "povo" e *kratía* significa "poder" ou "governo".

Em uma democracia, as decisões importantes são tomadas levando em consideração a vontade da maioria.

A democracia profunda é a habilidade de assumir um compromisso coletivo que assegura a verdadeira escuta de todos os envolvidos, visando encontrar soluções integrais. Essa competência se destaca pela paciência, espaço de fala e escuta plenas, proporcionando a todos a sensação de importância e validação, mesmo que a decisão sistêmica vá contra uma opinião específica.

Essa habilidade é facilitadora quando há um comprometimento genuíno com a inclusão, a diversidade de vozes e a busca por soluções que considerem o bem comum. No entanto, é importante evitar a complacência excessiva, que pode comprometer a eficácia da tomada de decisões.

A jornada evolutiva para aqueles que possuem a habilidade de democracia profunda envolve o constante aprimoramento na promoção da participação e na criação de espaços inclusivos para a tomada de decisões. Buscar a democracia profunda é um caminho para construir ambientes mais equitativos e participativos.

Reflexão primordial: como praticante da democracia profunda, de que maneira você pode aprimorar a sua capacidade de promover um espaço de fala e escuta plenas e garantir um compromisso coletivo que represente as pessoas envolvidas?

Regra de Chumbo: no capítulo AS SERPENTES DAS NOVE DIMENSÕES, leia VENENO: A SERPENTE DO MESTRE DA 9ª DIMENSÃO.

Regra de Ouro: no capítulo OS DRAGÕES DOS NOVE RAIOS, leia o RAIO 9 – DRAGÃO DA PAZ.

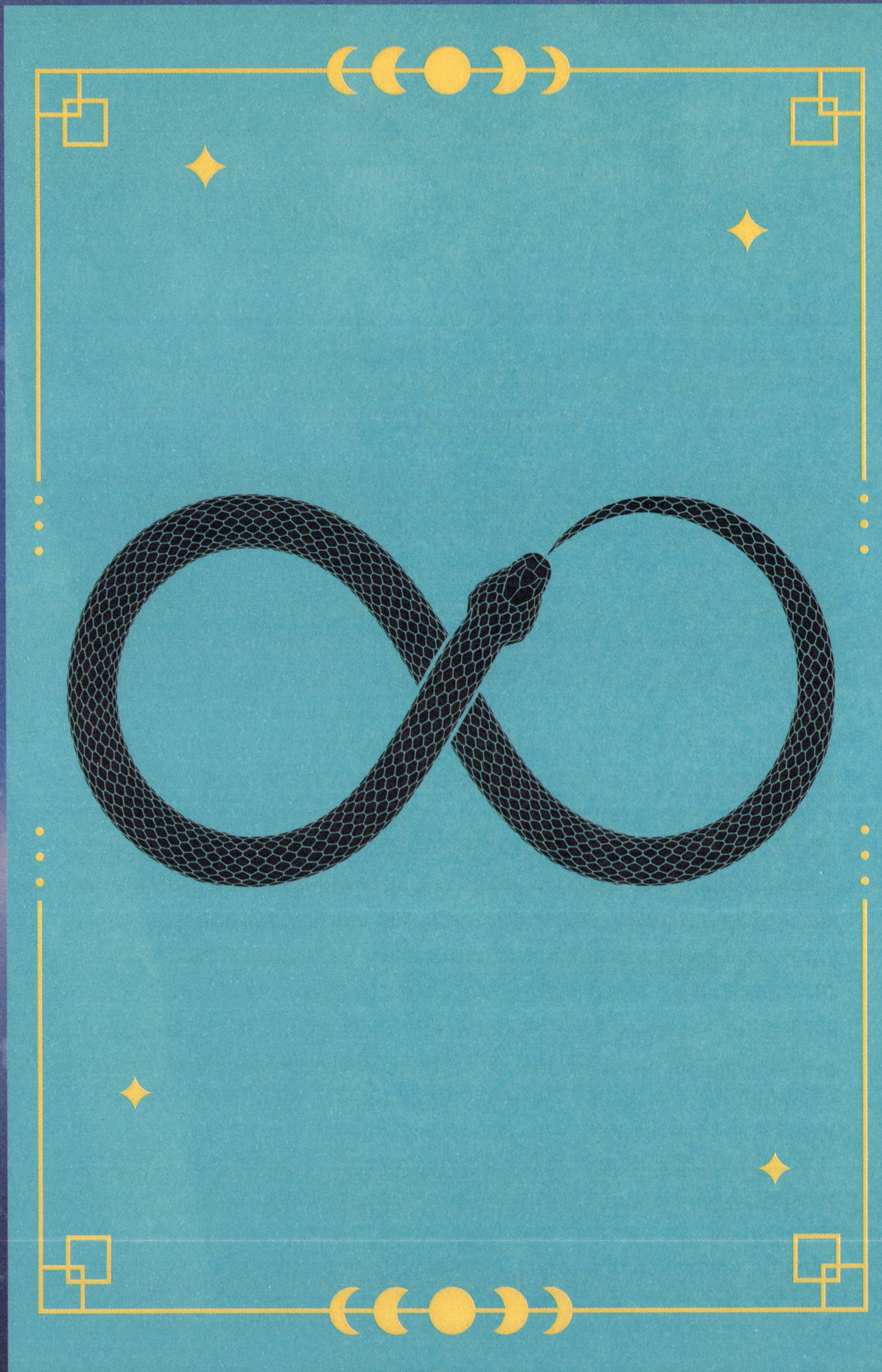

8ª DIMENSÃO DA CONTRIBUIÇÃO

O FLUXO DA PROSPERIDADE

"Na infinidade da vida onde estou, tudo é perfeito, pleno e completo. Sou Uno com o Poder que me criou. Estou totalmente aberto e receptivo ao fluxo abundante de prosperidade que o Universo oferece. Todos os meus desejos e necessidades são atendidos antes mesmo de eu pedir. Sou divinamente guiado e protegido, e faço escolhas benéficas para mim. Me alegro com o sucesso dos outros, sabendo que há muito para todos nós. Estou constantemente aumentando minha percepção consciente da abundância e isso se reflete numa renda sempre crescente. O que é bom para mim vem de tudo e todos."

(Trecho do livro *Você pode curar sua vida*, de Louise Hay)

O símbolo do infinito é idêntico ao número 8, mas virado horizontalmente, e representa o conceito da eternidade, algo que não tem começo nem fim. Apesar de ter um ponto de intersecção no meio, traz a ideia de movimento contínuo.

Além disso, o infinito representa a lei do retorno – segundo o movimento eternamente contínuo desse símbolo, tudo aquilo que vai um dia retorna. Então, se escolhemos percorrer nossa jornada no caminho da dor, é dor que vamos receber de volta quando o movimento de ida se transforma em retorno.

Na tradição chinesa, representa riqueza e prosperidade e é usado no Feng Shui para organizar os espaços de vida harmoniosamente. O símbolo do infinito também está dentro de nós, em nossas próprias células e na estrutura básica de nossos genes. Está na dupla hélice dos filamentos de nosso DNA, uma corrente contínua de figuras de oito.

A partir de um ponto de vista religioso e místico, o símbolo do infinito pode ser interpretado como a união do físico com o espiritual, num movimento eterno de vida, morte e renascimento. Conecta-se ao Ouroboros, uma serpente da mitologia grega representada devorando a própria cauda. Para os gregos, Ouroboros simbolizava a ideia da repetição, ou seja, que existem coisas sendo recriadas no universo, eternamente.

Ouroboros infinito

A oitava dimensão da consciência é a da contribuição planetária, ativa a nossa capacidade de transformar o mundo. As mesmas leis universais e princípios regem o micro e o macrocosmo. Tudo está em constante fluxo e movimento. A vida é uma experiência em que se é a parte e o todo ao mesmo tempo, em que todos podemos gerar um legado por meio da nossa contribuição essencial. A cor turquesa relacionada a essa dimensão faz referência à cor dos oceanos e da Terra vista do espaço.

Dimensão de consciência saudável focada na cooperação global, na espiritualidade e na compreensão holística, esse nível busca contribuir para o bem-estar do planeta, em que as dádivas manifestadas direcionam os movimentos micros e macros, com a ativação predominante da sabedoria espiritual. Essa é a dimensão da consciência global e universal. Nessa perspectiva, as pessoas têm uma compreensão profunda das interconexões de todos os seres e sistemas e buscam integração com a natureza, onde cada um é parte do todo.

Sistema holístico universal, ondas de energias integrativas, une sentimento e conhecimento, múltiplas dimensões interconectadas em um sistema consciente, a base da totalidade extensiva. Ordem universal, mas de modo vivo e consciente, não baseada em regras externas (azul) ou em vínculos de grupo (verde). É possível uma grande unificação entre teoria e prática. Algumas vezes envolve a emergência de uma nova espiritualidade, como uma teia de toda a existência.

O pensamento turquesa é totalmente integral e vê múltiplos níveis de interação, detecta harmônicos, as forças holísticas e os estados de fluxos que permeiam os sistemas.

Nessa dimensão, estamos saudáveis. Aqui acreditamos que é preciso um certo esforço consciente para ser o que viemos aqui para ser, mas ainda é um arranjo que se desenrola com certa facilidade. Poderíamos compará-lo a uma aliança com um animal selvagem que nos ajuda a realizar nossas tarefas diárias; ambos os lados se beneficiam, estamos cientes de que o animal é selvagem e damos a ele uma generosa margem de liberdade. Então, embora o ego ainda esteja presente, está muito feliz com a forma como as coisas estão e, portanto, não faz muito barulho.

O medo que ainda pode surgir é o de que as capacidades não sejam suficientes se a situação ficar difícil. Se começar a lidar com esse medo, a consciência descerá ao nível abaixo.

Aristóteles define nossas virtudes como um hábito constante que faz o ser humano cumprir com sua própria natureza e alcançar a felicidade. Por ser um hábito, não nascemos virtuosos, mas nos tornamos virtuosos por meio da prática e da educação.

As virtudes são definidas por Platão como capacidades da alma – a alma humana tem algumas funções, e sua capacidade de cumpri-las são as virtudes.

Nessa dimensão, começamos a nos identificar com certas qualidades dentro de nós mesmos. Essas qualidades são vistas como positivas, e enfatizamos sua presença dentro de nós. Uma autoimagem positiva se desenvolve porque nos vemos incorporando nossas virtudes. Nossa autoconsciência é muito clara: a autoimagem é um reflexo preciso de nós mesmos. Reconhecemos nossos dons, talentos e qualidades e confiamos neles.

Assim que nos identificamos com certas qualidades, nos desidentificamos de outras. Ao definir quem somos, também definimos quem não somos. Essa estratégia pode limitar quem acreditamos ser e o que compõe todo o nosso potencial humano.

Aqui o indivíduo transcende os limites do ego e se conecta com o sagrado, reconhecendo sua essência divina e sua unidade com toda a criação. Tem uma visão holística e integrada da realidade e busca servir ao bem maior com amor, compaixão e sabedoria. Torna-se um canal em sintonia com o fluxo da prosperidade quando entende que a abundância é um fluxo natural da vida e que sua missão é compartilhar seus dons e talentos com o mundo.

Expande a consciência quando se conecta a perguntas como: "Qual é minha missão? Qual é minha vocação? Qual é a minha contribuição essencial ao mundo?".

Em resumo, destacamos os principais aspectos dessa dimensão de consciência:

- Surgiu há 30 anos, com as ideias holísticas
- Valores de contribuição para o bem-estar global e evolução da humanidade
- Busca por sabedoria e espiritualidade profunda
- É onde acessamos nossas virtudes e dádivas manifestadas
- Reconhecimento da interconexão de todas as coisas
- Frequência vibracional: de 600 Hertz a 700 Hertz
- Corresponde a 0,1% da população e 1% do poder

ALQUIMIA INTEGRAL

Nessa dimensão, passamos por estes filtros no pensar, no sentir e no agir:

FILTROS	TÓXICO	SAUDÁVEL
Pensar	Mentalidade de escassez. Oscilação entre faltas e excessos.	Mentalidade de abundância infinita, em todos os aspectos da vida: financeiro, relacional, mental, espiritual.
Sentir	Deixar-se dominar pelas paixões: apetite voraz, desmedido e ilimitado pelos prazeres carnais – poder, sexo e/ou dinheiro.	Sintonia com sua contribuição essencial nesse momento, abrindo espaço para se desapegar do que não serve mais e, assim, transformar realidades provendo recursos para uma evolução saudável.
Agir	Não criar condições para deixar um legado.	Cultivar a paz interior e a apreciação da simplicidade da abundância presente na beleza natural, gerando legados conscientes com constância.

8ª DIMENSÃO DO CRESCIMENTO

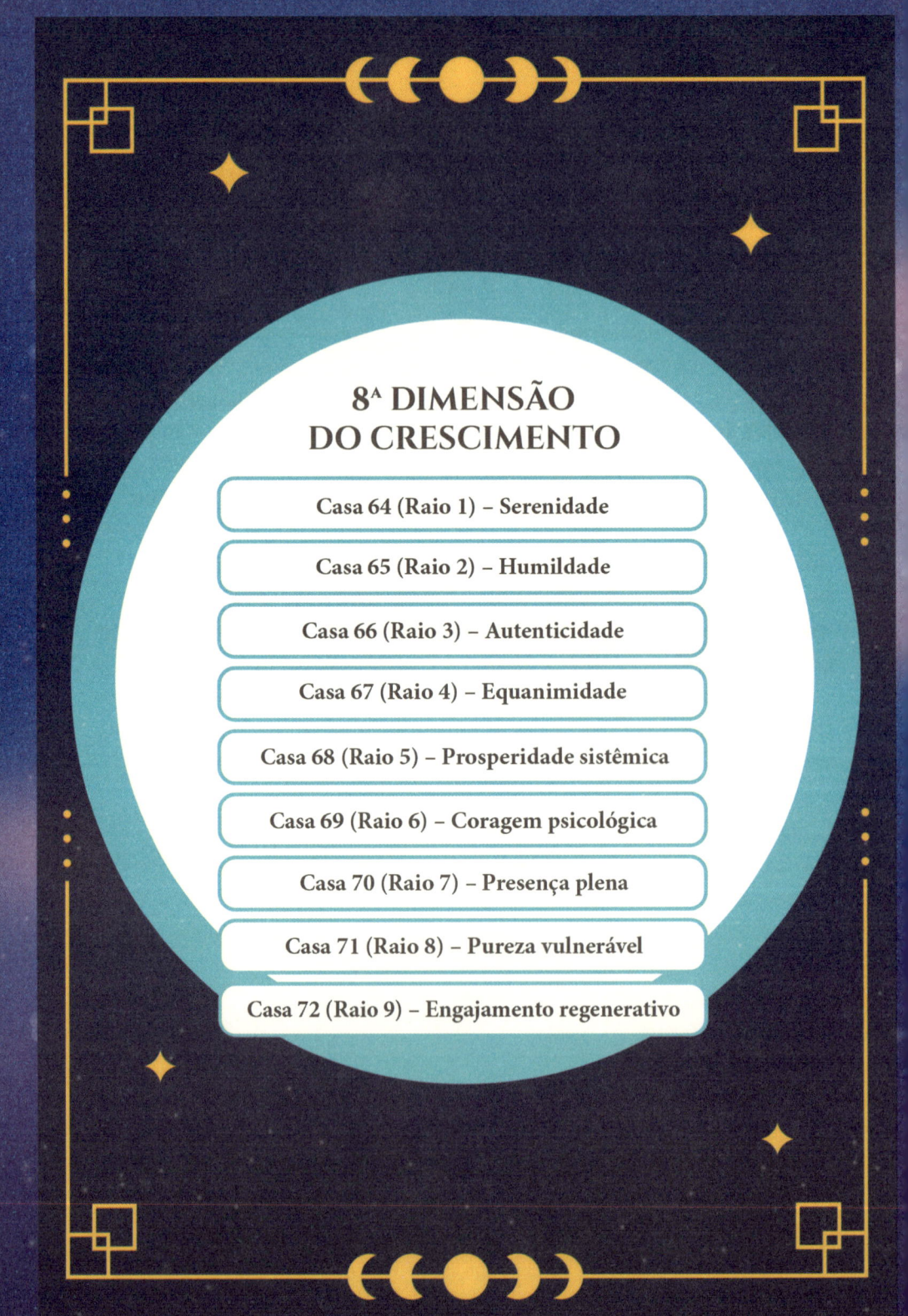

Casa 64 (Raio 1) – Serenidade

Casa 65 (Raio 2) – Humildade

Casa 66 (Raio 3) – Autenticidade

Casa 67 (Raio 4) – Equanimidade

Casa 68 (Raio 5) – Prosperidade sistêmica

Casa 69 (Raio 6) – Coragem psicológica

Casa 70 (Raio 7) – Presença plena

Casa 71 (Raio 8) – Pureza vulnerável

Casa 72 (Raio 9) – Engajamento regenerativo

CASA 64 (RAIO 1) – SERENIDADE
ACEITAÇÃO PLENA I PACIÊNCIA I SENSATEZ

A serenidade é como um lago tranquilo, refletindo em seu curso todas as nuances da vida que se desdobram ao seu redor. Em seu leito sereno, as ondas da aceitação plena e da paciência dançam em harmonia, revelando a beleza profunda que reside na paz interior.

A dádiva da serenidade é o entendimento profundo do coração de que todas as pessoas e coisas são perfeitas exatamente como são. Não há nada a ser corrigido. Esse estado emocional proporciona uma calma profunda e uma aceitação dos prazeres do corpo e da vida, sem culpa nem julgamento. Serenidade é o estado de paz interior total que vem acompanhado pela aceitação plena das pessoas e das circunstâncias.

Aqui acontece o movimento de integração do pecado da ira. Na serenidade, não sentimos a necessidade de resistir ao que acontece ou aos impulsos que experimentamos. É um estado de paz interior que nos capacita a enfrentar as situações da vida com clareza e discernimento, reconhecendo o que é essencial para o momento. A serenidade é um dos frutos do autoconhecimento, pois, à medida que nos compreendemos melhor, tornamo-nos mais capazes de aceitar, canalizar e transformar os obstáculos em oportunidades e soluções legítimas.

A jornada em direção à serenidade envolve a exploração profunda do coração, a aceitação incondicional da realidade e um desenvolvimento contínuo. Ao compreendermos nossos próprios padrões emocionais e a natureza impermanente da vida, cultivamos uma calma interior que transcende as oscilações externas. A serenidade é a conquista de um equilíbrio interno que permite a aceitação plena do momento presente.

Reflexão primordial: qual é o potencial de transformação quando aceitamos plenamente a nós mesmos e ao mundo ao nosso redor? A serenidade nos convida a refletir sobre a beleza que surge da aceitação total, proporcionando um caminho para viver de maneira mais autêntica e significativa.

Regra de Chumbo: no capítulo AS SERPENTES DAS NOVE DIMENSÕES, leia VENENO: A SERPENTE DA ESCASSEZ DA 1ª DIMENSÃO.

Regra de Ouro: no capítulo OS DRAGÕES DOS NOVE RAIOS, leia o RAIO 1 – DRAGÃO DO AUTOPERDÃO.

⋅✦⋅ ∞ ⋅✦⋅

CASA 65 (RAIO 2) – HUMILDADE
INCLUSÃO I DESPRENDIMENTO I AFETO

A humildade é como uma árvore sábia, que mergulha profundamente na terra da autoconsciência. Ela reconhece a importância de suas raízes, nutrindo-se da aceitação de suas próprias limitações e necessidades. Ao reconhecer o seu tamanho, a humildade permite que a árvore floresça, oferecendo sombra generosa e abraçando o ciclo natural da vida.

A dádiva da humildade é um atributo que envolve a consciência e a aceitação de nossas próprias limitações, a disposição para aprender com os outros e a ausência de soberba. Ser humilde não significa se humilhar, se submeter ao outro ou subestimar o próprio valor, mas reconhecer que todos têm algo com que contribuir e que o conhecimento e as habilidades não são propriedades exclusivas de uma pessoa.

A humildade representa o reconhecimento consciente dos nossos limites físicos, psíquicos e emocionais. Em termos mais simples, envolve a aceitação de nossas necessidades, bem como a compreensão do desejo intrínseco de receber amor, atenção e cuidado. Trata-se de se ajustar ao seu tamanho, reconhecendo a importância de descansar e pedir ajuda quando necessário.

Aqui acontece o movimento de integração do pecado da soberba. Ao reconhecer os padrões habituais alimentados pelo orgulho e pela busca desmedida por amor, a humildade oferece um caminho claro para se trabalhar. Esse trabalho implica resistir às tendências impulsionadas pelo orgulho e manifestar as qualidades da humildade, aproximando-nos do nosso verdadeiro eu.

Humildade é um estado que nos leva a reconhecer nossos erros e fragilidades, sem diminuir nossa autoestima nem nos compararmos aos outros. Além disso, representa uma disposição para aprender, ouvir e se aprimorar, sem orgulho. A humildade, como um dos frutos do autoconhecimento, revela o grau de prudência e autoconfiança que cultivamos ao longo do nosso desenvolvimento pessoal.

A jornada em direção à humildade envolve a profunda reflexão sobre nossos padrões de comportamento associados à soberba. Ao cultivar a humildade, avançamos em direção à nossa verdadeira natureza. O processo requer autenticidade e um constante desejo de autolapidação.

Reflexão primordial: a humildade nos desafia a explorar nossos limites e a reconhecer nossas necessidades, promovendo uma jornada de crescimento pessoal. Como a humildade pode se tornar um guia para uma vida mais autêntica e gratificante? Essa reflexão nos convida a examinar como a aceitação de nossas próprias vulnerabilidades pode enriquecer nossa jornada evolutiva.

Regra de Chumbo: no capítulo AS SERPENTES DAS NOVE DIMENSÕES, leia VENENO: A SERPENTE DO APEGO DA 2ª DIMENSÃO.

Regra de Ouro: no capítulo OS DRAGÕES DOS NOVE RAIOS, leia o RAIO 2 – DRAGÃO DA COMPAIXÃO.

CASA 66 (RAIO 3) – AUTENTICIDADE
VERACIDADE I ESPONTANEIDADE I HONESTIDADE

A autenticidade é como um espelho, refletindo a verdade sem distorções. Quando esse espelho permanece claro, mostra a essência, sem se perder no embaçar do autoengano. A perda da autenticidade mancha esse espelho, distorcendo sua imagem e levando à perda da conexão com a verdade interior.

A dádiva da autenticidade refere-se a ser verdadeiro consigo mesmo, agir de maneira alinhada com seus valores, crenças e identidade, em vez de adotar máscaras ou comportamentos que não correspondam ao seu eu genuíno. Essa virtude está profundamente relacionada à veracidade, transparência e integridade em todas as áreas da vida. Contudo, ao perder essa autenticidade, gradualmente nos identificamos com emoções inferiores, mergulhando na ilusão ou no autoengano.

Aqui acontece o movimento de integração do pecado da mentira. Envolve uma consciência plena da possível decepção presente na estrutura da personalidade. Autenticidade significa não apenas reconhecer os falsos aspectos de nós mesmos, mas também aprender a não basear nossa identidade naquilo que os outros desejam que sejamos ou na imagem que desejamos projetar para eles.

A autenticidade reflete a qualidade de permanecer fiel a si mesmo, sem se deixar influenciar ou moldar pelas expectativas externas. Essa qualidade é fruto do autoconhecimento, pois, à medida que exploramos nossa verdadeira natureza, somos capazes de expressar nosso ser autêntico e singular.

A jornada em direção à autenticidade requer uma profunda reflexão sobre as camadas de identidade construídas e a disposição de desvendar a verdade interior. Ao reconhecer e liberar as máscaras sociais, avançamos na direção da integridade e da expressão genuína de quem realmente somos.

Reflexão primordial: como a busca pela autenticidade pode nos libertar das expectativas externas e nos permitir viver de acordo com nossos valores essenciais? Essa reflexão nos convida a explorar como a autenticidade pode tornar nossa jornada mais significativa e como podemos cultivá-la em nosso cotidiano.

Regra de Chumbo: no capítulo AS SERPENTES DAS NOVE DIMENSÕES, leia VENENO: A SERPENTE DA IMAGEM DA 3ª DIMENSÃO.

Regra de Ouro: no capítulo OS DRAGÕES DOS NOVE RAIOS, leia o RAIO 3 – DRAGÃO DO FLOW.

CASA 67 (RAIO 4) – EQUANIMIDADE
EQUILÍBRIO EMOCIONAL I AUTODOMÍNIO I DISCERNIMENTO

A equanimidade é como um leme firme em um mar de emoções, mantendo a estabilidade do barco da vida mesmo diante das tempestades. Esse leme, símbolo do equilíbrio emocional, é capaz de discernir e direcionar com serenidade, reconhecendo todas as ondas, sem se deixar abalar pela intensidade do oceano emocional.

A dádiva da equanimidade é percebida como um estado de equilíbrio emocional, no qual as respostas às situações do ambiente são proporcionais e adequadas. Esse estado denota uma serenidade interna que se mantém estável diante das diversas experiências da vida. Além disso, envolve uma percepção emocional elevada, que reconhece a igualdade fundamental entre todas as coisas e pessoas, eliminando a noção de superioridade ou inferioridade.

Aqui acontece o movimento de integração do pecado da inveja. Aqueles que cultivam a equanimidade deixam de se comparar, buscam um equilíbrio emocional que transcende os altos e baixos das experiências, percebendo um valor igual em todas as pessoas, sentimentos e situações. Essa abordagem auxilia no desenvolvimento do indivíduo, ao superar a necessidade de se sentir extraordinário para enaltecer sua própria valia.

A jornada em direção à equanimidade requer a compreensão e aceitação das flutuações emocionais naturais, assim como o reconhecimento da igualdade intrínseca presente em todas as coisas. O desenvolvimento dessa dádiva está vinculado à capacidade de manter o discernimento em meio às adversidades.

Reflexão primordial: como a equanimidade pode nos guiar para uma percepção mais equitativa da vida e promover um equilíbrio emocional duradouro? Essa reflexão convida a entender como cultivar a equanimidade pode impactar positivamente nossas relações e a qualidade de nossa jornada interior.

Regra de Chumbo: no capítulo AS SERPENTES DAS NOVE DIMENSÕES, leia VENENO: A SERPENTE DA COMPARANOIA DA 4ª DIMENSÃO.

Regra de Ouro: no capítulo OS DRAGÕES DOS NOVE RAIOS, leia o RAIO 4 – DRAGÃO DA GRATIDÃO.

CASA 68 (RAIO 5) – PROSPERIDADE SISTÊMICA
DESAPEGO I FLUIDEZ I ABUNDÂNCIA

A prosperidade sistêmica é como um rio fluindo, livre da represa dos apegos. Em sua correnteza, a fluidez e o desapego alimentam a abundância, e a aceitação do fluxo da vida se torna uma fonte inesgotável de energia, permitindo que cada movimento e cada contribuição resplandeçam em um fluxo contínuo que abastece a todos.

A dádiva da prosperidade sistêmica representa uma experiência elevada e nobre, caracterizada pela ausência de necessidade de apegos ou reserva emocional. Nesse estado, a fluidez e a aceitação de nossa participação no fluxo da vida são suficientes. Não há a compulsão de reter conhecimentos, bens materiais ou relações, pois reconhecemos a continuidade do fluxo, sabendo que sempre haverá mais.

Aqui acontece o movimento de integração do pecado da avareza. No desapego, abrimo-nos alegremente para sentir nossas emoções ao nos conectarmos com outros, oferecendo atenção e amor. Sentimos uma energia renovada ao permanecer mais conectados com nossa própria vitalidade, vivendo com mais alegria e menos planejamento. Rompemos com a crença limitante de que nossa energia é finita, permitindo-nos contribuir mais generosamente com os outros, sem acumulação ou reservas.

A prosperidade sistêmica vai além do aspecto financeiro ou material, considerando o bem-estar de todos os seres e sistemas da vida. Torna-se um propósito impulsionado pelo autoconhecimento, pois, à medida que nos compreendemos melhor, contribuímos para a abundância infinita nos níveis individual, relacional e sistêmico, em contextos familiares ou organizacionais.

A jornada evolutiva de expansão da prosperidade sistêmica envolve a prática contínua do desapego, reconhecendo a interconexão de todas as coisas e a riqueza que surge quando contribuímos para o bem comum.

Reflexão primordial: como a prática do desapego pode transformar nossa relação com a abundância, permitindo uma contribuição mais significativa para o bem-estar de todos os seres e sistemas ao nosso redor? Essa reflexão convida a explorar a conexão entre o desapego, a prosperidade sistêmica e a jornada evolutiva pessoal.

Regra de Chumbo: no capítulo AS SERPENTES DAS NOVE DIMENSÕES, leia VENENO: A SERPENTE DA INDEPENDÊNCIA DA 5ª DIMENSÃO.

Regra de Ouro: no capítulo OS DRAGÕES DOS NOVE RAIOS, leia o RAIO 5 – DRAGÃO DA SABEDORIA.

CASA 69 (RAIO 6) – CORAGEM PSICOLÓGICA
ANTIFRAGILIDADE I CORAÇÃO ABERTO I DESTEMOR

A coragem psicológica é como um fogo ardente no coração, uma chama que queima os medos e ilumina o caminho com determinação. Essa energia irradia confiança, permitindo que ações corajosas floresçam de um coração aberto, sem hesitação nem temor diante dos desafios da vida.

A dádiva da coragem psicológica pode ser considerada como a disposição e a capacidade de enfrentar situações desafiadoras, incertas ou desconfortáveis, mantendo ao mesmo tempo a integridade emocional e o respeito por si mesmo e pelos outros. Ela está intrinsecamente relacionada à segurança psicológica, que se refere ao ambiente em que as pessoas se sentem à vontade para expressar suas ideias, assumir riscos e ser autênticas, sem temer represálias ou julgamentos negativos.

A coragem psicológica é a arte de agir com o coração, transcendendo o medo. É uma qualidade emocional elevada, que impulsiona a viver a vida de coração aberto, tomando atitudes fundamentadas no vínculo com o que é mais significativo. Não há hesitação, racionalização ou projeções vinculadas ao medo, apenas uma resposta decidida ao chamado do coração.

Aqui acontece o movimento de integração do pecado do medo paralisante. Aqueles que possuem mente calma e seu coração aberto diante do presente e do futuro movem-se sem recorrer à resposta de "luta ou fuga", confiando profundamente em sua capacidade de enfrentar os desafios. Existe uma confiança intrínseca em si mesmos e no mundo, sem a necessidade de antecipar todas as armadilhas possíveis. Assumem total responsabilidade por suas vidas, confiantes em sua capacidade de lidar com qualquer desafio que a vida lhes apresentar.

A coragem psicológica é a postura corajosa diante de inseguranças e limitações, marcada por determinação, confiança e solidez. Manifesta-se como resultado do autoconhecimento, pois, quanto mais nos compreendemos, mais capacitados estamos para superar desafios, utilizando os recursos internos desenvolvidos ao longo do caminho.

A jornada evolutiva de expansão da coragem psicológica é um constante mergulho nas profundezas do autoconhecimento, descobrindo e integrando as camadas mais profundas do coração, permitindo uma resposta corajosa e autêntica diante da vida.

Reflexão primordial: como a coragem psicológica pode nos capacitar a enfrentar os desafios com uma resposta corajosa e autêntica, conduzindo-nos a uma vida mais plena e significativa? Essa reflexão convida a explorar a conexão entre a coragem, o autoconhecimento e a manifestação de uma vida conectada com o coração.

Regra de Chumbo: no capítulo AS SERPENTES DAS NOVE DIMENSÕES, leia VENENO: A SERPENTE DA SALVAÇÃO DA 6ª DIMENSÃO.

Regra de Ouro: no capítulo OS DRAGÕES DOS NOVE RAIOS, leia o RAIO 6 – DRAGÃO DA MATURIDADE.

CASA 70 (RAIO 7) – PRESENÇA PLENA
SOBRIEDADE I TEMPERANÇA I ATENÇÃO PLENA

A presença plena é como um cálice sagrado que aproveita cada gota da experiência com uma sobriedade refinada. Como um néctar raro, nutre a apreciação, guiando-nos a degustar profundamente cada instante, abandonando a voracidade fugaz por uma satisfação mais significativa.

A dádiva da presença plena refere-se à qualidade da temperança, sobriedade e atenção plena em relação às paixões, desejos e comportamentos. Essa virtude envolve a capacidade de agir com moderação em diversas áreas da vida, evitando excessos e mantendo um estado de atenção ao momento presente.

A presença plena é uma virtude que age como antídoto para a gula. Em contraste com a voracidade, ela representa a capacidade do coração de experimentar uma profunda satisfação ao focar uma única coisa de cada vez. A sobriedade promove a apreciação pela dedicação a uma experiência até a sua conclusão, o que implica a redução do excesso de movimento, alcançando a quietude.

Na sobriedade, surge um comprometimento mais profundo com as experiências e com as pessoas, afastando-se da necessidade exagerada de estímulos e distrações mentais. Essa postura envolve uma abordagem mais serena e menos compulsiva, mas, ainda assim, suficientemente feliz.

A presença plena é a prática de estar consciente, totalmente atento e aberto ao momento, sem julgamentos, distrações ou reações automáticas. Essa abordagem não apenas contrasta com a gula, mas também é uma prática ativa de autoconhecimento. Quanto mais nos compreendemos, mais somos capazes de viver o momento com qualidade, inteireza e profundidade.

A jornada evolutiva em direção à presença plena é um caminho de autodescoberta e prática constante, convidando-nos a cultivar a habilidade de estar plenamente presentes em cada momento.

Reflexão primordial: como a prática da presença plena pode nos conduzir a uma vida mais significativa, em que cada experiência é vivida com dedicação e profunda satisfação? Essa reflexão nos convida a explorar a relação entre a presença plena, o autoconhecimento e a capacidade de apreciar plenamente cada momento de nossas vidas, sem a necessidade de pular etapas.

Regra de Chumbo: no capítulo AS SERPENTES DAS NOVE DIMENSÕES, leia VENENO: A SERPENTE DA NORMOSE DA 7ª DIMENSÃO.

Regra de Ouro: no capítulo OS DRAGÕES DOS NOVE RAIOS, leia o RAIO 7 – DRAGÃO DA FELICIDADE.

CASA 71 (RAIO 8) – PUREZA VULNERÁVEL
INOCÊNCIA I MENTE DE PRINCIPIANTE I VULNERABILIDADE

A pureza vulnerável é como a visão de uma criança explorando um mundo novo, sem medo, sem barreiras, confiando plenamente no que acontece à sua volta. Nesse estado, a inocência permite um relaxamento das defesas, uma interação autêntica e menos reativa, como se cada experiência fosse uma nova descoberta, livre de maldade, preconceitos e medos.

A dádiva da pureza vulnerável é um estado de inocência que se refere-se à ausência de malícia e à falta de corrupção moral. Indivíduos que possuem essa virtude são frequentemente vistos como sinceros, incontaminados pelos vícios ou enganos do mundo. A inocência está associada à simplicidade, à honestidade e à falta de malícia nas ações e intenções.

Aqui acontece o movimento de integração do pecado da luxúria. Nesse estado, é possível interagir com o mundo sem preconceitos, sem pressupostos ou memórias de traições passadas, confiando plenamente na bondade do outro. Em contraste com a postura de quem acredita em um mundo injusto, adotando uma armadura para se proteger de possíveis traições, a pureza vulnerável se revela como uma perspectiva mais leve, desprovida de medo.

Em um estado de inocência, a pessoa torna-se menos cautelosa, ganhando a capacidade de permanecer indefesa. Isso resulta em uma atitude menos defensiva nos relacionamentos, respondendo às situações sem reagir impulsivamente. Essa abordagem promove uma visão mais positiva, com a segurança de que as condições não serão tão adversas quanto o temor inicial. A confiança na própria bondade inata e na dos outros prevalece sobre o receio, permitindo uma interação mais autêntica e menos reativa.

A pureza vulnerável é a qualidade de se revelar sem máscaras, filtros ou defesas, expressando a própria vulnerabilidade e imperfeição. Ela representa uma dimensão avançada do autoconhecimento, em que o entendimento profundo de si mesmo permite aceitar e expor suas vulnerabilidades com coragem e autenticidade.

A jornada evolutiva em direção à pureza vulnerável é um processo de desarmamento emocional, que nos convida a abandonar as defesas que impedem uma conexão autêntica com os outros e com nós mesmos.

Reflexão primordial: como a prática da pureza vulnerável pode nos conduzir a conexões mais profundas, em que as relações são construídas com base na verdadeira humanidade? Essa reflexão nos instiga a explorar a relação entre a pureza vulnerável, o autoconhecimento e a capacidade de se relacionar com o mundo ao nosso redor.

Regra de Chumbo: no capítulo AS SERPENTES DAS NOVE DIMENSÕES, leia VENENO: A SERPENTE DO PROPÓSITO DA 8ª DIMENSÃO.

Regra de Ouro: no capítulo OS DRAGÕES DOS NOVE RAIOS, leia o RAIO 8 – DRAGÃO DA PURIFICAÇÃO.

CASA 72 (RAIO 9) – ENGAJAMENTO REGENERATIVO
AÇÃO CERTA I DILIGÊNCIA I MOVIMENTO

O engajamento regenerativo é como o trabalho de uma abelha, agindo imediatamente nas flores que necessitam de polinização, sem hesitação. Essa ação diligente, realizada com o impulso do corpo e do coração, promove o florescimento. Assim como a abelha contribui para o equilíbrio ecológico, o engajamento regenerativo busca agir para a regeneração, promovendo a cura e o bem comum.

O engajamento regenerativo é a qualidade de agir de forma imediata naquilo que é prioritário e necessário para o crescimento pessoal, independentemente de envolver conflitos externos ou exigir renúncias, energia e disciplina. Nesse estado, as ações são realizadas, sem procrastinação. Age de forma engajada, fazendo simplesmente o que precisa ser feito, como impulso do corpo e do coração.

Aqui acontece o movimento de integração do pecado da preguiça. Ao incorporar o engajamento regenerativo, o indivíduo evita ceder excessivamente aos outros ou colocá-los à frente de si mesmo. Reconhece que não é necessário ser excessivamente modesto ou esquecer-se para ter valor e criar harmonia. Ao resgatar a própria importância, a pessoa inicia projetos que têm o potencial de impactar positivamente o mundo, em vez de se limitar a realizar tarefas operacionais rotineiras.

O engajamento regenerativo vai além da sustentabilidade, buscando a regeneração dos sistemas ecológicos, sociais e econômicos que sustentam a vida no planeta. Essa abordagem é uma consequência natural do processo contínuo de autoconhecimento. Quanto mais nos conhecemos, mais conscientemente agimos, considerando as interconexões sistêmicas, colaborando com outros e promovendo a cura, contribuindo para o bem estar coletivo.

Na jornada evolutiva em direção ao engajamento regenerativo, a reflexão primordial nos convida a explorar como o autoconhecimento pode ser uma força propulsora para ações conscientes, colaborativas e curativas em prol da regeneração dos sistemas e da promoção do bem comum.

Reflexão primordial: como nossa compreensão mais profunda de nós mesmos pode moldar um engajamento que vai além da sustentabilidade e visa ativamente à renovação e ao equilíbrio dos sistemas vitais para a vida na Terra?

Regra de Chumbo: no capítulo AS SERPENTES DAS NOVE DIMENSÕES, leia VENENO: A SERPENTE DO MESTRE DA 9ª DIMENSÃO.

Regra de Ouro: no capítulo OS DRAGÕES DOS NOVE RAIOS, leia o RAIO 9 – DRAGÃO DA PAZ.

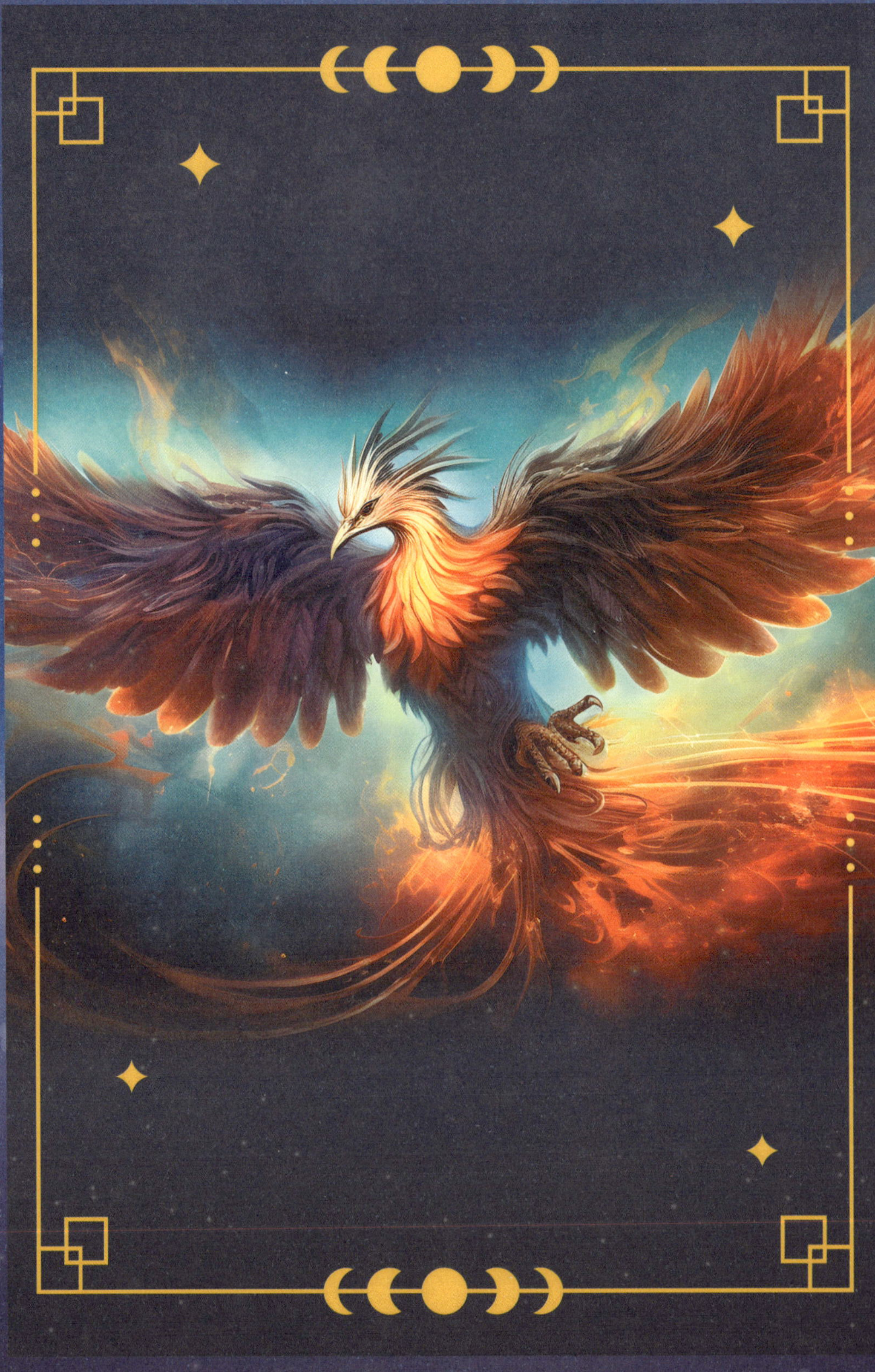

FASE 4 – RUBEDO

O VOO ESPIRAL DA FÊNIX AO ENTARDECER

Assim como a fênix faz seu voo em espiral ao entardecer, subindo aos céus, aprendemos na rubedo a retornar à nossa verdadeira natureza essencial. Nesse processo, renascemos das cinzas, unindo opostos internos, e encontramos uma nova luz, que nos transforma em seres renovados e regenerados integralmente.

A quarta e última fase é muito bem representada na alquimia por uma águia branca e outra vermelha, ou por um rei vermelho e uma rainha branca. Eles simbolizam a união dos opostos complementares por meio da qual se pode alcançar a pedra filosofal e a síntese da Grande Obra, que é a nossa vida.

A fase rubedo é imaginada como um momento final, não porque seja o resultado final alcançado (rei, ouro, elixir), mas porque o vir a ser é ultrapassado e o ser é liberto da imobilidade estática. Humor sanguíneo – confiante, otimista, alegre. Vermelho é exaltação, multiplicação e projeção. Indica a inseparabilidade do visível e do invisível, da psique e do cosmo (*unus mundus*). Capacidade de seguir na vida. Pode significar envenenamento quando destituída de parte da albedo e da nigredo. A rubedo é a imagem do rei vendo e sendo visto por cada habitante do reino. "Para ganhar a vida é necessário ter sangue". A *rotatio* da rubedo também caracteriza o fim da obra, um movimento que não chega a lugar algum, um vir a ser que permanece no ser.

Na rubedo o alquimista alcança a totalidade, o encontro e o

acolhimento mútuos entre o nosso eu consciente e o *self* divino, do qual, sem saber, sempre fizemos parte.

É um estado inefável, indescritível, aludido por místicos, sábios, homens e mulheres do espírito de todos os tempos e que constitui um mistério. Esse *self* divino é a nossa centelha divina, o "deus interior" da mística, o "deus em nós", como lhe chamou Jung.

Nessa fase vermelha acontece um processo de síntese interno, a união entre as forças opostas que atuam dentro de nós, união essa que é a geradora da pedra filosofal. O lado masculino (o espírito) e o feminino (a alma) integram-se. Essa união é representada nas narrativas alquímicas pelo casamento do Sol e da Lua, ou da terra e do céu, e é considerado o ponto culminante da obra alquímica.

Descemos ao mais profundo de nós e encontramos o nosso tesouro escondido, a nossa luz divina, por meio da qual nos reconstruímos em novos homens e novas mulheres. Quanto mais nos aprofundamos no nosso mundo interno, mais a consciência se eleva. Quanto mais procuramos a Luz na nossa consciência interior, mais nos elevamos e nos transcendemos. E assim, degrau a degrau, nessa alquimia de dentro para fora, vamo-nos transformando em homens e mulheres novos. Há uma nova criatividade, um novo entendimento de nós mesmos e das nossas relações. Vivemos com as nossas emoções, sentimentos e necessidades, mas já sem nos perder nem nos afogar neles. Psicologicamente, não somos mais os mesmos: assimilamos novos valores, as nossas motivações mudaram, um novo entusiasmo nos invade.

A psicanalista suíça Marie-Louise von Franz escreveu sobre esta fase final: "Algo firme nasceu dentro de nós, algo que está acima dos altos e baixos da vida, [...] algo muito vivificante, que participa do fluxo vital sem inibições ou restrições da consciência".

Carl G. Jung também descreveu esse momento: "[...] é como estar no pico de uma montanha, acima da tempestade. Vemos as nuvens negras, os relâmpagos e a chuva a cair, mas algo dentro de nós paira acima de tudo isto e podemos simplesmente observar os elementos em fúria. Algo em nós é capaz de dizer 'eu já vi este filme', sabendo que não seremos mais tão condicionados por ele, e que estamos mais livres para encontrar novas soluções para a nossa vida".

Na rubedo as bodas alquímicas ou o casamento entre os opostos é uma união que tem lugar simultaneamente em três planos: dentro da psique do indivíduo, entre o individual e a sociedade coletiva e entre o corpo do coletivo e o mundo espiritual. Com cada estágio sucessivo de transformação da personalidade, nós alcançamos uma consciência cada vez mais expandida de nós mesmos, do mundo e de Deus. Renascemos e, em cada fase da alquimia maior da vida, a felicidade ganha um novo sentido, pelo poder crescente do amor em nós. Na rubedo, religamo-nos à transcendência, à espiritualidade. Pelo fogo, ligado aqui ao simbolismo de uma nova consciência, compreendemos que tudo na vida faz sentido.

Quando a rubedo está bem integrada, conquistamos:
- Processo de individuação: consciência sobre nossa natureza essencial
- Integralidade através do equilíbrio das polaridades
- Equanimidade
- Renascimento e transformação interna

Nessa fase 4 – Rubedo (saudável) está a 9ª dimensão da consciência:

FASE 4 (SAUDÁVEL) – RUBEDO
9ª Dimensão da Singularidade

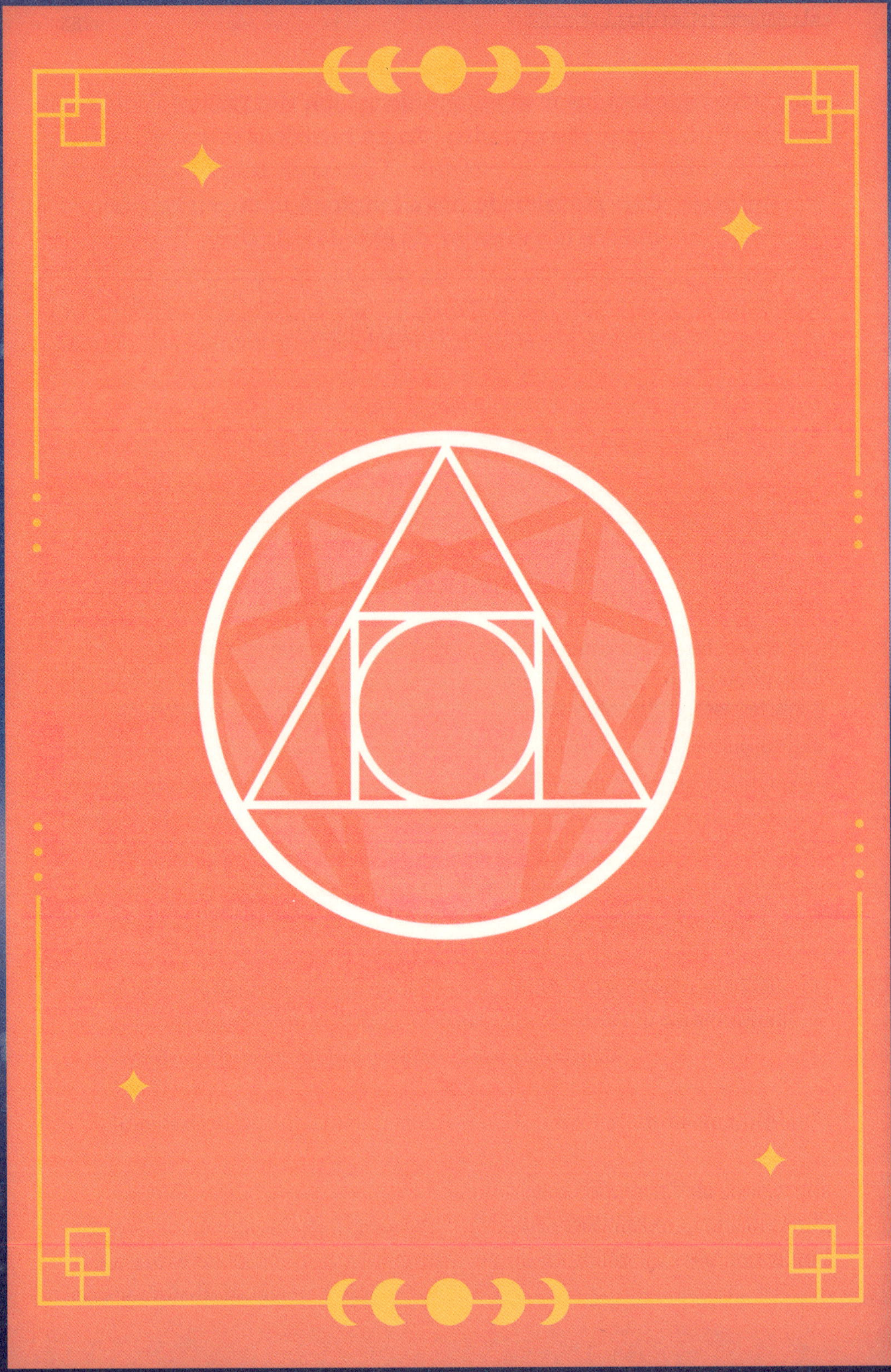

9ª DIMENSÃO DA SINGULARIDADE

A PEDRA FILOSOFAL

Ao curvar-se fica-se inteiro;
Ao torcer-se fica-se reto;
Ao esvaziar-se fica-se cheio;
Ao envelhecer fica-se novo.

Quando se tem pouco, obtém-se;
Quando se tem demais, perturba-se.

Desta forma:
O homem santo abraça a unidade
E torna-se modelo debaixo do céu.

Não se exibindo, brilha;
Não se afirmando, aparece;
Não se gloriando, obra;
Não se enaltecendo, perdura.

Não disputa;
Logo, ninguém sob o céu pode com ele disputar.

A palavra antiga: ao curvar-se, fica-se inteiro;
Não é uma palavra vazia:
Em verdade, está nela a unidade.

(Tao Te Ching por Lao Tzu)

A pedra filosofal é o resultado dessa jornada de transformação percorrida através das nove dimensões da consciência. Aqui desenvolvemos enfim a habilidade de transformar nosso chumbo em ouro, permitindo a transmutação de metais e a criação do elixir da longevidade, uma substância que concederia a imortalidade. A imortalidade, nesse contexto, não se refere simplesmente a uma vida física sem fim, mas a um estado de consciência elevado em que o eu é liberado das limitações da mortalidade e unido ao divino. Nesse sentido, o elixir da longevidade simboliza a conquista da iluminação espiritual e a realização do verdadeiro potencial do ser humano.

Em um nível espiritual, simboliza a essência divina ou espiritual que reside em cada indivíduo, e a busca pela pedra filosofal pode ser vista como uma busca para despertar e realizar essa divindade interior.

Assim como o chumbo pode ser refinado para tornar-se ouro, acredita-se que o ser humano pode ser refinado e aprimorado em direção à perfeição através do processo alquímico. Na alquimia, a pedra filosofal contém a quintessência, uma pura essência vital que permeia todas as coisas vivas e a própria matéria do universo.

Essa jornada simboliza nossa viagem de transformação pessoal e espiritual. A "Magnum Opus", ou "Grande Obra", é o termo utilizado para descrever o processo alquímico de transformação e purificação que leva à criação da pedra filosofal.

Para Jung, a busca pela pedra filosofal representava a jornada do indivíduo para a individuação, um processo de autoconhecimento e autolapidação que leva à realização do verdadeiro *self*.

Jung acreditava que os símbolos e processos da alquimia, incluindo a pedra filosofal, poderiam ser interpretados como metáforas para processos psicológicos e espirituais. Ele usou essas metáforas para explorar conceitos como o inconsciente coletivo, a sombra, a *anima* e o *animus*, influenciando profundamente a psicologia analítica.

Símbolo da Pedra Filosofal

A nova dimensão de consciência é do mestre caos e da cura universal, ativa nossa singularidade. Catalisa-se a evolução de todo o sistema, evitando desastres e ameaças. O mais importante é desestabilizar e destruir ecossistemas desatualizados e patológicos, criando sistemas funcionais. Alta consciência, por meio de processos de autocura, impactando as relações e o todo. A cor coral dessa dimensão remete às cores dos corais nas profundezas do mar e a uma nova "oitava" de consciência.

Dimensão de consciência saudável de integração harmônica de todas as perspectivas, reconhecendo a singularidade de cada ser, em que há a manifestação da natureza essencial que se requer na dinâmica de cada movimento, a partir da pulsão original do cérebro reptiliano. Nessa perspectiva, há evolução de todo o sistema. Essa é a dimensão mais elevada de consciência, de autodomínio, em que há o benefício para si mesmo, para as pessoas e para o sistema.

Na perspectiva do eneagrama, esse é o nível de libertação. Aqui vivemos com uma consciência consciente, mas também inconsciente, que faz parte da nossa verdadeira natureza essencial. Experimentamos a nós mesmos e ao mundo ao nosso redor praticamente livres do ego, vivendo a nossa essência, expressando nossos recursos internos naturais.

Viver a natureza essencial é viver além do eu condicionado, é a vida espiritual, a dimensão da consciência de maior contato com o Criador. As ideias divinas representam nove perspectivas iluminadas sobre a realidade. A perda do contato com essas ideias gera as distorções cognitivas chamadas de fixações, que constituem o âmago dos nove tipos de personalidade.

A única alavanca do ego que podemos esperar ter sobre nós é a de nos identificar tão fortemente com nossa personalidade que possamos ser persuadidos a acreditar que a nossa natureza essencial e os nossos recursos internos não são dados, mas são algo que devemos manter, melhorar ou mesmo criar. Se acreditarmos nisso, começaremos a nos esforçar para ser aquilo que já somos. Essa visão nos faz voltar para a dimensão anterior.

Em resumo, destacamos os principais aspectos dessa dimensão de consciência:

- É onde nos reconectamos com a nossa natureza essencial
- Dimensão espiritualmente evoluída
- Valorização da singularidade de cada ser humano
- Conexão profunda com a totalidade da existência
- Frequência vibracional: acima de 700 Hertz
- Corresponde a 0,01% da população

Nessa dimensão, passamos por estes filtros no pensar, no sentir e no agir:

FILTROS	TÓXICO	SAUDÁVEL
Pensar	Resquícios de comparanoia, ou seja, projeção comparativa que faz com que o seu autovalor seja apequenado e tolhido.	Clareza da potência de que é um ser infinito incomparável, único, singular.
Sentir	Sentimentos sutis de menos valia que minam a força vital.	Sensação brilhante da potência infinita que é e que o outro também é, na mesma proporção.
Agir	Fazer tudo incansavelmente, por não se sentir merecedor de momentos sabáticos e pausas repousantes e regenerativas.	Regozijar-se consigo mesmo, honrando profundamente quem você é em essência e toda a genialidade que manifesta com simplicidade quando integra genuinamente o ser e o fazer.

9ª DIMENSÃO DA SINGULARIDADE

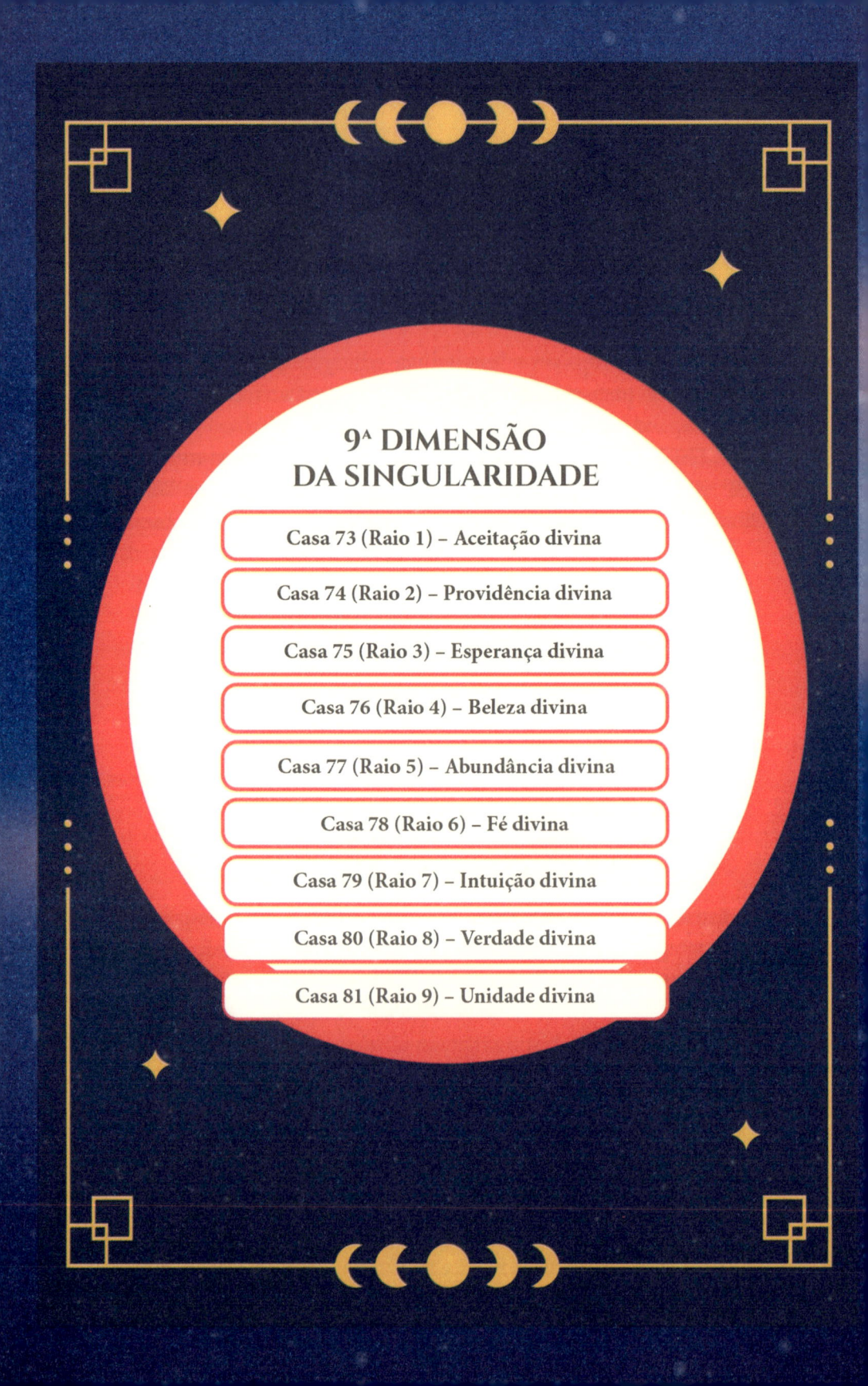

Casa 73 (Raio 1) – Aceitação divina

Casa 74 (Raio 2) – Providência divina

Casa 75 (Raio 3) – Esperança divina

Casa 76 (Raio 4) – Beleza divina

Casa 77 (Raio 5) – Abundância divina

Casa 78 (Raio 6) – Fé divina

Casa 79 (Raio 7) – Intuição divina

Casa 80 (Raio 8) – Verdade divina

Casa 81 (Raio 9) – Unidade divina

CASA 73 (RAIO 1) – ACEITAÇÃO DIVINA
NÃO JULGAMENTO I ACEITAÇÃO RADICAL I PERFEIÇÃO DIVINA

A aceitação divina é como a lanterna que ilumina os cantos escuros; quando vivemos em essência, ela ilumina nosso caminho e transcende as sombras do julgamento.

A aceitação divina é uma manifestação consciente do reconhecimento de tudo aquilo que é. Ela nos capacita a viver a vida sem julgamentos nem resistência emocional, permitindo-nos abraçar as experiências com uma mente aberta e um coração sereno. Aqui acontece o movimento de integração do sabotador mental da insistência. Ao abraçar a aceitação divina, alcançamos nosso desejo fundamental: viver uma vida íntegra e ser verdadeiramente livres. À medida que manifestamos essa potência, nos tornamos sábios, equilibrados, serenos e, frequentemente, generosos e nobres.

É uma compreensão profunda de que cada momento é simplesmente perfeito como é, de que não há coisas fora do lugar e de que não há erros na natureza ou nem mesmo nas pessoas. Segundo essa compreensão, as pessoas são perfeitas como são, e aquilo que chamamos de erros, defeitos ou falhas existe apenas por conta dos julgamentos baseados em nossos sistemas de crenças pessoais e culturais, ou seja, são conceitos criados e relativos. Assim, o que está certo para uma pessoa em um lugar pode estar errado para outra pessoa em outro lugar, e está tudo bem.

Na aceitação divina, compreendemos a natureza essencial de todas as coisas, inclusive a nossa, que é intrinsecamente perfeita, boa e positiva. Ao observar a realidade a partir dessa perspectiva, reconhecemos uma ordem fundamental inerente a ela. Quando enxergamos além das máscaras da personalidade, descobrimos dimensões de profundidade progressiva em tudo o que existe, desde a física até o absoluto, um estado acima de qualquer manifestação, presença e até mesmo consciência, do que é essencial. Isso implica essencialmente reconhecer a existência das dimensões espirituais em todas as coisas.

Em outras palavras, compreendemos que tudo é formado pela verdadeira natureza e, portanto, é inseparável dela. Após essa percepção das múltiplas dimensões do universo, podemos contemplar sua perfeição sob a perspectiva da aceitação divina. Dizemos sim a tudo o que existe, pois cada elemento tem uma razão fundamental de ser, e tudo o que ocorre é correto e perfeito da forma como é.

Reflexão primordial: como a aceitação divina pode transformar a sua perspectiva sobre a perfeição, levando a reconhecer a beleza intrínseca em todas as coisas?

Regra de Ouro: no capítulo OS ELIXIRES DA LONGEVIDADE, leia o EXILIR BEGE-AZUL: BEGE (ENERGIA INSTINTIVA) COM AZUL (ENERGIA CONTIDA).

CASA 74 (RAIO 2) – PROVIDÊNCIA DIVINA
VONTADE DIVINA I SANTA LIBERDADE I INTERDEPENDÊNCIA

A verdadeira liberdade é como uma dança cósmica. Quando nos soltamos das amarras do apego, podemos fluir em sintonia com a providência divina, encontrando a nós mesmos e ao outro na dança das relações humanas.

A providência divina é um estado mental superior que inspira doações livres e desinteressadas, sem a necessidade de reconhecimento ou de criação de vínculo entre doador e recebedor. Ao vivenciar a providência divina, podemos transcender os apegos que inconscientemente nos conectam às pessoas. Isso significa superar a crença de que não temos o direito de cuidar de nós mesmos, permitindo-nos assumir nossos sentimentos e necessidades, acessando a santa vontade para amar os outros sem expectativas. Aqui acontece o movimento de integração do sabotador mental da disponibilidade excessiva. A partir disso, alcançamos o desejo fundamental de amar incondicionalmente a nós mesmos e aos outros, manifestando alegria, amabilidade e humildade. Aqui, transmutamos a codependência para viver a interdependência.

A providência divina está além do alcance limitado do ego, trazendo paz quando compreendemos essa imensidão e afastando a ideia de que somos responsáveis por cobrir todas as necessidades dos nossos entes queridos.

A verdadeira liberdade é alcançada, liberando-nos da necessidade de seduzir ou manipular as pessoas. Fluir em vez de organizar a vida de todos é incorporar um relacionamento saudável consigo mesmo e com as pessoas. Esse é um convite para estar atento ao que a vida propõe, sem a necessidade de ser o centro das atenções. Passar despercebido pode revelar um movimento mais poderoso.

A ideia sagrada da providência divina enfatiza a liberdade de qualquer condicionamento, permitindo dar e receber livre de expectativas.

Reflexão primordial: como a vivência da providência divina pode transformar suas relações, permitindo-lhe fluir de maneira mais autêntica e generosa?

Regra de Ouro: no capítulo OS ELIXIRES DA LONGEVIDADE, leia o ELIXIR ROXO-LARANJA: ROXO (ENERGIA IRRACIONAL) COM LARANJA (ENERGIA RACIONAL).

CASA 75 (RAIO 3) – ESPERANÇA DIVINA
SANTA HARMONIA I FLOW I LEI DIVINA

Quando nos entregamos plenamente ao fluxo natural da vida, começamos a sentir prazer e foco total naquilo que vivemos, no momento presente, assim como um rio que segue sem esforço e com esperança divina seu curso natural em direção ao mar.

A esperança divina é como um estado em que o corpo e a mente fluem em perfeita harmonia, é um estado de excelência caracterizado por alta motivação, concentração, energia e alto desempenho, por isso também chamado de experiência máxima ou experiência ótima. As experiências de esperança divina muitas vezes são lembradas como os momentos mais felizes da vida da pessoa, os momentos em que ela se sentiu no seu melhor e em que as coisas acontecem em sintonia com o fluxo natural da vida.

A esperança divina transcende a vaidade e a necessidade de validação externa, revelando sua verdadeira identidade. Aqui acontece o movimento de integração do sabotador mental da hiper-realização. Ao atingir esse estágio, a pessoa reconhece seu valor intrínseco, acessa o estado de *flow*, entra em plena sintonia com a natureza das leis universais, independentemente do esforço individual. Essa mentalidade reconhece que a natureza é a força motriz por trás dos acontecimentos, seguindo um ritmo próprio, como o crescimento de uma árvore.

Nessa casa, as pessoas se conectam com a autoaceitação, a autenticidade, descobrem seus talentos genuínos, liberando-se da busca por reconhecimento externo. A esperança divina surge como uma luz que as liberta das fixações mundanas. Ela dissipa a ilusão de que o controle absoluto e o esforço levam ao sucesso. Reconhecem a necessidade de confiar nas leis espirituais e aceitam que a imperfeição material pode ser parte de um plano divino.

A sagrada ideia da esperança divina nos recorda de que o universo está em constante transformação e que um amanhã melhor sempre está por vir. Aos poucos, as pessoas abandonam a obsessão pelo sucesso, aceitam o fracasso como parte da jornada e relaxam o controle sobre suas vidas.

Ao perceberem a natureza harmônica que há em todas as manifestações, entram em contato com a Santa Harmonia, a próxima tonalidade dessa ideia. Reconhecem que conflitos superficiais são apenas aparências, pois todas as partes do universo estão interligadas em um fluxo harmonioso. Essa harmonia, porém, só se revela quando se permite à alma humana desdobrar-se e revelar sua verdadeira natureza.

A esperança divina, a última fase dessa jornada, refere-se ao efeito transformador quando essas compreensões são integradas. Revela que a realidade é um todo unificado em constante desdobramento, e nossas ações são inseparáveis dos movimentos do todo. Ao participar conscientemente desse desenvolvimento, a consciência se aprofunda, experimentando mais harmonia interior e exterior.

Reflexão primordial: como a integração com a esperança divina pode transformar sua relação com o sucesso e impulsionar seu autoconhecimento, liberando as fixações da vaidade e permitindo-lhe viver em harmonia com o fluxo natural da vida?

Regra de Ouro: no capítulo OS ELIXIRES DA LONGEVIDADE, leia o ELIXIR VERMELHO-VERDE: VERMELHO (ENERGIA AUDACIOSA) COM VERDE (ENERGIA AFETUOSA).

CASA 76 (RAIO 4) – BELEZA DIVINA
SANTA ORIGEM I ORIGINALIDADE I ORIGEM DIVINA

"Tudo que desejamos, tudo que temermos não possuir, tudo que, no fim, acabamos comprando, é porque, no fim das contas, nós ansiamos por amor, desejamos ter mais tempo e temermos a morte."
(Frase do filme *Beleza Oculta*, 2016)

A beleza divina se revela na manifestação do eu em todas as coisas, servindo como antídoto à melancolia, característica da fixação nesse estágio. Essa manifestação única também oferece uma visão mais equilibrada aos indivíduos sempre dramáticos, mostrando-lhes que não são tão exclusivos quanto imaginam. A beleza divina destaca nossa origem comum, tanto material quanto espiritual, dissipando a crença na singularidade exacerbada.

Aqui acontece o movimento de integração do sabotador mental da vitimização. Para aqueles propensos à inveja e à comparação, a conexão com a gratidão se torna essencial. Reconhecendo a abundância inerente ao universo, eles abandonam a perspectiva de falta e gradualmente superam queixas e lamentações. Essa atitude abre o caminho para alcançar a equanimidade desejada e apreciar a beleza, tanto no mundo externo quanto no interno.

A compreensão da beleza divina varia de acordo com a dimensão de consciência. No nível físico, identificamo-nos com nossos corpos, reconhecendo que toda vida provém de uma fonte comum e obedece a leis naturais universais. Num nível mais profundo de consciência, compreendemos que somos mais do que formas físicas, percebemos a beleza divina e espiritual compartilhada entre todos os seres humanos. Reconhecer a alma como parte essencial da existência nos leva ao domínio espiritual, e, nesse ponto, o eu é visto como a fonte na qual todas as almas estão conectadas.

Nessa perspectiva avançada, o eu verdadeiro é não só a origem da alma humana, mas também a fonte de toda manifestação. Todas as coisas têm sua origem nesse ser e retornarão a ele quando a manifestação cessar. Essa compreensão elevada nos leva a reconhecer nossa conexão não apenas como entidades separadas, mas como expressões de uma fonte comum que permeia toda a existência.

A jornada evolutiva nos conduz da ênfase na singularidade e na melancolia para a aceitação da beleza divina em toda manifestação, promovendo equanimidade e apreciação.

Reflexão primordial: como a compreensão da beleza divina pode transformar sua perspectiva sobre a singularidade e a abundância da vida, conectando-o mais profundamente com a essência compartilhada de toda existência?

Regra de Ouro: no capítulo OS ELIXIRES DA LONGEVIDADE, leia o ELIXIR AZUL-AMARELO: AZUL (ENERGIA ESTRUTURADORA) COM AMARELO (ENERGIA INTUITIVA).

CASA 77 (RAIO 5) – ABUNDÂNCIA DIVINA
ONISCIÊNCIA DIVINA I CONEXÃO COM A FONTE I FLUXO DIVINO

A natureza é o melhor exemplo de abundância divina. É tão abundante que realiza milagres diariamente, em que sementes se transformam e criam várias formas de vida.

A abundância divina é muito mais do que uma simples percepção de recursos e energia disponíveis para todos; é uma profunda compreensão que transcende a escassez. Esse conceito atua como um poderoso antídoto, especialmente para aqueles fixados na avareza, ao revelar que a verdadeira experiência mostra que pessoas, ideias e coisas são conhecidas de maneira plena, e que os recursos não se tornam escassos quando colocados em movimento.

Aqui acontece o movimento de integração do sabotador mental da hiper-racionalização. Aqueles que mergulham na compreensão da abundância divina não apenas se conectam ao mundo, mas também rompem com a tendência isolacionista que muitas vezes acompanha a avareza. A onisciência não é apenas sobre acumular conhecimento, mas alcançar uma sabedoria profunda. Ao compreender a si mesmas, as pessoas ganham uma compreensão do todo, reconhecendo-se como parte intrínseca de uma unidade cósmica.

Essa profunda conexão com a abundância divina não apenas dissipa a avareza, mas também transforma sua relação com o mundo material. A percepção da verdadeira riqueza não está na acumulação egoísta, mas na participação sábia e generosa no fluxo contínuo de recursos e energias. Essa compreensão nos capacita a agir com sabedoria infinita ao usufruir desses recursos, promovendo uma visão de abundância que conecta e beneficia a todos.

A jornada evolutiva nos conduz da avareza à compreensão profunda da abundância divina, revelando que a verdadeira riqueza se encontra na conexão com o todo.

Reflexão primordial: como a profunda compreensão da abundância divina pode transformar sua relação com os recursos, inspirando ações que beneficiem não apenas a si mesmo, mas também o mundo ao seu redor?

Regra de Ouro: no capítulo OS ELIXIRES DA LONGEVIDADE, leia o ELIXIR LARANJA-TURQUESA: LARANJA (ENERGIA DA REALIZAÇÃO) COM TURQUESA (ENERGIA DA CONTRIBUIÇÃO).

CASA 78 (RAIO 6) – FÉ DIVINA
SANTA FÉ I FORÇA SAGRADA I CERTEZA PLENA

"Você não precisa ver a escada inteira. Apenas dê o primeiro passo."
(Martin Luther King)

A fé divina é uma compreensão direta e profunda que transcende a limitada visão da personalidade, revelando que nossa verdadeira essência reside no espírito. É uma certeza íntima de que estamos conectados a algo maior, uma força sagrada que guia e protege, proporcionando uma segurança plena que vai além das circunstâncias externas. Essa fé não é baseada em evidências tangíveis, mas em uma intuição intrínseca de algo superior e transcendente.

Aqui acontece o movimento de integração do sabotador mental da hipervigilância. Ao acessar a fé divina, as pessoas abandonam suas projeções e descobrem sua bússola interna. Essa jornada as leva a realizar seu desejo fundamental de encontrar segurança e apoio, principalmente confiando em sua própria essência espiritual. O caminho pessoal envolve desvencilhar-se das angústias habituais, exigindo uma fé vigorosa na própria vida. A fé divina não é uma fé comum, é uma confiança profunda em si mesmo, um afastamento das estratégias egoicas em direção a uma fé inabalável.

Essa fé, essencialmente uma confiança que contrapõe a paranoia, implica que somos valiosos em nossa essência. É um reconhecimento da divindade interior, incluindo a parte visceral e a emocional. A fé divina possibilita habitar plenamente todo o ser, encoraja a exploração de áreas escondidas, eliminando o medo e levando ao reconhecimento de que o mundo não é tão ameaçador quanto se imaginava.

A evolução leva à descoberta da orientação interna por meio da fé divina. É uma jornada de confiança e autenticidade, em que o indivíduo se afasta do medo para abraçar a verdadeira natureza espiritual. O progresso é marcado por uma profunda conexão com a divindade interior e uma segurança que transcende as adversidades da vida.

Reflexão primordial: como a fé divina pode transformar sua relação com a vida, permitindo-lhe confiar na sua orientação interna, aceitar as partes mais profundas de si mesmo e irradiar essa confiança para o mundo ao seu redor?

Regra de Ouro: no capítulo OS ELIXIRES DA LONGEVIDADE, leia o ELIXIR VERDE-CORAL: VERDE (ENERGIA DA PLURALIDADE) COM CORAL (ENERGIA DA SINGULARIDADE).

CASA 79 (RAIO 7) – INTUIÇÃO DIVINA
PLANO DIVINO I PROPÓSITO DIVINO I TRABALHO DIVINO

Na aceitação do plano divino, encontramos a verdadeira sabedoria da intuição, transcendendo as ilusões da mente e reconhecendo a ordem cósmica que guia cada experiência da vida.

A intuição divina é a percepção profunda e transcendente de que há um plano maior orquestrado pelo universo, delineando o destino de todas as coisas. Nesse contexto divino, não é responsabilidade do indivíduo determinar seu próprio futuro ou controlar cada aspecto de sua existência. Em vez disso, há um convite para compreender e se render a esse fluxo divino, abraçando o papel designado e comprometendo-se com o crescimento espiritual por meio da aceitação plena de todas as experiências da vida, sejam elas desafiadoras ou repletas de alegrias.

Aqui acontece o movimento de integração do sabotador mental da inquietação. O plano divino nos conecta à grandiosidade e à meticulosidade do desenho natural do mundo. Tudo se entrelaça em uma trama significativa, eliminando a dispersão e a evitação da dor. Aqui, o foco reside no momento presente, permitindo uma atenção direcionada ao que realmente importa. O plano divino substitui a necessidade de impor nossa vontade ao mundo, trazendo temperança, acompanhada por uma satisfação interna mais significativa do que na busca incessante por prazeres externos.

É crucial compreender que a verdadeira sabedoria, ou Santa Sabedoria, transcende a tendência humana de ostentar conhecimento. Apesar da habilidade de gerar ideias, a intuição divina revela a limitação do conhecimento, convidando à humildade. Reconhecer que não sabemos tanto quanto imaginamos é um passo essencial, afastando-nos da necessidade de sermos constantemente os professores do mundo.

A intuição divina revela a percepção de que o desdobramento da realidade não é caótico ou arbitrário, mas segue um programa cósmico detalhado. O universo é regido por uma inteligência fundamental, refletida na ordem e nas leis naturais que permeiam toda a existência. O termo "plano" destaca um *design* e um padrão significativos, indicando que há uma estrutura subjacente ao modo como as coisas se desenrolam, sem sugerir que cada evento seja preordenado ou predeterminado.

Na jornada evolutiva, a transição da resistência ao fluxo natural da vida para a aceitação do plano divino marca o progresso. É uma jornada de compreensão da ordem cósmica e do propósito subjacente a todas as experiências. O progresso é marcado pela capacidade de viver no presente, abraçando a sabedoria que vem do reconhecimento da ordem intrínseca ao universo.

Reflexão primordial: como a compreensão e a aceitação do plano divino podem transformar sua relação com a vida, proporcionando temperança, foco no momento e uma sabedoria mais profunda em suas ações diárias?

Regra de Ouro: no capítulo OS ELIXIRES DA LONGEVIDADE, leia o ELIXIR AZUL-AMARELO: AZUL (ENERGIA ESTRUTURADORA) COM AMARELO (ENERGIA INTUITIVA).

CASA 80 (RAIO 8) – VERDADE DIVINA
SANTA VERDADE I ENTREGA I COMPAIXÃO

A verdadeira natureza do universo transcende as dimensões físicas, sendo essencialmente espiritual. Nessa compreensão, a compaixão e a entrega nos guiam em direção a uma verdade mais profunda.

A verdade divina é a compreensão profunda de que o universo é uma tapeçaria de diversas dimensões, abrangendo desde a física até as dimensões mais sutis, como a espiritualidade. Nessa perspectiva, compreendemos que a única verdade fundamental é a de que nossa real natureza reside na alma e de que somos essencialmente seres espirituais. Reconhecemos que o mundo físico é apenas a superfície de uma realidade mais etérea.

Aqui acontece o movimento de integração do sabotador mental da confirmação excessiva. Aqueles que abraçam a verdade divina abandonam a propensão à vingança em favor do amor compassivo. Essa transformação dissipa o medo nos outros, abrindo espaço para a expressão genuína de afeto. A verdade divina despoja o indivíduo do autoritarismo habitual, permitindo que outras verdades se alinhem com uma verdade mais profunda. A Santa Ideia da verdade reflete a compreensão do mundo não dual, onde tudo é uma mesma realidade, e matéria e espírito são inseparáveis.

A perspectiva iluminada revela que a forma material é apenas a camada mais externa de uma realidade multidimensional. Essa unidade indivisível demonstra que todas as dimensões constituem a totalidade e são intrinsecamente ligadas. A visão não dualista destaca que matéria e espírito são, na verdade, um só; o mundo físico e o mundo divino são inseparáveis. Assim, a verdade divina nos convida a transcender a mera percepção da matéria, reconhecendo-a como uma forma de experimentar o espírito.

A analogia com o oceano destaca que, embora possamos focalizar nossa atenção nas ondas ou no oceano, ambos são inseparáveis. Da mesma forma, assim como podemos experimentar o oceano através das ondas, a matéria é uma maneira de vivenciar o espírito. A verdade divina é, portanto, a experiência da realidade para aqueles que se alinham com os movimentos da Grande Vontade Maior, a fonte de toda a verdade essencial. Essa compreensão permite a análise e a correção contínuas de pensamentos, palavras e ações diárias, por meio da sintonia com o silêncio profundo.

Na jornada evolutiva, a transição para a verdade divina marca uma mudança significativa. É o movimento de uma visão dualista para uma visão não dualista, em que a realidade é experimentada como uma unidade indivisível. Essa mudança não apenas transforma a compreensão do eu e do mundo, mas também influencia a interação diária com pensamentos e ações, promovendo um alinhamento mais profundo com a essência da verdade universal.

Reflexão primordial: como a verdade divina pode impactar a sua percepção da realidade, e de que maneira essa compreensão pode moldar sua abordagem diária em pensamentos, palavras e ações?

Regra de Ouro: no capítulo OS ELIXIRES DA LONGEVIDADE, leia o ELIXIR LARANJA-TURQUESA: LARANJA (ENERGIA DA REALIZAÇÃO) COM TURQUESA (ENERGIA DA CONTRIBUIÇÃO).

CASA 81 (RAIO 9) – UNIDADE DIVINA
AMOR DIVINO I BENEVOLÊNCIA I DIVINA UNIÃO

É uma sensação que transcende o pertencimento; aqui há a união entre todas as coisas e pessoas, que no fundo fazem parte de uma unidade divina.

Na unidade divina existe a presença do amor incondicional, disponível em igual proporção para toda a humanidade, inclusive para você. Trata-se de uma crença profunda que tem relação com seu valor como pessoa, assim como o valor de todo ser humano. Trata-se da percepção de que sua existência é de extrema importância para o todo, assim como a existência das demais pessoas.

Aqui acontece o movimento de integração do sabotador mental da esquiva. A unidade divina nos lembra de que somos todos merecedores de amor, apenas por existirmos. A partir daí, podemos sair da tendência habitual de menos-valia.

Trata-se de ter consciência de que tudo o que existe é amor em si mesmo, e, graças a isso, entramos em um estado de felicidade, sem motivo aparente. Esse lembrete é muito bom para a pessoa que está no "piloto automático", que perdeu contato com sua chama de vida. Por isso, precisa sair dessa falta de amor, que anda de mãos dadas com o autoesquecimento. Nesse sentido, essa santa ideia pressupõe uma apreciação incondicional por todas as coisas e seres do mundo.

Quando vemos a realidade do ponto de vista da unidade divina, vemos que a natureza de tudo o que existe é benéfica e amorosa, e que todos somos uma expressão desse amor.

A unidade divina é a percepção de que nossa natureza essencial, não importa quais qualidades se destaquem em cada momento, é inatamente bela e que a experiência dela é sempre positiva. Da mesma forma, no nível pessoal, uma vez que nossa natureza essencial forma o núcleo de nossa identidade, a unidade divina nos diz que somos, portanto, fundamentalmente belos e dignos de amor, e a impossibilidade de estarmos separados do eu é o que nos confere isso.

Em outras palavras, a verdadeira natureza instila em nossas almas e corpos o amor que une a tudo e a todos. Quando experimentamos isso, sem o filtro de nossa mente conceitual, o efeito que ele tem sobre nós é um senso de propósito, de valor, de utilidade, de satisfação. Nossas almas relaxam, nossos corações se abrem e experimentamos uma sensação de bem-estar e unidade.

Reflexão primordial: como a unidade divina pode transformar a sua percepção, permitindo uma conexão mais profunda com sua verdadeira natureza e com o todo que a envolve?

Regra de Ouro: no capítulo OS ELIXIRES DA LONGEVIDADE, leia o ELIXIR VERDE-CORAL: VERDE (ENERGIA DA PLURALIDADE) COM CORAL (ENERGIA DA SINGULARIDADE).

OS DRAGÕES DOS NOVE RAIOS

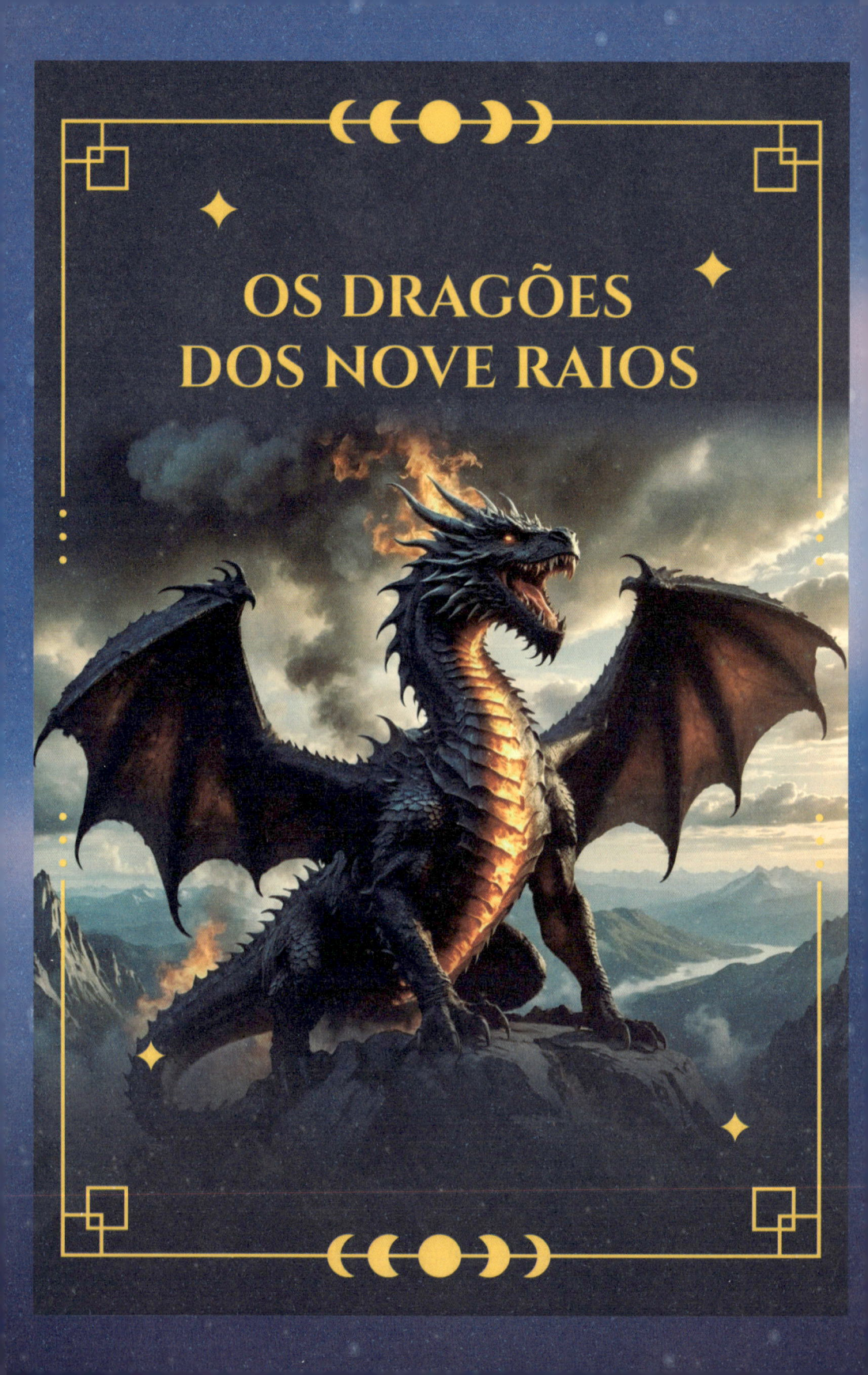

O dragão é um dos símbolos mais poderosos, presente em diversas culturas ao redor do mundo. "Dragão" vem do grego *drakein*, que significa "ver claramente" ou "aquele que enxerga longe".

Na cultura celta, está associado à força primordial da natureza. Na cultura chinesa, o dragão pode voar e, além de reunir todas as habilidades de outros animais, simboliza a sabedoria divina, incorpora poderes da natureza e o equilíbrio espiritual e natural, contidos em um único ser. Para os hindus, o dragão tem relação com Shiva, que é o deus da destruição e da renovação. Até mesmo nas Américas, os astecas, maias e toltecas tinham o Quetzalcoatl, ou "Serpente Emplumada", um réptil voador muito parecido com um dragão, que era um transgressor de fronteiras entre o céu e a terra.

Jung chegou a dizer que para os alquimistas o dragão alado era uma representação feminina, enquanto os dragões sem asas, masculina. Para Jung, sonhar com dragão simboliza o crescimento equilibrado do espírito e o forte desejo de reforma íntima.

Joseph Campbell, em seu livro *O Poder do Mito*, também retrata a mitologia do dragão alado como sendo a soma entre as forças naturais da terra e do espírito.

Símbolo da renovação e da transmutação, representa a união dos quatro elementos: fogo, terra, água e ar, ou seja, a conexão com a matéria densa e sutil. Por essa razão, o dragão é um animal que pode voar, cuspir fogo, viver sob as águas e sobre a superfície terrestre. É a força expansiva do pensamento e da inteligência, da liberdade e da responsabilidade.

Na psicologia analítica, Jung trouxe a ideia desses quatro elementos como funções psíquicas. Ele considera que nossa psique apresenta quatro maneiras de perceber o mundo. Cada um de nós é mais propenso a uma ou outra, como se existisse uma predisposição básica, mas o meio em que vivemos também exerce grande influência em como utilizamos essas funções, a partir dos quatro elementos alquímicos: a intuição (fogo), o pensamento (ar), o sentimento (água) e a sensação (terra).

Nesse momento, atravessamos um portal multidimensional e encontramos os dragões dos nove raios, entrelaçados em suas narrativas míticas, que guiam os corajosos alquimistas integrais da consciência;

cada um deles oferece uma chave singular para desbloquear os segredos de transformação e iluminação interior.

Cada dragão é uma expressão viva de um aspecto singular da consciência humana individual, guiando os alquimistas integrais na integração dos quatro elementos, para alcançar o seu ouro interior.

Vamos conhecer agora cada um dos nove dragões.

RAIO 1 – DRAGÃO DO AUTOPERDÃO

O dragão do autoperdão, segundo a perspectiva alquímica, surge como um guia prático no processo terapêutico, oferecendo um caminho sagrado que parte da ira em direção à aceitação divina. Esse símbolo revela a essencialidade do perdão como instrumento de libertação dos aspectos que nos aprisionam aos **pecados capitais**.

Ao se fixar no primeiro nível de consciência, dominado pela ira, pelo ressentimento e pela reatividade, você experimenta uma combustão interna, assemelhando-se a uma faísca que queima o peito por dentro e traz uma sensação de implosão no corpo, que faz acessar a ferida da injustiça.

Para transcender esse estado em que o fogo e a terra solidificam a reatividade, que nos faz ficar remoendo essas sensações desagradáveis por muito tempo, a jornada se inicia com a necessidade de arejar a mente. A operação alquímica da *sublimatio* atua como um sopro revitalizante, aliviando essa tensão acumulada.

Isso permite vivenciar novas experiências, respirar novos ares; esse movimento traz leveza à existência, abrindo espaço para a liberação dessas sensações, para a superação do medo de errar e do perfeccionismo. A mente, agora mais descontraída, leve e arejada, propicia uma transição para uma organização proativa em detrimento da reatividade, orientando-o em direção à responsabilidade sistêmica e à consciência da interconexão entre tudo e todos, ou seja, tudo que nos acontece serve à nossa evolução.

Neste momento, você diz em voz alta as frases sistêmicas:

Minha ira, eu te vejo. Você é parte de mim e de quem eu sou.
Eu te dou um bom lugar no meu coração.
Eu te agradeço por tudo e por todo o aprendizado.
Eu digo sim a você e a tudo que aconteceu, como aconteceu.
Sigo no caminho do perdão, da bondade e da serenidade.

A partir de agora, abro espaço para que a aceitação divina faça parte da minha vida!

A partir de agora, a *solutio* dilui mais camadas de rigidez. O movimento das águas do autoperdão, agora fluidas e transformadoras, possibilitam o acesso à serenidade, um mar calmo de paz interior. Um momento de pausa consciente entre o estímulo e a resposta, culminando na consciência da aceitação divina daquilo que é e de todas as experiências que fazem parte da vida e trazem aprendizado e crescimento. O grande presente desse caminho é a dissolução da ira, do ódio e do rancor, revelando a compreensão profunda de que somos perfeitamente imperfeitos e que intrinsecamente fazemos parte de algo maior.

Considerando esse movimento de integração dos quatro elementos, em qual das casas abaixo você sente que ainda está preso atualmente e qual delas poderá ajudá-lo a expandir a sua luz?

9ª DIMENSÕES DO RAIO 1

- 9D – Casa 73: Aceitação divina
- 8D – Casa 64: Serenidade
- 7D – Casa 55: Responsabilidade sistêmica
- 6D – Casa 46: Organização proativa
- 5D – Casa 37: Perfeccionismo
- 4D – Casa 28: Insistência
- 3D – Casa 19: Reatividade
- 2D – Casa 10: Injustiça
- 1D – Casa 1: Ira

RAIO 2 – DRAGÃO DA COMPAIXÃO

O dragão da compaixão emerge como um guia amoroso no processo terapêutico, oferecendo um caminho sagrado da soberba em direção à providência divina. Esse símbolo revela a essencialidade da compaixão como instrumento de libertação dos aspectos que nos aprisionam às nossas *feridas emocionais.*

Ao se fixar no segundo nível de consciência, dominado pela soberba, você experimenta a mágoa como uma ebulição emocional interna gerada pela união da água com o ar, que traz à tona as necessidades emocionais que não foram atendidas na infância e o levam a entrar em contato com a ferida da humilhação.

Nesse nível, a efervescência emocional o mantém preso ao orgulho e à noção de autossuficiência, que o faz ficar remoendo essa sensação de não ser merecedor do amor das pessoas. Para transcender esse estado, sua jornada se inicia com o centramento do seu corpo. Ao se conectar ao estado de presença, a operação alquímica da *coagulatio* acalma as emoções e você reconhece que agora está tudo bem.

Esse estado lhe permite soltar as mágoas do passado geradas pelas necessidades emocionais não atendidas da sua criança interior, entregar para a terra tudo aquilo que aconteceu, que o tornou quem você é, e faz com que perceba de forma mais concreta que, mesmo diante de tudo que houve, a vida foi preservada.

Esse é o movimento de contato com a terra e com o corpo físico, com os dois pés firmes no chão você se reconecta com a energia de suas raízes ancestrais, e a força da vida que flui em seu ser possibilita que acesse a virtude da humildade. A palavra "humildade" tem sua origem no grego antigo, deriva de "humus", que significa "terra fértil" ou "criatura nascida da terra". Também deu origem às palavras "homem" e "humanidade".

Neste momento, você diz em voz alta as frases sistêmicas:

Minha soberba, meu orgulho, meu não merecimento, eu vejo vocês.

Vocês são parte de quem eu sou. Eu agradeço por tudo e por todo o aprendizado.

Eu digo sim a vocês e a tudo que aconteceu, como aconteceu.

Agora eu integro a gentileza, a humildade e a compaixão no meu caminho evolutivo.

Eu abro espaço para que a providência divina faça parte da minha vida!

Isso o prepara para a *calcinatio*, operação alquímica subsequente, que reativa sua chama interior. A energia do fogo resgata o seu poder interior. Acessar a raiva em equilíbrio o ajuda a estabelecer limites saudáveis, a ter ousadia e a agir integrando sua liderança afetiva e efetiva, no equilíbrio entre o dar e o receber.

O grande presente desse caminho é a queima completa das relações de codependência e do orgulho, revelando a compreensão profunda de que é possível se conectar com as pessoas com liberdade e integridade, a partir da sua soberania interna. Nesse nível fazemos a transição da codependência, passamos pela independência e chegamos à interdependência.

Considerando esse aprendizado, em qual das casas abaixo você sente que ainda está preso e qual delas poderá ajudá-lo, neste momento, a expandir sua luz?

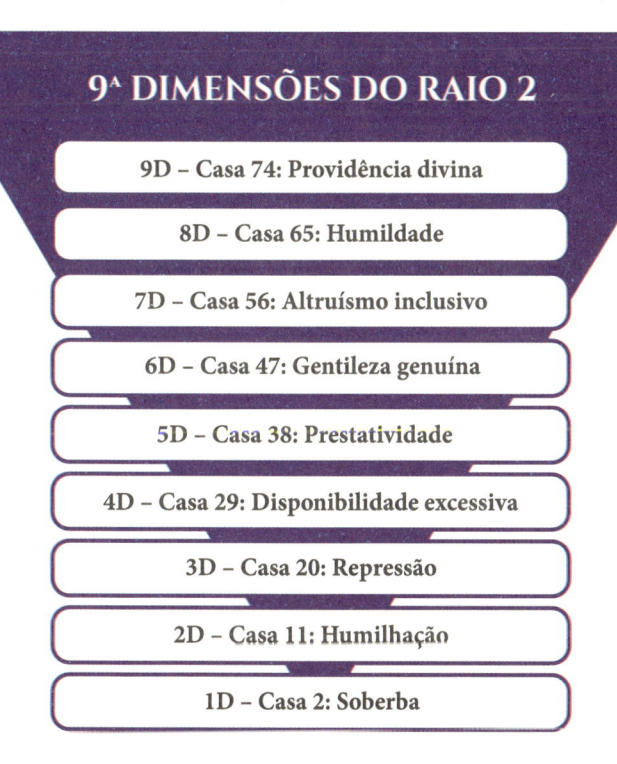

9ª DIMENSÕES DO RAIO 2

- 9D – Casa 74: Providência divina
- 8D – Casa 65: Humildade
- 7D – Casa 56: Altruísmo inclusivo
- 6D – Casa 47: Gentileza genuína
- 5D – Casa 38: Prestatividade
- 4D – Casa 29: Disponibilidade excessiva
- 3D – Casa 20: Repressão
- 2D – Casa 11: Humilhação
- 1D – Casa 2: Soberba

RAIO 3 – DRAGÃO DO FLOW

O dragão do flow, na perspectiva alquímica do eneagrama, oferece um caminho de evolução que parte da mentira em direção à esperança divina, em que o fluxo natural da vida é a fonte de inspiração e de crescimento. Esse caminho revela a essência da autenticidade e da entrega como caminho de libertação dos aspectos que nos aprisionam às nossas **máscaras do ego**.

Ao se fixar no terceiro nível de consciência, dominado pela mentira e pela vaidade, você experimenta o distanciamento das emoções, como tentativa de represá-las para conter as ondas emocionais internas intensas com as quais você não consegue lidar e que têm como origem o medo da rejeição.

A rejeição o aprisiona na sensação de não ter valor por ser quem você é, levando-o a acreditar que é necessário criar um personagem que se identifica com o fazer e o afasta do ser. Dominado pela busca incessante por sucesso, pela imagem e pela necessidade de realização a todo custo, você se encontra imerso em um turbilhão de atividades, em que a realização pessoal é medida pelo reconhecimento alheio e pelas conquistas materiais.

Como em um mar agitado, é fácil perder o contato com sua verdadeira essência interior, tornando-se refém das expectativas alheias.

Para transcender esse padrão sistêmico, sua jornada se inicia com a necessidade de entrar em contato com suas emoções verdadeiras, por meio da operação alquímica da *solutio*. Esse mergulho em águas profundas traz um estado de flow emocional, no qual você se entrega à correnteza emocional e reconhece as emoções como elas se manifestam agora, sem tentar negá-las nem fugir.

Abra mão do controle e entregue-se para sentir o que você realmente sente, entregando as águas à terra, mantendo a conexão com o seu corpo e os pés em contato com o chão. Esse movimento traz centramento, abrindo espaço para você se libertar dessa ilusão e superar o medo de não ter valor, que o levou a acreditar em algum momento que parecer algo diferente levaria as pessoas a aceitá-lo e a reconhecer o seu real valor.

E você diz em voz alta as frases sistêmicas:
Minha mentira, minha vaidade, eu vejo vocês.

Eu agradeço por tudo e por todo o aprendizado.

Agora eu me reconecto com meu verdadeiro eu, além das expectativas alheias.

Sigo no caminho da autenticidade e da verdade.

Eu me permito fluir com o ritmo natural da vida, confiando no processo.

Eu me entrego para que a esperança divina faça parte da minha vida!

Agora é possível trazer à mente novos pensamentos, questionamentos e planejamento, por meio da operação alquímica da *sublimatio*, que o desacelera e o torna mais receptivo. Esse movimento propicia uma transição da ambição realizadora para a flexibilidade estimulante, orientando-o em direção à autenticidade.

Ao resgatar sua chama interior, o fogo finalmente derrete as máscaras de plástico do ego e o reconecta ao senso de autovalor e autorreconhecimento, para que você possa reconhecer o brilho dourado do seu eu mais autêntico e finalmente viver a liberdade de ser quem você realmente é.

Considerando a fluidez desse aprendizado, em qual das casas abaixo você sente que ainda está preso e qual delas poderá ajudá-lo, neste momento, a expandir sua luz?

9ª DIMENSÕES DO RAIO 3

- 9D – Casa 75: Esperança divina
- 8D – Casa 66: Autenticidade
- 7D – Casa 57: Flexibilidade estimulante
- 6D – Casa 48: Ambição realizadora
- 5D – Casa 39: Performance
- 4D – Casa 30: Hiper-realização
- 3D – Casa 21: Identificação
- 2D – Casa 12: Rejeição
- 1D – Casa 3: Mentira

RAIO 4 – DRAGÃO DA GRATIDÃO

O dragão da gratidão emerge como um guia muito especial, surge como um símbolo essencial no processo de transformação e crescimento pessoal, oferecendo um caminho de evolução da inveja em direção à beleza divina. Esse símbolo revela a importância da equanimidade como instrumento de libertação dos aspectos que nos aprisionam aos nossos **sabotadores mentais.**

Ao se fixar no quarto nível de consciência, dominado pela inveja e pela comparação, pela busca incessante para preencher a sensação de falta, você encontra um tsunâmi de emoções profundas e complexas. Inicia-se a fase da melancolia e da introspecção; a união da água com o ar se assemelha a fortes ondas que inundam o peito por dentro, como se afogasse você em memórias de fortes emoções traumáticas da infância, levando-o a acessar a ferida do abandono.

Para transcender esse estado, a jornada começa com a necessidade de se render à experiência do momento presente. A operação alquímica da *coagulatio* atua como o elemento estabilizador, permitindo que você se enraíze no aqui e agora e reconheça a beleza da vida ao seu redor. Isso o leva a sair dos ciclos de comparação e a compreender que a verdadeira gratidão não reside apenas na realização de desejos e sonhos distantes, mas sim na capacidade de reconhecer e valorizar as bênçãos que já estão presentes em sua vida.

A partir de agora, a *solutio* dilui mais camadas de melancolia, libertando-o das mágoas do passado relativas às necessidades emocionais não atendidas da criança interior, levando-o a entregar para a terra tudo aquilo que aconteceu como aconteceu, fazendo-o perceber de forma mais concreta que, mesmo diante de tudo que houve, a vida foi preservada.

Neste momento, você diz em voz alta as frases sistêmicas:
Minha inveja, eu vejo você.
Você é parte de mim e de quem eu sou.
Eu digo sim a você e a tudo que aconteceu, como aconteceu.
Eu me rendo à experiência presente, encontrando gratidão em cada momento.
Eu valorizo as bênçãos que já estão em minha vida, de coração aberto.

Sigo no caminho da gratidão, da criatividade e da equanimidade.
Eu abro espaço para ver a beleza divina que já faz parte da minha vida!

A *calcinatio* reativa a sua chama interior, faz a transição do posicionamento diferenciado para a criatividade inspiradora. A partir desse momento, é possível trazer à mente novos pensamentos e acessar a virtude da equanimidade, que envolve aprender a reconhecer e aceitar suas emoções sem se deixar dominar, desenvolvendo com elas uma relação mais equilibrada e saudável. É um momento de reconexão com a beleza da natureza que permeia a vida, em que cada experiência é vista como uma dádiva a ser celebrada.

O grande presente desse caminho são os novos ares para inspirar a verdadeira riqueza interior, de valorização das bênçãos que você já tem, trazendo a sensação da ordem e da completude.

Considerando esse aprendizado, em qual das casas abaixo você sente que ainda está preso e qual delas poderá ajudá-lo, neste momento, a expandir sua luz?

9ª DIMENSÕES DO RAIO 4

- 9D – Casa 76: Beleza divina
- 8D – Casa 67: Equanimidade
- 7D – Casa 58: Criatividade inspiradora
- 6D – Casa 49: Posicionamento diferenciado
- 5D – Casa 40: Passionalidade
- 4D – Casa 31: Vitimização
- 3D – Casa 22: Introjeção
- 2D – Casa 13: Abandono
- 1D – Casa 4: Inveja

RAIO 5 – DRAGÃO DA SABEDORIA

O dragão da sabedoria emerge como um guia lógico no processo terapêutico, oferecendo um caminho sagrado que se inicia na avareza e segue em direção à abundância divina. Esse símbolo revela a essencialidade da sabedoria como instrumento de libertação dos aspectos que nos aprisionam às ***identificações do ego.***

Ao se fixar no quinto nível de consciência, dominado pela avareza, pela escassez, pela busca constante por conhecimento e pela tendência ao isolamento e à introspecção, você se encontra soterrado em pensamentos e ideias complexas. Essa é a fase da análise e da observação, em que se busca compreender o funcionamento do mundo através da lente da mente racional, o que faz com que você acesse a ferida do vazio interior.

Para transcender esse estado, a jornada começa com a necessidade de entrar em contato com a raiva. Acessar a chama presente no seu corpo permite que você reconheça a importância de se conectar não apenas com a mente, mas também com o coração, o corpo e o espírito. Isso o leva a compreender que a verdadeira sabedoria não reside apenas na acumulação de conhecimento intelectual, mas sim na capacidade de se abrir para as diversas experiências da vida.

Esse processo de reconexão com a sabedoria interior abre espaço para o florescimento de uma nova perspectiva, em que o conhecimento é visto como uma ferramenta para a expansão da consciência e o desenvolvimento pessoal.

Você aprende a integrar a mente, as emoções, o corpo e o espírito em uma única experiência de vida, honrando a sabedoria que reside em cada célula de seu ser. A mente, agora expandida e receptiva, direciona-o para uma abordagem mais holística da vida, em que a busca pelo conhecimento é guiada pelo desejo de compreender a verdadeira natureza humana.

Neste momento, você diz em voz alta as frases sistêmicas:

Minha avareza, minha escassez, eu vejo vocês.

Eu agradeço por tudo e por todo o aprendizado.

Eu digo sim a tudo que aconteceu, como aconteceu.

Agora eu sigo no caminho da integração da mente, do coração, do corpo e do espírito.

Eu abro espaço para vivenciar a abundância divina que faz parte da minha vida!

A partir de agora, a *solutio* dissolve mais camadas de isolamento. O movimento da sabedoria, agora fluido, possibilita o acesso a um estado de consciência em que a perspectiva visionária caminha para a prosperidade sistêmica, um estado de bem-estar e crescimento holístico que abrange não apenas o aspecto econômico, mas também o social, ambiental e cultural, em que se vivencia essa experiência em comunidade.

Você reconhece a interconexão e a interdependência de diferentes partes de um sistema, sentindo-se mais completo, o que gera um resultado sustentável e duradouro.

O grande presente desse caminho é a descoberta da verdadeira sabedoria, aquela que reconhece que a verdadeira abundância divina se manifesta na integração entre suas partes e entre as pessoas.

Considerando esse aprendizado, em qual das casas abaixo você sente que ainda está preso e qual delas poderá ajudá-lo, neste momento, a expandir sua luz?

9ª DIMENSÕES DO RAIO 5

- 9D – Casa 77: Abundância divina
- 8D – Casa 68: Prosperidade sistêmica
- 7D – Casa 59: Perspectiva visionária
- 6D – Casa 50: Estratégia sustentável
- 5D – Casa 41: Privacidade
- 4D – Casa 32: Hiper-racionalização
- 3D – Casa 23: Isolamento
- 2D – Casa 14: Vazio interior
- 1D – Casa 5: Avareza

RAIO 6 – DRAGÃO DA MATURIDADE

O dragão da maturidade emerge como um guia essencial no processo de desenvolvimento pessoal e espiritual, oferecendo um caminho sagrado do medo paralisante em direção à fé divina. Esse símbolo representa a capacidade de transcender o medo e a ansiedade, cultivando uma mente confiante, que pode enfrentar os desafios da vida com coragem e determinação. Traz a maturidade como instrumento de libertação dos aspectos que nos aprisionam a *papéis sociais*.

Ao se fixar no sexto nível de consciência, dominado pelo medo paralisante, por ansiedade e insegurança, você se encontra preso em um labirinto de dúvidas e preocupações. Essa é a fase da incerteza e da indecisão, em que há uma busca constante de segurança e estabilidade externa para compensar a falta de autoconfiança, que o faz entrar em contato com a ferida do desamparo.

Para transcender esse estado, a jornada começa com a necessidade de superar as limitações da mente. A operação alquímica da *sublimatio* atua como o elemento purificador, permitindo que você eleve seus pensamentos acima das preocupações do ego e se conecte com a força interior que reside em você. Isso o leva a compreender que a verdadeira maturidade não reside apenas na capacidade de lidar com os desafios externos, mas sim na capacidade de se relacionar com o mundo a partir de um lugar de confiança e serenidade interior.

Esse processo de elevação abre espaço para o florescimento de uma nova perspectiva, em que a ansiedade é vista como uma oportunidade para crescimento e transformação. Você aprende a enfrentar seus medos, reconhecendo que a verdadeira segurança reside na confiança em si mesmo e na fé no processo da vida. A mente, agora mais clara e estável, direciona-o para uma abordagem mais assertiva da existência, em que a confiança inteligente e a coragem psicológica são elementos essenciais para superar os desafios e alcançar os objetivos.

Neste momento, você pode afirmar em voz alta as seguintes frases sistêmicas:

Minha ansiedade, meu medo, eu vejo vocês.

Eu lhes agradeço por tudo e por todo o aprendizado.
Eu me elevo acima das preocupações do ego, resgatando a confiança em mim.
Eu digo sim a vocês e a tudo que aconteceu, como aconteceu.
Sigo a passos firmes no caminho da maturidade, com confiança e coragem.
Eu abro espaço para que a fé divina guie minha jornada de vida!

A partir de agora, a *coagulatio* estabiliza mais camadas de insegurança. O movimento de maturidade emocional, agora estável, possibilita o acesso a um estado de confiança interior.

No calor do empoderamento, você se liberta das amarras da ansiedade e se abre para a plenitude do seu potencial, acessando os recursos disponíveis do seu guerreiro interior, que aquecem sua alma.

O grande presente desse caminho é a descoberta da verdadeira maturidade, aquela que emerge da conexão com o mar calmo da confiança plena e da fé divina que o reconecta ao fluxo natural da vida.

Considerando esse aprendizado, em qual das casas abaixo você sente que ainda está preso e qual delas poderá ajudá-lo, neste momento, a expandir sua luz?

9ª DIMENSÕES DO RAIO 6

- 9D – Casa 78: Fé divina
- 8D – Casa 69: Coragem psicológica
- 7D – Casa 60: Confiança inteligente
- 6D – Casa 51: Segurança psicológica
- 5D – Casa 42: Precaução
- 4D – Casa 33: Hipervigilância
- 3D – Casa 24: Projeção
- 2D – Casa 15: Desamparo
- 1D – Casa 6: Medo paralisante

RAIO 7 – DRAGÃO DA FELICIDADE

O dragão da felicidade emerge como um guia radiante no caminho da alegria e da expansão da consciência, oferecendo um caminho sagrado a partir da gula em direção à intuição divina. Esse símbolo representa a capacidade de encontrar alegria e encantamento em todas as experiências da vida, cultivando um coração leve e jubiloso, como instrumento de integração aos seus **talentos cultivados**.

Ao se fixar no sétimo nível de consciência, dominado pela paixão da gula, pelo desejo constante por prazer para evitação da dor, você se encontra perdido e flutuando em múltiplas nuvens de desejos e expectativas. Essa é a fase da busca incessante por experiências gratificantes e por satisfação imediata de seus desejos e impulsos, como um mecanismo de defesa para fugir da dor da perda e da ferida do sofrimento.

Para transcender esse estado, a operação alquímica da *solutio* permite-lhe mergulhar nas águas mais profundas do autoconhecimento, em que você aprende a encontrar beleza e encantamento em cada momento da vida, independentemente das circunstâncias externas. Mesmo nos momentos mais desafiadores, de dor, luto ou perda, você passa a reconhecer que a verdadeira fonte de felicidade reside em seu coração.

A mente, agora mais limpa e presente, direciona-o para o entusiasmo da plena existência, em que a euforia excessiva dá lugar à verdadeira alegria de viver, e isso se torna a bússola que guia sua jornada.

Neste momento, você diz em voz alta as frases sistêmicas:

Minha gula, minha fuga, eu vejo vocês. Vocês são parte de quem eu sou.

Eu lhes agradeço por tudo e por todo o aprendizado.

Eu me abro para contemplar a vida que acontece a cada momento.

Agora eu sigo no caminho da alegria, da simplicidade e da presença no aqui e agora.

Eu abro espaço para que a intuição divina faça parte da minha vida!

A partir de agora, a *coagulatio* traz centramento e apreciação do momento presente, que possibilita o acesso a um estado de presença plena e de contentamento interior. É um momento de contemplação das coisas mais simples da vida, que traz imensa alegria e satisfação, que nutre e preenche seu corpo e sua alma.

O grande presente desse caminho é a descoberta de que a verdadeira fonte da felicidade está na conexão com a essência da alegria que sempre existiu em você, que lhe faz acessar sua intuição divina e viver em conexão com um propósito maior.

Considerando esse aprendizado, em qual das casas abaixo você sente que ainda está preso e qual delas poderá ajudá-lo, neste momento, a expandir sua luz?

9ª DIMENSÕES DO RAIO 7

- 9D – Casa 79: Intuição divina
- 8D – Casa 70: Presença plena
- 7D – Casa 61: Simplicidade genial
- 6D – Casa 52: Aprendizagem dinâmica
- 5D – Casa 43: Prazer
- 4D – Casa 34: Inquietação
- 3D – Casa 25: Racionalização
- 2D – Casa 16: Sofrimento
- 1D – Casa 7: Gula

RAIO 8 – DRAGÃO DA PURIFICAÇÃO

O dragão da purificação emerge como um guia poderoso no caminho da transformação e do fortalecimento interior, oferecendo um caminho sagrado a partir da luxúria em direção à verdade divina. Esse símbolo representa a capacidade de confrontar e purificar os aspectos sombrios da psique, revela a essencialidade da purificação como caminho para se conectar com suas **dádivas manifestadas.**

Ao se fixar no oitavo nível de consciência, dominado pela luxúria, pelo desejo de poder e controle, você se queima no fogo dos conflitos, das resistências e da negação. Essa é a fase da luta constante para proteger seu ego e seus impulsos de afirmar sua presença no mundo, muitas vezes à custa dos outros e de si mesmo, que o aprisiona à ferida da traição. Essa ferida o faz vestir uma pesada armadura, criando uma couraça de proteção, para que ninguém mais possa machucar seu coração inocente.

Para transcender esse estado, a jornada começa com a necessidade de entrar em contato com as partes mais sombrias da psique. A operação alquímica da *sublimatio* atua como o elemento purificador, permitindo que você respire e reconheça que a verdadeira força não reside no controle externo, mas sim na capacidade de acessar novamente seu coração puro, mesmo diante de tudo que aconteceu, resgatando a mente de principiante, como uma criança inocente quando aprende algo.

Esse movimento traz a *solutio*, em que as águas emocionais dissolvem essa dureza que foi aprendida com a violência recebida na infância, e traz uma nova perspectiva emocional, nascendo uma consciência de que agora é possível tocar as partes mais suaves do seu coração, resgatando a parte que é gentil, doce, vulnerável, e que pode sair dessa couraça e se tornar uma linda fonte de inspiração para as pessoas.

Você aprende a cultivar uma relação saudável consigo mesmo e com as pessoas, reconhecendo o verdadeiro significado de abrir seu coração para a vulnerabilidade saudável.

Neste momento, você diz em voz alta as frases sistêmicas:

Minha luxúria, meus excessos, eu vejo vocês. Vocês são parte de quem eu sou.

Eu lhes agradeço por tudo e por todo o aprendizado.

Eu digo sim a vocês e a tudo que aconteceu, como aconteceu.

Permito-me tirar a armadura e abrir meu coração para a vulnerabilidade saudável.

Sigo no caminho da pureza e da liderança transparente.

Eu abro espaço para que a verdade divina guie a minha jornada de vida!

A partir desse ponto na jornada, durante a *coagulatio*, a consciência se amplia e a integridade interior se solidifica como uma fundação inabalável. Assim como o magma da Terra se resfria e se transforma em uma estrutura sólida, sua vulnerabilidade saudável se consolida, estabelecendo-se como uma base firme sobre a qual você se apoia.

Você não apenas reconhece seu poder interior, mas também o emprega com sabedoria e compaixão. Torna-se um farol de integridade, despojando-se de sua armadura e abrindo o coração para revelar a pureza de sua vulnerabilidade, inspirando aqueles ao seu redor a estabelecer conexões profundas e genuínas. Nesse momento, você se torna uma encarnação viva da verdadeira força.

É nessa expansão da consciência que reside o verdadeiro presente dessa jornada, pois é aqui que você descobre a essência mais profunda de seu ser e se torna um agente de transformação e inspiração no mundo. O grande presente dessa jornada é a descoberta da verdadeira fonte de poder, aquela que emerge da conexão com sua vulnerabilidade e com sua integridade.

Considerando esse aprendizado, em qual das casas abaixo você sente que ainda está preso e qual delas poderá ajudá-lo, neste momento, a expandir sua luz?

9ᴬ DIMENSÕES DO RAIO 8

- 9D – Casa 80: Verdade divina
- 8D – Casa 71: Pureza vulnerável
- 7D – Casa 62: Liderança transparente
- 6D – Casa 53: Autoridade impactante
- 5D – Casa 44: Poderio
- 4D – Casa 35: Confirmação obsessiva
- 3D – Casa 26: Negação
- 2D – Casa 17: Traição
- 1D – Casa 8: Luxúria

RAIO 9 – DRAGÃO DA PAZ

O dragão da paz surge como um guia sereno e acolhedor no caminho da integração e da harmonia interior, oferecendo um caminho sagrado a partir da preguiça em direção à unidade divina. Esse símbolo representa a busca pela reconciliação consigo mesmo e com o mundo ao seu redor, permitindo que a paz verdadeira floresça. Revela a essencialidade da paz como caminho para viver autenticamente sua **natureza essencial**.

Ao se fixar no nono nível de consciência, dominado pela preguiça, pela inércia, pelo desejo de evitar conflitos e manter a harmonia a todo custo, você se encontra preso em um ciclo de passividade e estagnação. Essa é a fase da busca incessante por conforto e da fuga dos conflitos, muitas vezes à custa do próprio crescimento pessoal, o que o leva a acessar a ferida do desvalor gerada na infância, em função de não se sentir visto, ouvido ou valorizado pelas pessoas.

Para transcender esse estado, sua jornada começa com a necessidade de confrontar os padrões de complacência e evasão que o mantêm na inércia. A operação alquímica da *calcinatio* permite que você confronte seus padrões e crenças e queime as ilusões que o impedem de ver a realidade com clareza. Isso o levará a reconhecer que a verdadeira paz não é encontrada na evitação do conflito, mas na capacidade de enfrentar os desafios que a vida lhe traz, com presença e coragem.

Esse processo de enfrentamento abre espaço para a integração e a harmonia interior. A mente, agora mais segura de si mesma, direciona-o para uma mediação integrativa, em que a paz verdadeira é encontrada na aceitação plena de si mesmo e, a partir disso, ocorre a conexão amorosa com o mundo ao seu redor.

Neste momento, você pode afirmar em voz alta as seguintes frases sistêmicas:

Minha preguiça, minha inércia, eu vejo vocês. Vocês são parte de quem eu sou.
Eu lhes agradeço por tudo e por todo o aprendizado.
Eu digo sim a vocês e a tudo que aconteceu, como aconteceu.
Enfrento os padrões de complacência e evitação que me mantêm na inércia.
Agora eu sigo no caminho do engajamento regenerativo e da ação certa.
Eu abro espaço para que a unidade divina me guie na jornada de reconexão humana!

A partir desse ponto, na *sublimatio*, emerge a expansão da consciência, trazendo consigo uma compreensão renovada da verdadeira essência da paz. Você percebe que a paz não é meramente a ausência de conflito, mas, sim, um estado de plenitude do ser, em que a aceitação total de si mesmo e a conexão amorosa com o mundo se entrelaçam em uma harmonia profunda.

Nesse estado, você se torna um farol de paz, irradiando-a para o mundo ao seu redor. Sua mente o conduz em uma jornada de integração e aceitação plenas, em que a vida é abraçada com engajamento regenerativo, selando seu compromisso ativo com práticas e processos que visam não apenas sustentar, mas também revitalizar os sistemas naturais e sociais.

Você se transforma em um agente de transformação e cura, trazendo a verdadeira paz não apenas para si mesmo, mas também para aqueles ao seu redor. É nessa expansão que reside o verdadeiro presente dessa jornada, pois é aqui que você descobre a essência mais profunda da paz e se torna um catalisador para sua manifestação no mundo, promovendo ativamente a unidade divina.

Considerando esse aprendizado, em qual das casas abaixo você sente que ainda está preso e qual delas poderá ajudá-lo, neste momento, a expandir sua luz?

9ª DIMENSÕES DO RAIO 9

- 9D – Casa 81: Unidade divina
- 8D – Casa 72: Engajamento regenerativo
- 7D – Casa 63: Democracia profunda
- 6D – Casa 54: Mediação integrativa
- 5D – Casa 45: Passividade
- 4D – Casa 36: Esquiva
- 3D – Casa 27: Narcotização
- 2D – Casa 18: Desvalor
- 1D – Casa 9: Preguiça

AS SERPENTES DAS NOVE DIMENSÕES

O símbolo da serpente, presente em diversas mitologias, transcende a simples representação física desses animais, traduzindo-se em um profundo movimento sistêmico de transformação e crescimento.

Na mitologia egípcia, Cleópatra, por exemplo, é frequentemente retratada com uma serpente na cabeça. Esse arquétipo também se manifesta na Kundalini, em que as serpentes entrelaçadas simbolizam a ativação e o equilíbrio energético, como guardiãs das forças cósmicas que fluem ao longo da coluna.

No xamanismo, a serpente é um animal de poder, trazendo consigo informações de cura, restauração, sabedoria e poderes psíquicos. Na mitologia grega, é um símbolo associado a Atena, a deusa da sabedoria e da estratégia.

A serpente, ao trocar de pele, enfrenta momentos de dor, para renascer com uma pele mais resistente. Esse processo de transmutação convida-nos a nos desapegar do antigo e abraçar o novo, seja na mudança de profissão, na remoção de crenças limitantes ou na transformação de nossos padrões repetitivos.

Ao passar pela troca de pele, a serpente emerge mais forte, vivenciando um verdadeiro renascimento. Essa renovação pode se manifestar na superação de desafios ou na remoção de obstáculos internos.

No jogo da vida, as serpentes das nove dimensões representam aprendizados essenciais em cada dimensão de consciência. Integrar esses aprendizados é como desbloquear o caminho para a próxima dimensão, enquanto resistir a eles nos mantêm presos aos padrões que impactam nossas relações.

No jogo, as serpentes das nove dimensões simbolizam o principal aprendizado de cada uma das nove dimensões na esfera dos relacionamentos. Quando conseguimos integrar o aprendizado que cada serpente nos traz, conseguimos nos livrar de padrões repetitivos e evoluir em nossos relacionamentos por meio do movimento sistêmico e, assim, estaremos prontos para evoluir para a próxima dimensão.

Quando não integramos seu aprendizado, essa serpente dos aprisiona na respectiva dimensão, levando-nos a manter os padrões inconscientes que se manifestam em nossas relações, até que esse aprendizado esteja integrado.

Vamos conhecer agora o veneno e o antídoto de cada uma das nove serpentes.

VENENO: A SERPENTE DA ESCASSEZ DA 1ª DIMENSÃO

A serpente da escassez, que nos aprisiona na 1ª dimensão, a da sobrevivência, nos faz olhar para a vida considerando apenas a perspectiva daquilo que falta, a miséria e a escassez, que nos mantêm leais aos padrões sistêmicos de nossos antepassados que sofreram algum tipo de privação e que passaram fome. Esses padrões repetitivos que vêm dos nossos antepassados nos desconecta da fonte inesgotável de abundância divina e nos prende na toxicidade dos ***pecados capitais***.

Ao fixarmos nosso olhar para a vida através da lente da escassez, nós nos aprisionamos às crenças de não merecimento e perdemos de vista as possibilidades infinitas que o universo nos oferece. Desvendar as amarras da serpente da escassez é essencial para se reconectar à verdadeira fonte de abundância, permitindo uma visão mais ampla da vida e rompendo com os padrões repetitivos que limitam a manifestação plena do potencial humano.

ANTÍDOTO: MOVIMENTO SISTÊMICO PARA A ABUNDÂNCIA

Amplie seu nível de merecimento, reconheça os recursos que já estão disponíveis para você e diga sim à vida. Respire profundamente, sinta em cada célula do seu CORPO o poder do MERECIMENTO e diga suavemente, em voz alta, as frases sistêmicas:

Eu digo sim à vida!
Eu mereço viver bem e usufruir a vida!
Agora eu vou em direção ao mais!

VENENO: A SERPENTE DO APEGO DA 2ª DIMENSÃO

A serpente do apego, que nos aprisiona na 2ª dimensão, a da segurança, nos faz olhar para as nossas relações adultas com os antigos filtros das *feridas emocionais* da nossa criança, iniciadas desde o primeiro vínculo interrompido do bebê com a mãe, que sofre as consequências negativas dessa privação de afeto.

Nossas relações projetam esses padrões disfuncionais de apego, muitas vezes herdados, perpetuando ciclos tóxicos de codependência, carência e manipulação, que limitam nossa expansão de consciência. Fazer um movimento de inclusão e soltar essas amarras do apego é o caminho para a libertação e para estabelecer conexões mais leves, saudáveis e equilibradas.

ANTÍDOTO: MOVIMENTO SISTÊMICO PARA O DESAPEGO

Trabalhe a inclusão e o seu senso de pertencimento e AUTOPERTENCIMENTO, faça um processo terapêutico para cura da sua criança interior e das feridas emocionais. Respire profundamente, receba a força ancestral do seu COLETIVO e diga suavemente, em voz alta, as frases sistêmicas:

Eu pertenço sempre!
Eu estabeleço limites saudáveis!
Busco equilíbrio no dar e no receber!

VENENO: A SERPENTE DA IMAGEM DA 3ª DIMENSÃO

A serpente da imagem, que nos aprisiona na 3ª dimensão, a do poder, tece padrões repetitivos de conformidade e de perda da própria identidade. Nessa busca incessante por aprovação e reconhecimento social, sacrificamos, muitas vezes, nossa autenticidade e nos envolvemos em um emaranhado de *máscaras de ego* e personas que nos distanciam de nossa verdadeira essência.

Essa serpente nos aprisiona em um círculo vicioso de adaptação e criação de um personagem fictício, levando-nos a esquecer quem realmente somos, para provar nosso valor e obter reconhecimento. Descobrir essas camadas da imagem socialmente construída é o caminho para se desvencilhar dessa serpente, que, sutilmente, nos afasta de nossa essência autêntica, restringindo a expressão genuína do eu interior.

ANTÍDOTO: MOVIMENTO SISTÊMICO PARA A AUTENTICIDADE

Ative sua chama interna e sua autoestima. Reconheça o seu poder pessoal. Expanda sua CORAGEM de se expressar de forma autêntica, permita-se ser quem você realmente é. Respire profundamente e diga em alta vibração e em voz alta as frases sistêmicas:

Eu sou! Eu sou! Eu sou!
Eu reconheço o meu valor!
Eu assumo meu poder pessoal!

VENENO: A SERPENTE DA COMPARANOIA DA 4ª DIMENSÃO

A serpente da comparanoia, que nos aprisiona na 4ª dimensão, a da ordem, tece padrões repetitivos de comparação excessiva, julgamentos, cobiça e inveja. Quando entramos no ciclo da comparanoia, nosso senso de ordem fica obscurecido em razão de incessantes comparações com os outros, nos sentimos perdidos e ficamos hipnotizados pelos **sabotadores mentais**.

Essa serpente sutilmente nos conduz a avaliar nosso próprio valor através da lente distorcida das conquistas alheias, alimentando sentimentos de insuficiência. A projeção dos holofotes externos faz com que o outro pareça melhor do que realmente é e leva você a se sentir inferior, deixando de enxergar a sua própria luz. Desvendar as amarras da comparanoia é essencial para restabelecer a verdadeira ordem interior, reconhecendo que cada jornada é única e que o verdadeiro discernimento está na aceitação do seu próprio caminho e do seu lugar no mundo, sem se perder nas sombras da comparanoia.

ANTÍDOTO: MOVIMENTO SISTÊMICO PARA O DISCERNIMENTO

Trabalhe a autorresponsabilidade, honre os COMPROMISSOS e acordos assumidos consigo mesmo e com os outros. Perdoe a si mesmo e diga sim a tudo como foi. Reconheça as falhas como oportunidades de aprimoramento e crescimento. Retome o seu lugar no sistema. Respire profundamente e diga lentamente, em voz alta, as frases sistêmicas:

Eu aceito tudo como foi!

Eu ocupo o meu lugar no sistema!

Eu sinto muito! Eu sinto muito! Eu sinto muito!

VENENO: A SERPENTE DA INDEPENDÊNCIA DA 5ª DIMENSÃO

A serpente da independência, que nos aprisiona na 5ª dimensão, a do resultado, nos faz acreditar que, ao sermos independentes por meio de nossas conquistas materiais, seremos felizes. Quando isso acontece, somos levados a priorizar a autonomia a todo custo, nos conectamos aos padrões repetitivos do individualismo e da ganância, muitas vezes sacrificando conexões significativas e a compreensão da interdependência humana.

O culto à independência nos impede de criar vínculos profundos, promovendo isolamento, que, paradoxalmente, gera uma sensação de vazio interior. Desvendar a ilusão da falsa liberdade obtida pela independência é essencial para perceber as *identificações do ego* que nos limitam, reconhecer a importância da interconexão e encontrar um equilíbrio entre a busca por realizações individuais e a valorização das relações interpessoais, transcendendo os padrões repetitivos que limitam o florescimento da nossa consciência.

ANTÍDOTO: MOVIMENTO SISTÊMICO PARA A INTERDEPENDÊNCIA

Exercite a autovalidação e o autorreconhecimento. Desenvolva sua capacidade de sonhar, planejar e CONCRETIZAR. Busque o equilíbrio dinâmico no dar e no receber em suas ações. Respire profundamente e diga com energia e em voz alta as frases sistêmicas:

Eu sou, sim, especial! Você também é especial!
Eu sou igual a você, nem mais, nem menos!
Eu colho o que eu plantei!

VENENO: A SERPENTE DA SALVAÇÃO DA 6ª DIMENSÃO

A serpente da salvação, que nos aprisiona na 6ª dimensão, a das pessoas, tece padrões repetitivos de lealdade e confiança cega e nos mantém presos a *papéis sociais* da dinâmica do triângulo dramático. Ao nos envolvermos nas complexidades dessa serpente, muitas vezes nos tornamos prisioneiros de relações disfuncionais por meio do medo. A crença oculta de desamparo gera uma busca inconsciente por salvar ou ser salvo por alguém e nos conduz a um jogo de lealdades invisíveis, em que a confiança cega muitas vezes resulta em frustração.

O triângulo dramático, marcado por papéis de vítima, salvador e perseguidor, torna-se uma teia que nos impede de vivenciar relações autênticas e saudáveis, gerando codependência sutil e falsa interdependência. Desvendar as amarras da salvação é crucial para romper com esses padrões repetitivos, promovendo uma abordagem mais consciente e equilibrada nas relações interpessoais, em que a confiança é construída com amor e as lealdades invisíveis se transformam em honra.

ANTÍDOTO: MOVIMENTO SISTÊMICO PARA A CONFIANÇA INTELIGENTE

Cultive a CONFIANÇA INTELIGENTE em suas relações – COLABORATIVAS e sustentáveis. Procure formas leves de se sentir seguro e confiante consigo mesmo e com as pessoas ao seu redor. Medite e procure estar presente para liberar o excesso de preocupações. Respire profundamente e diga com autocuidado e em voz alta as frases sistêmicas:

Eu abro espaço para receber e oferecer ajuda!
Eu me relaciono em comunidade e com sustentabilidade!
Eu resgato a confiança em mim mesmo, nas pessoas e na vida!

VENENO: A SERPENTE DA NORMOSE DA 7ª DIMENSÃO

A serpente da normose, que nos aprisiona na 7ª dimensão, a do crescimento, tece padrões repetitivos que nos conectam à visão do que consideramos ser a verdade absoluta. Ao sucumbirmos aos encantos dessa serpente, nos perdemos em uma espiral de conformidade com padrões socialmente estabelecidos que se consideram "dentro da normalidade", levando-nos a nos distanciar da naturalidade.

A normose é uma perspectiva que nos distancia do que é mais natural e autêntico para cada indivíduo, promovendo uma desconexão com nosso eu verdadeiro. Envolvidos nesse ciclo, a busca incessante e pragmática pela verdade nos impede de apreciar a jornada e a experiência que acontece no presente. Desvendar os véus da normose é essencial para se reconectar com a verdade interior, permitindo um crescimento autêntico e alinhado com a sua própria essência, independentemente das expectativas externas.

ANTÍDOTO: MOVIMENTO SISTÊMICO PARA A NATURALIDADE

Silencie, medite e acesse sua sabedoria interior. Sinta a intuição se manifestando no seu corpo e todos os **talentos cultivados.** Permita-se estar em plenitude na sua própria companhia. Siga sua alegria e posicione-se de forma autêntica. Respire profundamente, sinta-se por COMPLETO e diga suavemente, em voz alta, as frases sistêmicas:

Eu digo sim ativamente à minha intuição!

Eu me permito estar em plenitude no aqui e agora!

Eu resgato o prazer de viver e reconheço tudo que manifesto naturalmente!

VENENO: A SERPENTE DO PROPÓSITO DA 8ª DIMENSÃO

A serpente do propósito, que nos aprisiona na 8ª dimensão, a da contribuição, mostra os padrões repetitivos de enxergar o propósito como uma linha de chegada, um objetivo a ser alcançado ou uma ação imposta por expectativas externas. Ao nos deixarmos envolver por essa serpente sutil, corremos o risco de transformar o propósito em uma jornada exaustiva, repleta de cobranças e frustrações.

Muitas vezes, a busca por um propósito exterior e a busca pela sua melhor versão se torna algo inalcançável, que o impede de ver a alegria intrínseca da contribuição essencial genuína no agora. Desvendar as amarras dessa serpente é essencial para reconhecer que o propósito é um processo contínuo de crescimento e aprendizado, não uma linha de chegada. Ao abraçar o propósito como a contribuição essencial, através da sua expressão genuína, desvinculada de expectativas externas, é possível contribuir de maneira significativa para o mundo ao seu redor.

ANTÍDOTO: MOVIMENTO SISTÊMICO PARA A CONTRIBUIÇÃO ESSENCIAL

Construa relações ganha-ganha-ganha no aqui e agora. Pratique a compaixão e a autocompaixão. Faça o movimento da complexidade para a simplicidade genial. Identifique seus excessos e busque uma vida mais harmoniosa. Viva sua CONTRIBUIÇÃO ESSENCIAL, a partir das **dádivas manifestadas**, e construa seu legado consciente. Respire profundamente e diga expansivamente, e em conexão com o coração do centro da Terra, as frases sistêmicas:

Eu faço a diferença no planeta sendo quem eu sou!
Eu contribuo para um mundo melhor!
Eu lidero e crio meu legado consciente!

VENENO: A SERPENTE DO MESTRE DA 9ª DIMENSÃO

A serpente do mestre, que nos aprisiona na 9ª dimensão, a da singularidade, tece padrões repetitivos de buscar respostas e a cura fora de si, muitas vezes sucumbindo à tentação dos falsos gurus. Nesse ciclo, somos atraídos por promessas espirituais de sabedoria e transformação que estão além da nossa própria maestria interior.

A busca incessante por um mestre externo nos distancia da verdadeira conexão com nossa essência singular, tornando-nos suscetíveis a seguir caminhos já trilhados, que, embora promissores para aqueles que os trilharam, muitas vezes nos afastam da nossa verdade. Desvendar as amarras da serpente do mestre é fundamental para reconhecer a verdadeira sabedoria, que reside em acessar nossa própria mestria interior, confiando na jornada singular que cada um de nós trilha em sua busca por autoconhecimento e evolução.

ANTÍDOTO: MOVIMENTO SISTÊMICO PARA A MAESTRIA INTERIOR

Resgate seu poder de AUTOCURA. Desidentifique-se de tudo que o desvia de ser quem você realmente é. Permita-se acessar e vivenciar sua **natureza essencial**. Acesse o campo das infinitas possibilidades. Respire profundamente e diga com SIM à criatiVIDAde e em voz alta as frases sistêmicas:

Eu solto tudo que me prende e permito-me fluir com a vida!
Eu me abro para o campo das infinitas possibilidades!
Eu honro minha singularidade autêntica!

OS ELIXIRES DA LONGEVIDADE

O elixir da longevidade é uma panaceia universal criada pelos alquimistas para a cura de todas as doenças, prolongando a vida indefinidamente. Conhecido também como ouro líquido, poderia apenas ser sintetizado pelos alquimistas que alcançaram a pedra filosofal.

Nosso elixir envolve a mistura de duas dimensões que representam os valores, qualidades ou atributos que se fortalecem e ficam ainda mais potentes quando se entrelaçam entre si.

Cada elixir é gerado por meio da coexistência das nove dimensões da consciência, e ativa a capacidade de reconhecer, respeitar e integrar através de um poderoso casamento alquímico das diferentes formas de ver e valorizar a realidade que os seres humanos desenvolvem ao longo da sua jornada evolutiva. Cada dimensão de consciência representa um sistema de valores e complexidade e manifesta um modo específico de pensar, sentir e agir, com seus próprios desafios, dificuldades, forças, potencialidades e necessidades.

A coexistência das nove dimensões da consciência é a ideia de que os indivíduos e os sistemas podem viver em harmonia dinâmica com diferentes valores, visões de mundo e estágios de desenvolvimento, respeitando-se e aprendendo uns com os outros. A coexistência não significa que todos devem pensar, sentir ou agir da mesma forma, e sim que todos devem celebrar as diferenças e aprender a fazer da gestão da complexidade da realidade e da atuação humana uma oportunidade incrível de viver a simplicidade genial de cada combinação possível.

Como já vimos, a dinâmica da espiral é um modelo que descreve nove níveis de consciência, cada um representado por uma cor, que emerge em resposta às condições de vida e aos desafios existenciais do potencial humano. Cada nível possui uma energia predominante, que pode ser feminina ou masculina, e que influencia a forma como as pessoas se relacionam consigo mesmas, com os outros e com o mundo.

A coexistência entre as dimensões de consciência acontece quando há um equilíbrio entre as energias feminina e masculina, que se complementam, se retroalimentam e se potencializam, em um perfeito casamento alquímico.

A energia feminina é aquela que acolhe, nutre, coopera, harmoniza e gera condições para a vida existir. Já a energia masculina é aquela que protege, provê, marca território, organiza e faz acontecer. Ambas as energias são vitais para o desenvolvimento humano e a longevidade organizacional, pois promovem a sinergia natural entre os diferentes valores e perspectivas que coexistem em um movimento espiral.

Essa coexistência promove a sinergia natural para a continuidade e a evolução do desenvolvimento humano e da longevidade organizacional, pois permite que as pessoas aproveitem a essencialidade de cada dimensão, sem negar nem rejeitar os outros. A coexistência também favorece a transição para dimensões mais elevadas e complexas de consciência, que são capazes de abraçar, transcender e integrar os níveis anteriores.

A coexistência das dimensões forma os seis elixires:

ELIXIR BEGE-AZUL
BEGE (ENERGIA INSTINTIVA) COM AZUL (ENERGIA CONTIDA)

Azul – Contido
Bege – Instivo

O ser contido que habita em você autorregula o seu ser instintivo.

Essa coexistência representa a sobrevivência em um mundo ordenado e seguro, onde as pessoas seguem as regras e as tradições, confiam nas autoridades e buscam a estabilidade e a previsibilidade. A energia masculina do bege fornece a força e a determinação para enfrentar as adversidades, enquanto a energia feminina do azul fornece a fé e a lealdade para manter a coesão e a familiaridade.

Aqui a sobrevivência (bege) é guiada pela ordem (azul) e pela disciplina. A dimensão bege busca satisfazer as necessidades básicas de alimentação, segurança e sexo, seguindo os instintos e os impulsos naturais. A dimensão azul busca sacrificar o presente pelo futuro, seguindo as regras, os costumes e os ideais de uma autoridade superior.

Respire profundamente e diga a frase sistêmica:

Hoje darei o grito primal para me autorregular e soltar tudo que não serve mais.

ELIXIR ROXO-LARANJA
ROXO (ENERGIA IRRACIONAL) COM LARANJA (ENERGIA RACIONAL)

Laranja – Racional
Roxo – Irracional

Você é racional e objetivo e também é irracional e subjetivo.

Essa coexistência representa a adaptação em um mundo competitivo e dinâmico, onde as pessoas exploram as oportunidades e os recursos, buscam o sucesso e o reconhecimento e valorizam as mudanças contínuas e a eficiência. A energia feminina do roxo fornece a sensibilidade e a sutileza para lidar com o desconhecido, enquanto a energia masculina do laranja fornece a inteligência e a estratégia para alcançar os objetivos.

Aqui o senso de pertencimento (roxo) é guiado pelo sucesso (laranja) e pela realização. A dimensão roxa busca preservar os laços de sangue, os rituais, as tradições e as crenças mágicas da tribo, temendo o destino e os deuses. A dimensão laranja busca explorar as oportunidades, os recursos, as estratégias e as soluções racionais do mundo, buscando o progresso, entregar os resultados idealizados e receber a prosperidade como retorno.

Respire profundamente e diga a frase sistêmica:

Hoje vou me permitir viver o que menos tenho vivido: meu poder de concretização surreal ou a minha força misteriosa sobrenatural.

ELIXIR VERMELHO-VERDE
VERMELHO (ENERGIA AUDACIOSA) COM VERDE (ENERGIA AFETUOSA)

Verde - Afetuoso
Vermelho - Audacioso

Podemos ser afetuosos e também audaciosos.

Essa coexistência representa a expressão em um mundo diverso, onde as pessoas afirmam a sua identidade e a sua liberdade, respeitam as diferenças e as necessidades e valorizam a comunicação e a colaboração. A energia masculina do vermelho fornece a coragem e a iniciativa para desafiar o *status quo*, enquanto a energia feminina do verde fornece a empatia e o cuidado para promover o bem-estar e o ambiente saudável.

Aqui a expressão autêntica (vermelho) é guiada pelo cuidado (verde) e pela nutrição da saúde plena. A dimensão vermelha busca afirmar o seu poder, a sua vontade, a sua liberdade e a sua individualidade, desafiando as limitações e as autoridades. A dimensão verde busca acolher a diversidade, a igualdade, a cooperação e a empatia, valorizando as emoções e as relações humanas.

Respire profundamente e diga a frase sistêmica:

Hoje terei coragem de manifestar afetos às pessoas que eu encontrar.

Quando os movimentos da espiral interagem com os níveis da segunda camada, as energias masculinas e as femininas se manifestam, considerando as inclusões essenciais dos primeiros níveis de consciência, e são percebidas na seguinte dinâmica:

ELIXIR AZUL-AMARELO
AZUL (ENERGIA ESTRUTURATIVA) COM AMARELO (ENERGIA INTUITIVA)

Amarelo - Intuitivo
Azul - Estruturativo

O que é intuitivo é livre com o apoio estruturador.

Essa coexistência representa a organização em um mundo complexo e sistêmico, onde as pessoas compreendem as interconexões e as implicações, buscam o conhecimento e a sabedoria e valorizam a flexibilidade e a adaptabilidade. A energia estruturadora do azul fornece a lógica e a ordem para construir e manter as estruturas, enquanto a energia intuitiva do amarelo fornece a visão sistêmica e a síntese para integrar e transformar as informações.

Aqui a ordem sistêmica (azul) é guiada pela flexibilidade (amarelo) e pela adaptabilidade saudável. A dimensão azul busca criar uma estrutura de autoridade, de hierarquia, de regras e de valores que dê sentido e direção à vida, buscando a estabilidade, a facilitação e a fluidez do que precisa ser feito. A dimensão amarela busca compreender a complexidade e a interdependência do mundo, evidenciando as competências, o pragmatismo e a funcionalidade como direcionadores do movimento evolutivo.

Respire profundamente e diga a frase sistêmica:

Hoje farei escolhas essenciais, a partir da minha intuição pragmática.

ELIXIR LARANJA-TURQUESA
LARANJA (ENERGIA DA REALIZAÇÃO) COM TURQUESA (ENERGIA DA CONTRIBUIÇÃO)

Turquesa - Contribuição
Laranja - Realização

A contribuição essencial gera a realização extraordinária.

Essa coexistência representa a realização em um mundo holístico e consciente sistemicamente, onde as pessoas transcendem o ego e o materialismo, buscam o propósito e o significado e valorizam a longevidade. A energia da realização do laranja fornece a chama reluzente para produzir e crescer, enquanto a energia da contribuição do turquesa fornece a inspiração global para servir e compartilhar os avanços.

Aqui a prosperidade sistêmica (laranja) é guiada pelos legados conscientes (turquesa) e as contribuições essenciais para os sistemas envolvidos. A dimensão laranja busca alcançar os seus objetivos, os seus desafios, os seus sonhos e os seus objetivos, buscando o reconhecimento e a recompensa. A dimensão turquesa busca transcender os seus interesses e os seus limites, buscando a conexão profunda e harmônia com todo o planeta Terra.

Respire profundamente e diga a frase sistêmica:

Hoje escolho fazer o que precisa ser feito, considerando os impactos no curto, médio e longo prazos.

ELIXIR VERDE-CORAL
VERDE (ENERGIA DA PLURALIDADE) COM CORAL (ENERGIA DA SINGULARIDADE)

Coral - Singularidade
Verde - Pluralidade

A singularidade é a chave genial que fortalece a pluralidade.

Essa coexistência representa a harmonia em um mundo espiritual e transcendental, onde as pessoas reconhecem a sua essência e a sua conexão com seu guia interior, buscam a paz e a felicidade autênticas e apreciam a beleza e a graça naturais. A energia da pluralidade do verde fornece a diversidade e a riqueza para celebrar e contagiar, enquanto a energia da singularidade do coral fornece a unidade e a simplicidade para contemplar e também transbordar.

Aqui a diversidade sistêmica (verde) é guiada pela unidade (coral) e pela totalidade. A dimensão verde busca respeitar, valorizar e potencializar as diferenças, as culturas e as perspectivas que existem no mundo, buscando a inclusão e o aumento da inteligência coletiva. A dimensão coral, ao mesmo tempo que destaca as características únicas e individuais, faz sínteses originais e magnetiza essencialmente a pluralidade e as visões que existem no mundo, em prol da expansão da consciência da unidade que considera todas as formas e tipos de singularidades.

Respire profundamente e diga a frase sistêmica:

Hoje escolho ser uma pessoa generosa, respeitando a minha soberania.

FIM DO JOGO

LAMPARINA INTERIOR: APRENDIZADOS DO ALQUIMISTA INTEGRAL

"Nesta minha contemplação, encontrei cinco coisas muito nobres, sobre as quais todo buscador da verdade e amante da arte (da alquimia) deve indagar. Como primeira, a invocação do nome divino; como segunda, a contemplação da essência; como terceira, uma verdadeira e incorrupta preparação; como quarta, o bom uso; como quinta, a utilidade. Tais cinco coisas, todo químico e verdadeiro alquimista deve saber considerar."

(Basílio Valentim, *A Carruagem Triunfal do Antimônio*, **2021)**

Agora é hora de acender sua LAMPARINA INTERIOR, que representa a lâmpada filosófica utilizada em muitas tradições alquímicas, para fortalecer sua iluminação interna ao entrar em conexão com as lições aprendidas ao longo do jogo.

O alquimista integral faz sempre combinações entre as fragilidades percebidas e as potencialidades presentes, a partir da sua sabedoria (LAMPARINA INTERIOR), que considera sempre as três perspectivas interdependentes:

1. A relação consigo mesmo
2. A relação com os outros
3. A relação com os sistemas com os quais interage, seja familiar ou profissional

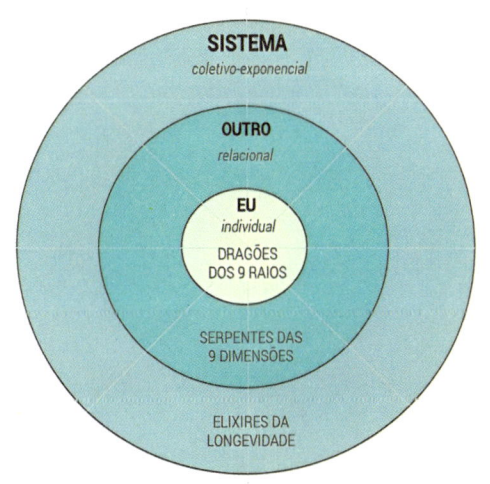

Lamparina interior

Diante das constatações vivenciadas neste jogo, faça uma autoanálise para sintetizar o pensar-sentir-agir em cada esfera, o que foi mais relevante para você neste momento e o que facilitará a continuidade da expansão da sua consciência.

EU (INDIVIDUAL) – Aprofunde seu olhar sobre os DRAGÕES DOS NOVE RAIOS

PENSAR: Qual DRAGÃO mais contribuiu para ampliar ou mudar seu **ponto de vista** sobre si mesmo? Por quê?

_____
_____
_____
_____
_____
_____

SENTIR: Qual **emoção** fica mais viva em você diante disso?

_____
_____
_____
_____
_____
_____

AGIR: O que você fará a partir de agora para fortalecer sua **potência individual**? (Escolha uma ação específica.)

_____
_____
_____
_____
_____
_____

OUTRO (RELACIONAL) – Aprofunde seu olhar sobre as **SERPENTES DAS NOVE DIMENSÕES**

PENSAR: Qual SERPENTE fica mais evidente para você **quando você vê os seus relacionamentos** atuais?

_____
_____
_____
_____
_____

SENTIR: Qual é o impacto desse aprendizado nas suas relações? **Que sensações são despertadas nos outros** quando essa serpente assume o comando da sua vida?

_____
_____
_____
_____
_____

AGIR: Qual movimento sistêmico você precisa sintonizar no seu dia a dia para evoluir? Como você fará isso? (Escolha uma ação específica.)

_____
_____
_____
_____
_____

SISTEMA (COLETIVO-EXPONENCIAL) – Aprofunde seu olhar sobre os **ELIXIRES DA LONGEVIDADE**

PENSAR: Qual ELIXIR precisa ser integrado e potencializado agora por você para que você saia da mente dual ("ou isso ou aquilo") e passe a **manifestar a integralidade** em todos os sistemas com os quais interage?

SENTIR: Qual **força genial** é ativada quando você atua com esse elixir no dia a dia?

AGIR: O que você pode **gerar de impacto nos sistemas no curto, médio e longo prazos**, ao realizar sua contribuição singular incluindo essa força genial?

Parabéns! Você acaba se de tornar um alquimista integral! Sua principal contribuição para a humanidade será vivenciar e compartilhar seus aprendizados. Expressar seus *insights* sobre a psique humana, por meio da linguagem simbólica, conversa diretamente com o inconsciente coletivo.

Encontrar a pedra filosofal é a realização do *self* ou da totalidade. Esse processo de busca e transformação na alquimia reflete o caminho da individuação, no qual integramos aspectos inconscientes e desenvolvemos uma compreensão mais profunda do que é ser humano.

RECOMENDAÇÕES

"Com excelência, as autoras criaram um livro essencial para todos que desejam ter uma consciência integral e encontrar um caminho de evolução interior. Super recomendo a todos."
Fabiana Quezada – Advogada, Facilitadora Sistêmica e Embaixadora do Direito Sistêmico

---

"Quando vejo a Viagem Interior que nos propõem através da Alquimia Integral, imediatamente me vêm à mente as palavras de uma bela bênção irlandesa: Que a estrada suba para te encontrar; Que o vento esteja nas suas costas; Que o sol brilhe quente em seu rosto; Que a chuva caia suavemente em seus campos; E até nos encontrarmos novamente; Que você se mantenha seguro; Nos gentis e amorosos braços de Deus. Que esta bênção esteja com vocês!"
Guillermo Echegaray – Referência mundial em Constelações Estruturais e Organizacionais

---

"Alquimia Integral destaca-se pela força do jogo criado por Christie e Patricia, um recurso inovador para o crescimento pessoal. A sinergia entre estas duas autoras resulta em uma obra que não só transforma individualmente, mas também enriquece a sociedade com suas profundas contribuições. É inspirador ver como seus conhecimentos e práticas podem moldar um futuro mais consciente e integrado."
Leandro Baptista – Empreendedor, Educador e Especialista com foco em soluções na Ciência das Informações

"Os caminhos do autoconhecimento são muitos e difíceis de serem trilhados. É uma dádiva e um privilégio podermos contar com a orientação de especialistas no tema, como é o caso de Christie Ferreira e Patricia Calazans. Este livro é um mapa para a alma."

Luciano Meira – Escritor, Professor e Apaixonado pelo Desenvolvimento Integral do Potencial Humano

"Alquimia interior é transmutar a nossa matéria interna em ouro da consciência e conquistar o elixir da longa vida, que se alcança por meio do autoconhecimento, cura e transformação. O livro, integrando sabedorias do ser individual e coletivo, organiza o percurso, mostra a sinalização e faz as vezes de guia turístico para que você chegue o mais longe possível na sua jornada evolutiva."

Marcia Dias – Psicóloga integral, Mentora Sistêmica e Consultora de Desenvolvimento Humano

"Este livro é sensacional! Recomendo para quem deseja explorar novas dimensões da consciência, acessando, assim, a verdadeira magia que há em ser um agente transformacional dentro da própria história."

Shirley Brandão – Escritora, Mentora de líderes e terapeutas e Cocriadora e Facilitadora do método Eu Pleno

REFERÊNCIAS BIBLIOGRÁFICAS

BECK, Don; COWAN, Christopher. **Dinâmica da espiral: dominar valores, liderança e mudança.** Editora Instituto Piaget, 1996.

BECK, Don; LARSEN, Teddy; SOLONIN, Sergey; VILJOEN, Rica; JOHNS, Thomas. **Spiral dynamics in action: humanitiy's master code.** Wiley, 2018.

CHAUÍ, M. **Convite à filosofia.** São Paulo: Ática, 2005.

COVEY Stephen M. R.; LINK Greg; MERRILL Rebecca R. **A confiança inteligente.** Tradução: Carlos Szlak. Rio de Janeiro: Leya, 2013.

FRANZ, Marie Louise Von. **A Alquimia e a Imaginação Ativa.** Tradução: Pedro da Silva Dantas Jr. São Paulo: Cultrix, 1998.

GURDJIEFF, G. I. **Em busca do ser: o quarto caminho para uma nova consciência.** Tradução: Marcello Borges. São Paulo: Pensamento, 2017.

JUNG, C. G. **O Homem e seus Símbolos.** Rio de Janeiro: Editora Nova Fronteira, 1964.

JUNG, C. G. **The Collected Works of C. G. Jung: Revised and Expanded Complete Digital Edition.** Princeton University Press, 2023.

MAITRI, Sandra. **A dimensão espiritual do eneagrama.** Tradução: Marcelo Brandão Cipolla. São Paulo: Cultrix, 2003.

MASCARENHAS, Denise. **Desvendando o Maha Lilah.** Belo Horizonte: Laszlo, 2018.

MCGUIRE, W.; HULL., R. F. C. **C. G. Jung: Entrevistas e encontros.** São Paulo: Cultrix, 1977.

PLATÃO. **A República.** Introdução, tradução e notas de Maria Helena da Rocha Pereira. 9 ed. Lisboa: Fundação Calouste Gulbenkian, 2001.

RISO, D. R.; HUDSON, R. **A sabedoria do eneagrama: guia completo para o crescimento psicológico e espiritual dos nove tipos de personalidade.** Tradução: Marta Rosas de Olivcira. São Paulo: Cultrix, 2003.

SENGE, Peter. **A quinta disciplina. Arte, teoria e prática da organização de aprendizagem.** Tradução: Gabriel Zide Neto. São Paulo: BestSeller, 1990.

VIDAL, Ana; O'CONNELL, Anto. **O sopro do dragão: o projeto céu na terra.** São Paulo: Taygeta Consultoria, 2017.

INTERNET:

A Alquimia da Felicidade. Disponível em: https://lifestyle.sapo.pt/astral/espiritualidade/artigos/a-alquimia-da-felicidade. Acesso em: 27 dez. 2023.

A Dinâmica da Espiral e o Problema do Brasil. Disponível em: https://www.linkedin.com/pulse/din%C3%A2mica-da-espiral-e-o-problema-do-brasil-cordeiro/?originalSubdomain=pt. Acesso em: 27 dez. 2023.

A Equação da Vida. Disponível em: https://tonocosmos.com.br/a-equacao-da-vida. Acesso em: 28 jul. 2023.

A Origem do Eneagrama. Disponível em: https://www.gilistore.com.br/a-origem-do-eneagrama. Acesso em: 27 dez. 2023.

As Origens Secretas do Eneagrama, por Nicolai Cursino. Disponível em: https://www.youtube.com/watch?v=XPGUiSnEizA. Acesso em: 28 jul. 2023.

A Tábua de Esmeralda – O Documento que deu Origem à Alquimia. Disponível em: https://www.jungnapratica.com.br/a-tabua-de-esmeralda-alquimia/. Acesso em: 27 dez. 2023.

A Teoria dos Campos Mórficos do Biólogo Rupert Sheldrake, artigo de Antonio Silvio Hendges. Disponível em: https://www.ecodebate.com.br/2011/03/14/a-teoria-dos-campos-morficos-do-biologo-rupert-sheldrake-artigo-de-antonio-silvio-hendges/. Acesso em: 27 dez. 2023.

Arquivo para a Tag Modelo da Espiral Dinâmica. Disponível em: https://apenastrescoisas.wordpress.com/tag/modelo-da-espiral-dinamica/. Acesso em: 8 nov. 2023.

Don Riso's "Levels of Development" — the dynamics of ego-identification. Disponível em: https://lyckowbackman.se/enneagram/levels-of-development/what-are-the-levels-of-development-the-dynamics-of-ego-identification/. Acesso em: 8 nov. 2023.

Enneagram Theory: The Arrows. Disponível em: https://theenneagraminbusiness.com/theory/enneagram-theory-the-arrows/. Acesso em: 28 jul. 2023.

Graves Values and Spiral Dynamics. Disponível em: https://www.landsiedel.com/en/nlp-library/spiral-dynamics.html. Acesso em: 7 nov. 2023.

Hermes Trismegisto. Disponível em: https://www.gnosisonline.org/hermes-trismegisto/ Acesso em: 27 dez. 2023.

Inner Development Goals: o que são e sua relação com os ODS. Disponível em: https://www.yiesia.com.br/blog/visao-esg/inner-development-goals/#:~:text=%C3%89%20nesse%20cen%C3%A1rio%20que%20surgem,mundo%20mais%20justo%20e%20sustent%C3%A1vel. Acesso em: 28 jul. 2023.

Inner Development Goal – IDG – como desenvolver indivíduos para enfrentar os desafios da agenda 2030? Disponível em: https://www.linkedin.com/pulse/inner-development-goal-idg-como-desenvolver-indiv%C3%ADduos-catto/?originalSubdomain=pt. Acesso em: 28 jul. 2023.

James Hillman - Azul Alquímico y la Unio Mentalis. Disponível em: https://www.pantheatre.com/pdf/6-reading-list-JH-azul-Stern-es.pdf. Acesso em: 27 dez. 2023.

Las Ideas Santas de los eneatipos del Eneagrama. Disponível em: https://haiki.es/2017/05/virtudes-e-ideas-santas-eneagrama/. Acesso em: 26 dez. 2023.

Levels of Consciousness – A Detailed Overview of the Enneagram and Spiral Dynamics®. Disponível em: https://www.linkedin.com/pulse/levels-consciousness-detailed-overview-enneagram-spiral-ooten/. Acesso em: 28 jul. 2023.

Nove círculos do inferno. Disponível em: https://darkside.blog.br/quais-sao-os-nove-circulos-do-inferno/. Acesso em: 28 jul. 2023.

O que são as Constelações Estruturais e o que é a linguagem transverbal? Disponível em: https://s100.com.br/constelacoes-estruturais/. Acesso em: 27 dez. 2023.

Os 4 Propósitos do Alquimista. Disponível em: https://medium.com/@alquimia.das.artes/os-4-prop%C3%B3sitos-do-alquimista-4bd504f5d725. Acesso em: 27 dez. 2023.

Uma visão geral da teoria Integral por Sean Esbjörn-Hargens. Disponível em: https://medium.com/@integralia/uma-vis%C3%A3o-geral-da-teoria-integral-parte-1-41771599164d. Acesso em: 28 jul. 2023.

VITRIOL ou o "abra-te Sésamo" para o mundo dos Deuses. Disponível em: https://csarrangel.medium.com/vitriol-ou-o-abra-te-s%C3%A9samo-para-o-mundo-dos-deuses-932de15d39c1. Acesso em: 27 dez. 2023.

Yin Yang. Disponível em: https://pt.wikipedia.org/wiki/Yin-yang. Acesso em: 27 dez. 2023.

MATRIX